DIE ZWÖLF BERLINER BEZIRKE

Die Tatorte:

Friedrichshain, Charlottenburg, Weißensee, Gesundbrunnen, Spandau, Tegel, Alexanderplatz, Prenzlauer Berg, Friedenau, Potsdamer Platz, Schöneberg, Britz, Alt-Treptow, Wannsee, Baumschulenweg, Kreuzberg, Griebnitzsee bis Friedrichshain.

IMPRESSUM

Lektorat/Korrektorat
Birgit Rentz, Itzehoe
Petra Tessendorf, Berlin

Künstlerische Gestaltung Umschlag
Deborah Peitzner, Lübeck

Handskizzen
Karina Schaper, Bliesdorf

Satz und Technik
Martin Kreber, Scharbeutz

Druck
CPI Clausen & Bosse, Leck

ISBN
978-3-944399-19-5

Krimineller Reiseführer

Hrsg. Petra Tessendorf

Band 5

Berlin

INHALT

Krimineller Reiseführer Berlin

Vorwort der Herausgeberin

Sie halten gerade dieses Buch in der Hand und fragen sich: Was ist an einem Reiseführer kriminell?

Ganz einfach, kriminell sind die Kurzgeschichten Berliner Autoren, die Ihnen ihre Stadt einmal anders präsentieren möchten – abseits des Mainstream-Tourismus.

Unternehmen Sie doch einmal einen Ausflug nach Stralau zum Rentner Herbert, der eine schmerzhafte Methode entwickelt hat, die Ruhe seiner geliebten Halbinsel gegen die lärmenden Neu-Bewohner zu verteidigen. Nehmen Sie Platz auf Herberts Lieblingsbank an der Inselspitze und stimmen sich schon auf den nächsten Schauplatz ein: Charlottenburg, dort legt sich Yuri am beliebten russischen Supermarkt Rossia mit Leibwächtern an und muss türmen. Fahren Sie mit, lernen Sie „Charlottengrad“ kennen (und ein paar Brocken Russisch dazu), es wird Ihnen gefallen.

Dies sind nur die ersten beiden von insgesamt achtzehn, exklusiv für diesen Reiseführer geschriebenen Krimis. Von renommierten Autoren, die den Geist „ihres Kiezes“ eingefangen haben, mit ihren unterschiedlichen Sichtweisen auf die lebendige, sich ständig verändernde Stadt voller Widersprüche.

Wir hoffen sehr, dass Sie Lust bekommen haben, Berlin und seine Vielfältigkeit (neu) zu entdecken. Also dann: Reiseführer eingepackt, gutes Schuhwerk an und ab in die Großstadt! Unsere Handskizzen helfen Ihnen bei der Tatortsuche.

Viel Vergnügen wünscht Ihnen

Ihre Petra Tessendorf

Die zwölf Berliner Bezirke und ihre Ortsteile

1. Bezirk Mitte:
Mitte, Moabit, Hansaviertel, Tiergarten, Wedding, Gesundbrunnen

2. Bezirk Friedrichshain-Kreuzberg:
Friedrichshain mit der Halbinsel Stralau, Kreuzberg

3. Bezirk Pankow:
Prenzlauer Berg, Weißensee, Blankenburg, Heinersdorf, Karow, Stadtrandsiedlung Malchow, Pankow, Blankenfelde, Buch, Französisch Buchholz, Niederschönhausen, Rosenthal, Wilhelmsruh

4. Bezirk Charlottenburg-Wilmersdorf:
Charlottenburg, Wilmersdorf, Schmargendorf, Grunewald, Westend, Charlottenburg-Nord, Halensee

5. Bezirk Spandau:
Spandau, Haselhorst, Siemensstadt, Staaken, Gatow, Kladow, Hakenfelde, Falkenhagener Feld, Wilhelmstadt

6. Bezirk Steglitz-Zehlendorf:
Steglitz, Lichterfelde, Lankwitz, Zehlendorf, Dahlem, Nikolassee, Wannsee

7. Bezirk Tempelhof-Schöneberg:
Schöneberg, Friedenau, Tempelhof, Mariendorf, Marienfelde, Lichtenrade

8. Bezirk Neukölln:
Neukölln, Britz, Buckow, Rudow, Gropiusstadt

9. Bezirk Treptow-Köpenick:
Alt-Treptow, Plänterwald, Baumschulenweg, Johannisthal, Niederschöneweide, Altglienicke, Adlershof, Bohnsdorf, Oberschöneweide, Köpenick, Friedrichshagen, Rahnsdorf, Grünau, Müggelheim, Schmöckwitz

10. Bezirk Marzahn-Hellersdorf:
Marzahn, Biesdorf, Kaulsdorf, Mahlsdorf, Hellersdorf

11. Bezirk Lichtenberg:
Friedrichsfelde, Karlshorst, Lichtenberg, Falkenberg, Neu-Hohenschönhausen, Alt-Hohenschönhausen, Malchow, Wartenberg, Fennpfuhl, Rummelsburg

12. Bezirk Reinickendorf:
Reinickendorf, Tegel, Konradshöhe, Heiligensee, Frohnau, Hermsdorf, Waidmannslust, Lübars, Wittenau, Märkisches Viertel, Borsigwalde

Friedrichshain – Stralau

Die Halbinsel Stralau, Friedrichshains ältester Teil, hat sich im Laufe der Jahrhunderte immer wieder gewandelt. Mit der ersten Besiedelung 1288 entstand das Fischerdorf Stralau, bald berühmt für sein Volksfest „Fischzug“, bei dem man das Anfischen feierte. Heftig. Sehr heftig. Der Pfarrer gab Bierfässer gegen Fisch heraus, was zu Saufgelagen, Schlägereien und Orgien führte. 1810 nahm das Vergnügen derart überhand, dass nun jedes der elf Fischerhäuser eine Gastwirtschaft besaß. Gute fünfzig Jahre später wurde das Fest, das zigtausend Besucher anlockte, verboten. Ruhe für Stralau!

Nun aber veränderte die Industrialisierung die Insel. Man baute eine Teppichfabrik, Brauereien, eine Palmkernölfabrik, eine Flaschenfabrik und eine Werft. Mietshäuser verdrängten die Fischerhäuser. Fünftausend Menschen lebten jetzt auf Stralau, und es schien sinnvoll, für sie eine direkte Tramlinie nach Treptow zu bauen. Also kam der Tunnel. 1895 gebaut, 1932 mangels Fahrgästen schon wieder geschlossen, 1936 für Olympia geöffnet und wieder geschlossen, im Krieg als Bunker genutzt und wieder verschlossen. Zu DDR-Zeiten störte niemand den Tunnel beim Verwahrlosen, niemand baute, niemand feierte Orgien. Doch echte Ruhe kehrte erst ein, als nach der Wende die Industriekombinate aufgaben und abgerissen wurden. Aber halt ... Abriss ...? Neubau!

Stralau wurde zum begehrten Wohngebiet. Man verwandelte Brache um Brache in Häuser. Alteingesessene Bewohner misstrauten der neuen Klientel, vernichtete man doch ihr Ufer, ihr Grün, ihre Idylle. Inzwischen geht der Trend zu teuren Luxusbehausungen – stadtnah und doch draußen. Aber den Stralauer Charme, den findet man vor allem, wie einst, an der Inselspitze beim Bier.

STRALAU

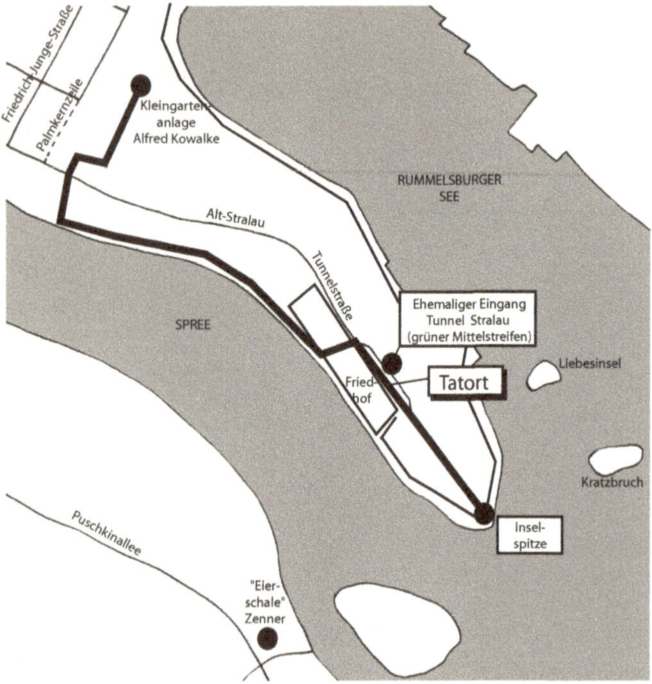
Friedrich-Junge-Straße
Palmkernzeile
Kleingarten-
anlage
Alfred Kowalke
RUMMELSBURGER
SEE
Alt-Stralau
Tunnelstraße
SPREE
Ehemaliger Eingang
Tunnel Stralau
(grüner Mittelstreifen)
Liebesinsel
Fried-
hof
Tatort
Kratzbruch
Insel-
spitze
Puschkinallee
"Eier-
schale"
Zenner

Friedrichshain

Die Ruhe von Stralau

Angela Temming

Wenn einer der Laubenpieper auftaucht, wird es peinlich. Ein Senior in Strick und Freizeithose kriecht vor einem Gebüsch herum. Er schwitzt. Seine arthrosegeplagten Knie schmerzen wie offene Wunden auf dem trockenen Boden, aber er muss das Biest holen, das tief zwischen den knorrigen Sträuchern liegt. Zweige kratzen an der Stirn, doch er schiebt sich weiter vor, streckt und streckt den Arm. Prompt zieht es böse im Kreuz. Dort brennt auch die Sonne hin, ja, natürlich ist es jetzt zu heiß für einen alten Mann, aber mittags um zwölf, wenn alle Mahlzeit halten, ist eben der beste Zeitpunkt, unauffällig Ratten aufzulesen. Nachts bräuchte er eine Taschenlampe, und nun geh du mal mit einer Taschenlampe nachts durch das feine Stralau, da wirst du doch gleich verhaftet. Weiter den Arm, gerader das Kreuz, aber jetzt! Na? Der steife Gartenhandschuh erschwert es ihm, die dünne Schwanzspitze zu packen, doch er will den elend verreckten Kadaver nicht mit bloßer Hand berühren. Jetzt! Er presst die Finger fest zusammen und zieht den Nager am Schwanz aus dem Dickicht.

Kurz verschnauft Herbert. Dann rappelt er sich auf und lässt die struppige Ratte für einen Moment in der Sonne baumeln. Wie groß sie ist, denkt er, muss aus der Spree gekommen sein. Vor dem Maul hat sie die Krallen verkrümmt, als würde sie sich eine Nuss an die langen gelben Vorderzähne halten, und ihre Augen starren farblos ins Nirgendwo. Gut! Zeitungspapier von der BZ drum herum und ab damit in den Trolley.

Gerade rechtzeitig, denn ein Mann kommt aus einem der Häuschen, stellt sich an sein Törchen, guckt dumm aus der Latzhose und macht grußlos kehrt. Latzhose, denkt Herbert – genau diese blaue Latzhose, und es sind auch genau die aschblonden Haare seines Bruders Gernot.

„Arschloch!", sagt er leise, greift in seine ausgebeulte Hosentasche, nach der Steinschleuder, doch die Tür der Datsche wird bereits zugeknallt. In der Hosentasche fühlt Herbert neben der Schleuder das Stückchen Papier, und er holt es heraus:

„Dein Bruder liegt im Tunnel."

Ein kleiner Zettel nur, eine Notiz, und Herbert wird die Zunge plump. Er nimmt aus der anderen Hosentasche sein Tütchen Salmiakpastillen und steckt ein Bonbon in den Mund. Im Rachen breitet sich Schärfe aus, und die hilft ihm sofort, präzise zu überlegen. Es ist völlig in Ordnung, was er tut. Ohne seinen Widerstandskampf würde Stralau untergehen. Eines Tages werden sie ihre Lauben nicht mehr nach Alfred Kowalke benennen, sondern nach ihm: „Stralauer Kleingartenverein Herbert Krüger e. V." Sie werden ihm die Parzelle schenken, auf die er wartet – seit vielen Jahren vergeblich, und das, obwohl er hier geboren ist! Obwohl er die gesamte DDR mitgemacht hat und immer noch hier ist. Ihre Idylle gaben sie ihren Töchtern und Söhnen, und diese bekamen wieder Töchter und Söhne. Für sie ist er nur ein alter Querulant, der nach dem Rechten sieht, wo er nicht soll. Ihr Verhalten wird sich bald ändern. Ja, wenn sie grillen und grölen beim Bier, werden sie verstummen, sobald er, der alte Krüger, den Uferweg entlangkommt.

Als er das eiserne Tor schließt, stellt er zufrieden fest, wie lautlos es sich bewegen lässt. Kein Quietschen, seit er es geölt hat. Sein letzter Blick gilt dem Schaukasten mit dem roten Papier darin, auf dem schmale Lettern mahnen: „Vorsicht, Ratten- und Mäuseköder!" Danke für die Anregung, ihr Laubenpieper, recht herzlichen Dank.

Seine Runde dreht er trotzdem noch, auch wenn die Ratte mitmuss. Die Runde der Stille. Gleich nach der Kowalke wechselt er die Straßenseite und geht zwischen den Häusern hindurch zum Südufer. Es ist nur ein kleiner Umweg, doch der erspart ihm, an der Grundschule vorbeizumüssen. Man kennt das: Grundschule – Grundschüler; Grundschüler – Geschrei. Dazu die Busse auf der Straße und natürlich das Donnern der Laster, welche die vielen Baustellen der Neureichen anfahren. Nein! Der Rundweg am Ufer liegt in einer anderen Welt. Hier sieht die Spree noch aus wie ein richtiger Fluss, hier tuckern leise die Schiffe zum Müggelsee vorbei, hier schippern die Enten und segeln die Möwen, und da er sie nicht füttert, weil er nichts zu verschenken hat, kreischen sie nicht um seine Gunst. Er spaziert Richtung Friedhof, den Trolley auf Luftbereifung hinter sich her zuckelnd. Rechter Hand die Spree, dahinter der Treptower Park, von dem nur das Rauschen der Autos herüberweht an diesem Tag, einem normalen, ruhigen Werktag.

Niemand begegnet ihm, nicht einmal ein Jogger. Die sind immer da. Das Elend beginnt schon früh am Morgen, denn Herbert Krüger wohnt direkt am Uferweg, vierter Stock, mit bester Aussicht auf das Kommen und Gehen. Wegen der Arthrose plagt er sich nur langsam aus dem Bett; da wäre es ein Hohn, wenn er das Fenster zum Lüften kippen würde und sofort dieses Trapp-Trapp in der Stube hätte, Trapp-Trapp von links und von rechts, und so lässt er das Fenster schön geschlossen, um ohne die aufdringliche Regsamkeit sportlicher Menschen seine Socken anzuziehen. In der Ecke über seinem Bett kommt immer wieder der Schimmel durch, besonders im Winter, aber was soll er tun, das Fenster muss zu sein. Die Jogger sind ja bei Weitem nicht das einzige Problem.

Auf dem ganzen Weg zum Friedhof begegnet ihm kein Mensch. Als er die Kapelle erreicht, schaut er sich kurz um, niemand hinter ihm, niemand auf dem Wasser.

Normalerweise müsste er nun die Wiese überqueren, um über die Straße zum Friedhofstor zu kommen, doch er hat sich nah am Ufer den Maschendrahtzaun auf eine bequeme Höhe heruntergetrampelt. Der Trolley wiegt nicht mehr als ein Trolley mit einer toten Ratte darin, und mit einem kleinen Anheber ist er auf dem Gelände. Kein Mensch weit und breit, außer den Toten. Der große Vorteil des Friedhofs ist: Die einzigen Jogger, die es hier gibt, liegen unten, Herzinfarkt, totgetrabt. Beide Bänke sind frei; die eine an der schiefen alten Dorfkirche, und die nah am Wasser. Die nimmt er. Hier kann er sitzen. Die Toten feiern nicht.

Obwohl sie allen Grund dazu hätten, bei der Lage. Wo sonst gibt es einen Friedhof direkt am Ufer, mit Aussicht nach Süden über das Blau der Spree, hinüber zum Park. Man hat vielleicht nicht viel davon, wenn man quer unter der Erde liegt.

Er gönnt sich noch ein Salmiakbonbon, es ist das letzte, und die leere Tüte wirft er neben die Bank, es ist nur Papier, es wird verrotten. Während er die Frische einatmet, zieht ein Touristenschiff nah am Stralauer Ufer vorbei, langsam nur, ganz langsam, denn es wird wohl gleich gegenüber in den Treptower Hafen einfahren. Tuut! Sinnloses Hupen aus allen Rohren. An Deck hocken viel zu viele Leute und gaffen Herbert über die niedrige Reling hinweg an, ihm winkt sogar ein grinsendes Kind zu. Tuuuut! Herbert spuckt zur Seite aus. Ein Mann, der neben dem Balg sitzt, schüttelt den Kopf und zeigt ihm den Vogel, und da erkennt er sehr deutlich das Gesicht seines Bruders: die riesige Hakennase, der Vollbart. Der Zettel! Er kramt ihn aus seiner Hosentasche.

„Dein Bruder liegt im Tunnel."

Man hat Gernots Leiche nie gefunden, und darum liegt er nicht hier auf dem Friedhof. Eine amtliche Todeserklärung, die man in Bundesdeutschland nach Jahren bekommt, reicht zum Erben – von nichts! –, aber nicht für ein Grab, und eine ordentliche bundesdeutsche Sterbeurkunde gibt es nur mit stinkenden Überresten, da sind die neuen Behörden schon etwas genauer als mit ihren Genehmigungen für Diskotheken. Nein, auf den Stralauer Friedhof wird Gernot es nicht mehr schaffen. Den alten Spreetunnel kann niemand noch einmal öffnen, um nach Gernots Knochen zu suchen.

Das Schiff ist weg. Drüben im Park gehen nur wenige Leute spazieren. Im Biergarten Zenner, schräg links, ist auch kein Betrieb. Herbert kann nur deshalb hier sitzen, weil Werktag ist; am Wochenende pilgern ja alle Berliner nach Stralau wegen der Ruhe. Jedoch nicht, um die Ruhe zu genießen. Es macht ihnen bloß keine Freude, die Stereoanlage aufzudrehen in Kreuzberg, wo niemand Notiz davon nimmt. Sogar die alten Leute machen mit. „Das ist Wahnsinn", singen sie bei Zenner und tanzen, und jetzt alle, und noch mal von vorn, von hinten, von überall. Westmusik mochte er nie, erst recht keine Schlager, volksverdummendes Zeug nur, wie die Geschichte bewiesen hat, schließlich haben sie im Westen alles mit sich machen lassen. Statt „Wir sind das Volk!" schreien sie „Das ist Wahnsinn!". Jedes einzelne Wochenende plärrt es über das Wasser hinein in seine Stube und er muss seine Fenster verschlossen halten und den modrigen Geruch der Wohnung einatmen, der von Gernots Qualmerei kommt. – Das kriegst du nie wieder raus! – Eigentlich eine traumhafte Zweiraumwohnung direkt am Südufer, für die sich die neuen Stralauer gegenseitig in die Pleite treiben würden, doch von Jahr zu Jahr bricht mehr Wahnsinn herein.

Es ist ja nicht nur Zenner. Man hört von überall das Wummern und Toben von elektronischer Musik im tieffrequenten Bereich. Bumm! Bumm! Hafenfeste mit Fahrgeschäftstrubel, die Grillboote, die Freiluft-Diskotheken an der Elsenbrücke sowie diverse andere Veranstaltungen, denn das Krakeelen, das hat Berlin erfunden. Neulich erst: Tausendfach Jungvolk bei einer sogenannten Demonstration, welche unter Gegröle und Tamtam vorn an der Kynaststraße endete; ein Polizist erklärte ihm, es handle sich um die „Fuckparade" und die Leute würden das Lärmen als Spaß ansehen. Aber so ist das: Junge, verwestlichte Menschen blöken nur zum Bier, mehr ist nicht. Kommen hierher, zerstören die Ruhe von Stralau, vermehren sich, bauen über kurz oder lang noble Wohnungen ans Wasser, die nur noch sie bezahlen können, und bekommen Kinder, die auch schreien, für die man dann Spielplätze baut, genau hinter sein Haus.

Sie haben ihm den Spielplatz hingesetzt, ohne ihn zu fragen, und alle Briefe an den Senat haben es nicht verhindert. Mittlerweile ist Herbert recht gut mit der Steinschleuder. Der Senat zwingt ihn, von seinem Balkon hinunter die eine oder andere Westmutter – samt ohne Grenzen aufgewachsenem Sprössling – mit der Schleuder zu vertreiben. Aber weil er Angst hat, dass diese Übermütter im Falle seiner Entdeckung mit dem Anwalt kommen, nimmt er nur ganz, ganz kleine Steinchen. Und dann duckt er sich schnell hinter die Balkonbrüstung und schielt durch die Ritze, so geht das. Beim letzten Mal ist es ihm bei der Gelegenheit ins Knie gefahren, nur wegen so einer Göre.

Es sind ja nicht nur die Gören. Wenige Jahre später werden das genau die Jugendlichen, die auf Grillbooten daherkommen, die ... Hinter ihm dumpfe Schritte auf dem Sandweg. Sie stapfen an ihm vorbei, grußlos, bis zum Wasserhahn. Jemand lässt Wasser in seine

Gießkanne platschen. Gernot war immer fürs Gießen zuständig, darum ist auch der Gummibaum eingegangen, kurz nachdem Gernot verschwand. Die Schritte kommen zurück vom Wasserhahn und man gießt ein Grab ein paar Meter weiter, und dabei räuspert man sich. Ein kratziges Räuspern, dass es in den Ohren knackt, und Herbert Krüger, der dieses Räuspern nur zu gut von Gernot kennt, hält noch immer den Zettel zwischen den Fingern.

„Dein Bruder liegt im Tunnel."

Er zerknüllt ihn, stopft ihn zurück in die Hosentasche, ergreift den Trolley und eilt zum Tor. Dass in diesem Moment das Wasserflugzeug über die Spree dröhnt, wird Gernot sicher freuen.

Trotz der schmerzenden Knie läuft er etwas zu schnell die Tunnelstraße entlang, ein paar Mal kippelt der Trolley, er ist ja nicht schwer mit nur einer Ratte darin. Der Bus rauscht vorbei, und noch einer, und man wird nie Ruhe haben, es wird überhaupt nie aufhören. Auf Höhe der Werft beginnt der leuchtend grüne Rasenstreifen in der Mitte der Straße. Genau darunter, das weiß Herbert Krüger als echter Stralauer natürlich sehr genau, liegt der Eingang zum Tunnel, die alte Verbindung zwischen Stralau und Treptow, durch die vor langer Zeit die Straßenbahn fuhr. Im Zweiten Weltkrieg wurde der Gang undicht und man zog auf Stralauer Seite eine Wand ein, um das vorderste Stück als Luftschutzbunker zu nutzen. Nach dem Krieg, kurz nach Herberts Geburt, wurde die inzwischen stark beschädigte Röhre aufgegeben und beide Eingänge wurden zugeschüttet. So weit, so gut. Nur einmal, 1996, als Gernot und er um die vierzig waren und immer noch zusammen wohnten, hatte man die Stralauer Seite wieder aufgebuddelt, für ein paar Tage nur. Man wollte sehen, ob man für die feinen Zugezogenen nicht die direkte Verbindung in den Treptower Park wiederherstellen konnte, und Gernot sprang nach Feierabend mit seiner Taschenlampe hinein und kam nach Hause und plapperte drauflos, wie abenteuerlich es dort im alten Schutzraum gewesen sei, und einen Rotkreuzkasten hatte er gefunden, original von irgendwann, und dass der Herbert, der feige Sturkopp, den Tunnel unbedingt auch mal sehen müsse, solange es noch ging in diesen wenigen Tagen. Aber Herbert lehnte dankend ab, recht herzlichen Dank, Gernot.

Nach wenigen Hundert Metern kann Herbert die Tunnelstraße verlassen. Sein liebstes Ziel ist erreicht. Nirgends in Berlin ist es so schön wie an der Spitze der Insel Stralau. Umgeben von Wasser, unter riesigen Platanen, mit Blick auf den Plänterwald, lässt es sich am Ufer verweilen und den Schwänen beim Dahingleiten zusehen. Herbert nimmt Platz auf der Bank, lehnt sich an und streckt die Beine aus, so weit es mit den Knien geht. Gegenüber der Kratzbruch und die Liebesinsel, beide unter Naturschutz, beide in Abgeschiedenheit sich selbst und den Kormoranen überlassen. Es ist ein Wunder, aber selbst die Grillboote machen einen Bogen um die kleinen Paradiese. Wenn sie das nicht tun, kann es passieren, dass die Partyjugend an Bord von scharf geschossenen Steinen getroffen wird, ohne zu wissen wie, warum, woher.

Die mächtigen Bäume legen ihr Blattwerk schützend über Herbert Krüger, gegen das Gewese der Welt, doch selbst das Rascheln der Blätter fällt ihm heute auf. Er hat nur eine Ratte bekommen, nicht so viele wie sonst. Die Giftaktion bei Kowalke scheint auf die Population zu wirken, und es wird wohl so kommen, dass er auch die Köder einsammeln muss, um weitermachen zu können. Wegen einer einzelnen Ratte lohnt es heute nicht, zu Zenner zu radeln, schließlich ist der Biergarten riesig und geputzt wird gründlich, da sinkt die Chance, dass ein Gast am Sonntag überhaupt auf den Kadaver stößt, beträchtlich. In der Regel verteilt er die Ratten in mehreren Ecken, und wenn es gut läuft und das Personal beschäftigt ist, auch auf dem Damenklo. Ein paar wirft er dann auf dem Heimweg den Diskotheken „Else" und „Wilde Renate" über die Bretterzäune, selbst schuld, wenn die glauben, ein Freiluft-Etablissement wäre besser. Leider kann er die Wirkung dort nicht kontrollieren, denn sie lassen alte Leute nicht hinein. Seine größte Angst ist, den Jugendlichen könne der urbane, verwahrloste Schick gar gefallen und sie kehren erst recht wieder. Sei es drum. Die eine Ratte, die er nun hat, wird er auf dem Balkon lagern, bis er noch ein paar mehr gesammelt hat.

Er weiß nicht, wie lange das dauern wird, und da ist es besser, die Rattenleiche nicht in der Wohnung aufzubewahren; nicht dass sie zu riechen anfängt und sich das mischt mit dem Schimmel und den Tapeten, die immer noch nach Gernots polnischen Zigaretten muffeln. Gernot hat immer gelüftet. Er hat das Fenster geöffnet und ist aus dem Schlafzimmer gegangen, Selbstgespräche führend, während Herbert vom Rattern der S-Bahn geweckt wurde und das Fenster wieder schloss, und Gernot ist in seiner Latzhose nach Schöneweide aufgebrochen. Wenn er abends wiederkam, hat er Salamibrote in den Mund gestopft und geschmatzt und ohne Pause von Rasenmähern aus dem Kombinat palavert, von Strom, von Energie und was sonst noch alles. Gernot hat selbst so viel Energie verbraucht, am meisten Herberts.

Plappern und Räuspern und Plaudern ohne Ende, denkt Herbert jetzt, hier an der ruhigen Inselspitze. Mensch, Gernot, warum hast du mich bloß überredet, mit dir in den Tunnel zu gehen? Warum musstest du dort Flaschen finden und mir jedes einzelne Etikett im Schein deiner Taschenlampe vorlesen? Dein endloses Geschwätz. Der Stein, den ich aufgehoben habe, war nicht groß, aber du musstest dich ja wichtigtun und gleich krepieren. –

Herbert zieht das krumme Bällchen, das einmal sein Zettel gewesen ist, seine Merkhilfe, sein letzter Versuch, nicht wahnsinnig zu werden, aus der Hosentasche und wirft es ins Wasser. Eine Ente kommt und zerrt daran, versteht aber bald, dass es nichts weiter ist als Papier. Gernot ist weg.

Aus Richtung Yachthafen nähern sich Schritte. Ein Jogger. Trapp, trapp, fallen seine Schritte auf den Sandweg, deutlich hörbar und immer gleich, trapp, trapp, wie eine Ratte, nur schwerer, immer gleich, immer wieder trapp, trapp. Herbert wäre jetzt gern auf seinem Balkon; er kann seine Schleuder nicht aus nächster Nähe bei Joggern anwenden, viele sind vom BKA, arbeiten drüben in Treptow, und mit denen ist nicht zu spaßen. Der Mann beginnt zu pfeifen, genau in dem Moment, als er hinter Herbert vorbeiläuft. Er pfeift das Lied. Gernots Lieblingslied. Ein verdammter Schlager. Und jetzt singt er auch noch.

Gernot kommt immer wieder,
er kommt immer wieder heraus,
und die Ratten, sie lachen,
ja, sie tanzen und lachen.
Gernot kommt immer wieder,
er kommt immer wieder zu dir.

Und Herbert greift zur Hosentasche, die aber ist leer, die rettenden klaren Worte sind weg. Gernot ist hinter ihm, für immer, er singt weiter und singt, bis Herbert einen Stein ergreift, die Schleuder hochhält und zielt und zielt und zielt und loslässt – und nah am Kopf vorbei daneben schießt. Der Jogger fährt herum und sein Blick gilt: Herbert. Er sieht nicht aus wie Gernot und nicht wie jemand vom BKA, sondern bloß wie ein durchtrainierter massiger Kerl, der ruck, zuck heran ist und ausholt. Und da Herberts Kopf schon etwas älter ist, als man meinen könnte, genügt der leichte Hieb. Ein Fiepen. Oft sind es gar nicht die lauten Geräusche, die uns quälen; es ist ein Knistern, ein Piepen, ein Rascheln oder Summen, das gerade noch an unser Ohr dringt, bis auch das eines Tages verstummt und alles, was uns noch ausmacht, die Stille ist.

Epilog

Ein einsamer Trolley mit einer toten Ratte darin. Es ist erstaunlich, was manche Leute an Parkbänken vergessen.

Charlottenburg

Die City West gehört zum Bezirk Charlottenburg-Wilmersdorf. Erst 1920 wurde das wohlhabende Charlottenburg mit gleichnamigem Schloss an Groß-Berlin angeschlossen. Vom Stolz der Bürgerschaft kündet der 89 Meter hohe Rathausturm an der Otto-Suhr-Allee. Die Höhe des Turmes ärgerte den Kaiser: Wilhelm II. soll es abgelehnt haben, auf dem Weg zum Schloss Charlottenburg am neuen Rathaus vorbeizufahren, weil der Turm die Schlosskuppel überragt.

Mit dem heutigen Charlottenburg verbindet man vor allem den Kurfürstendamm mit Breitscheidplatz und Gedächtniskirche, den Tauentzien mit dem Kaufhaus des Westens, das KaDeWe, und den legendären Bahnhof Zoo. „Charlottengrad" nannten bereits in den 1920er Jahren die ersten russischen Emigranten ihr bevorzugtes Berliner Revier rund um das Schloss. Fast zwei Millionen Menschen verließen nach der Oktoberrevolution ihre russische Heimat. Davon kamen etwa 360.000 nach Berlin. Wladimir Nabokow, bekannt durch seinen Roman „Lolita", lebte hier, ebenso der russische Lyriker Sergej Jesenin und die amerikanische Tänzerin Isadora Duncan, das Glamourpaar des Jahres 1922. Der bühnenreife tragische Tod der Tänzerin Duncan ereignete sich allerdings nicht im Berlin der „Roaring Twenties" – sie starb in Nizza. Ein langer roter Seidenschal, den sie um ihren Hals geschlungen hatte, wurde ihr wortwörtlich zum Verhängnis. Er verfing sich in den Radspeichen des offenen Sportwagens, mit dem sie eine Spazierfahrt machen wollte. Der scharfe Ruck bei der Anfahrt des Wagens brach ihr das Genick.

CHARLOTTENBURG

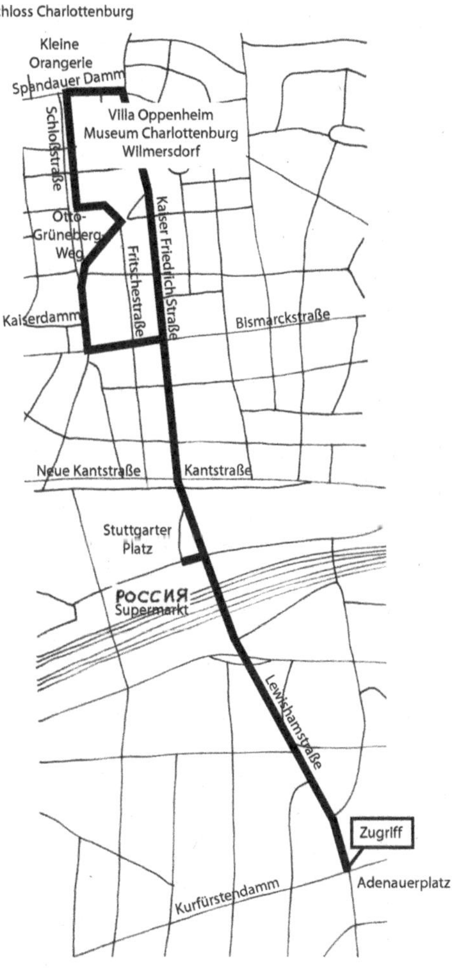

Charlottenburg

Do Swidanija Charlottengrad!

Martina Arnold

Yuri hat Pech mit der Salami. Sie will einfach nicht in seine Plastiktüte passen. Ist zu groß. Wie alles in dieser Stadt. Zu groß und zu teuer. Dabei hat er solchen Hunger. Hunger und kein Geld – eine schlechte Kombination ist das. In Kaliningrad, wo er herkommt, genauso wie hier in Berlin, wo er Arbeit gesucht hat. Aber ohne Papiere geht nichts.

Und jetzt will er nur noch zurück. Zu Hause kennt ihn die Traurigkeit wenigstens schon mit Vornamen: „Sdrawstwui, grüß dich, Yuri", sagt sie, wenn sie zur Tür hereinkommt. „Da sind wir also wieder beisammen."

Jetzt muss er erst mal „einkaufen", und zwar genau hier im „Rossia", so heißt der Supermarkt am Stuttgarter Platz, „Russland", wie auch sonst. Haufenweise Landsleute wohnen hier, deswegen haben sie den Stadtteil unter sich umbenannt: in Charlotten-„Grad". Und nur hier gibt es seine Lieblingssalami mit viel Knoblauch. Die klaut er am liebsten – wenn schon, denn schon.

„Wohin so eilig, mein Freund?" Der Mann an der Kasse hat ihn auf Russisch angesprochen, als er sich mit der riesigen Salami unterm Arm vorbeischleichen wollte, und er befördert Yuri mit einem saftigen russischen Tritt in den Hintern auf die Straße. „Lass dich hier nie wieder blicken!"

Der Ausgang, durch den Yuri so liebevoll landsmännisch gekickt wird, liegt neben dem Gemüsestand des Rossia, direkt an der Lewishamstraße. In zweiter Reihe parken wie fast immer mehrere dicke BMWs. Reiche Russen aus dem Nobelviertel Grunewald, die im Rossia einkaufen. Man erkennt sie sofort an den bulligen Typen in den dunklen Anzügen, die neben ihren Herren stehen und sich nach allen Seiten umschauen, wie lauernde, große Katzen: die Leibwächter. Von so einem ist Yuri einmal beinahe verprügelt worden, seither macht er einen Bogen um sie. Das will er auch jetzt, aber ihr Herr steht im Weg. Er hat Streit mit seiner grell geschminkten Frau. Sie beschimpft ihn in allen Tonlagen, er soll ihr gefälligst mit dem Kohlkopf helfen. Den Leibwächtern hat sie schon die anderen vollgepackten Einkaufstüten in die Hände gedrückt. Also stellt der Mann im feinen grauen Anzug seine teure Leder-Aktentasche auf dem Gehweg ab und wuchtet einen gymnastikballgroßen Weißkohl in den Kofferraum seines pechschwarzen BMW. Yuri kennt sich mit Ballgrößen genau aus, in Kaliningrad war er im Handballkader seiner Schule. Der Kohl ist riesig, selbst für Russen. Aber Kraut soll ja bekanntlich schön machen, und das kann die Frau brauchen.

Der teure, allein gelassene Koffer spricht förmlich zu Yuri. Und höflich, wie er ist, antwortet er. „Geh weg, Oligarchenkoffer, oder ich nehm dich", sagt er. Der Koffer bleibt, und Yuri greift zu. „Tja, Pech gehabt, du hattest deine Chance."

Jetzt aber schnell weg. Yuri eilt Richtung Kantstraße, also nach Norden. Das ist schlau, denkt er, denn er wohnt im Süden. Yuri merkt gleich, dass er verfolgt wird. Die Leibwächter des Oligarchen! Er rennt zur Bushaltestelle an der Ecke Kant-/Kaiser-Friedrich-Straße und hat Glück: Da ist der 109er zum Flughafen Tegel – gerettet!

Im Bus sind viele Touristen, eine Reisegruppe Japaner. Sie hängen an den Fenstern und fotografieren alles und jeden und kreischen vor Vergnügen. Niemand achtet auf Yuri, der sich ganz nach hinten gesetzt hat. Also traut er sich, den Aktenkoffer aufzumachen. Er ist voller Geld! Dicke Bündel, Scheine mit großen Zahlen drauf – bestimmt eine Trillion! Juchu! Do Swidanija Charlottengrad, auf Wiedersehen – ich fahr nach Hause! Er verstaut das Geld in der Plastiktüte, die er von der Salami-Aktion noch immer in der Jackentasche hat.

Am Schloss Charlottenburg steigen die Japaner aus. Yuri mischt sich unter die Gruppe. Vorsicht, mahnt er sich selbst, vielleicht verfolgen sie mich doch noch! Den leeren Aktenkoffer lässt er im Bus. Die Gruppe geht am Schloss vorbei durch das eiserne Tor in den Park. Vor der Großen Orangerie machen die Japaner Fotos. Sie bitten Yuri, ein Bild von der Gruppe zu machen, mit der Kleinen Orangerie im Hintergrund. Yuri willigt ein, prima Tarnung, da hält ein schwarzer BMW mit quietschenden Reifen vor dem Schloss – seine Verfolger!

Yuri rennt in die Kleine Orangerie, die Kamera immer noch in der Hand. Der Besitzer der Kamera jagt ihm hinterher.

Im Durchgang zwischen Wintergarten und Gaststube des Restaurants rempelt der Japaner einen Kellner an. Ein Tablett mit Essen geht zu Boden, Teller klirren und Männer fluchen in allen Sprachen. Yuri dreht sich nicht um und entkommt durch den Biergarten der Kleinen Orangerie in Richtung Spandauer Damm. Freie Bahn! Er rennt quer über den Damm in die Schloßstraße.

Ein paar Meter weiter ist Yuri außer Puste. Das mit dem Handball ist doch schon eine ganze Weile her. Zehn Jahre? Und er hat seit Tagen nichts Richtiges mehr gegessen. An der Ecke Otto-Grüneberg-Weg bleibt er stehen und sieht sich vorsichtig um. Keine Spur von seinen Verfolgern. Hat er sie abgeschüttelt? Er biegt in den Otto-Grüneberg-Weg ein.

Nur weg von dieser großen Straße. Vor dem Gebäude zu seiner Linken weht eine weiße Fahne mit roter Schrift:

„Museum Charlottenburg Wilmersdorf".

Museum? Spasibo, danke schön für Angebot von Bildung, aber nicht heute. Etwas entfernt parkt ein Taxi. Wie bestellt! Der Fahrer steht an seinen Wagen gelehnt und raucht. Yuri geht zum Taxi und lässt sich auf den Rücksitz fallen. „Fahr los!"

Für Gerhard, den Taxifahrer, sind die Zeiten schlecht.
Sein Taxi ist alt und klapprig, aber er hat kein Geld für die Reparatur. Manche Leute steigen sogar wieder aus, wenn sie die zerschlissenen Sitze sehen. Deshalb fährt er hauptsächlich nachts. Die Nutten am Stutti sind nicht so anspruchsvoll, wenn sie morgens um fünf Uhr in seinen Wagen klettern. Dann sind sie nur noch müde und wollen nach Hause. Eines Nachts erzählte ihm eine seiner Stammkundinnen, Mona, sie kenne da einen, der kennt einen, bei dem „fallen manchmal so Sachen vom Laster". Und die kann man günstig von ihrem Bekannten kaufen und dann auf eigene Rechnung verkaufen. Und für den Anfang gibt's sogar Kredit. Gerhard macht mit. Nur vorübergehend, bis er wieder etwas mehr Luft hat, finanziell. Also erst seit sieben Jahren. Palettenweise Waschmittel hat er schon verkauft, immer aus dem Kofferraum seiner Taxe. Es lief nicht besonders gut, aber auch nicht besonders schlecht. Die Sitze im Taxi sind immer noch kaputt, einen weiteren TÜV überlebt die Karre nicht, aber zu Hause hat er jetzt einen Flachbildfernseher.

Im Moment hat Gerhard eine Ware im Kofferraum, die so gar nicht gehen will: Schieß-Schuhe. Kein Aas will die Dinger kaufen. Dabei sind es echte Markenschuhe. Extra vor den Friedrich-Ludwig-Jahn-Sportpark in Pankow hatte er sich damit gestellt, da, wo die Berlin Adler, der SV Empor Berlin und sogar der FC Bundestag trainieren. Aber nichts ging.

Die Jungs lachten ihn aus: „Ey, Alta, Watschelente, wa?

Haste dich auf 'nen platten Autoreifen gestellt und dann mit 'nem Teppich-Messer ummen Fuß ausgeschnitten?" Keine Ahnung, die Jugend von heute, von nichts. Dabei hat er ihnen erklärt, dass man die extra breite Sohle braucht als Schütze, für den festen Stand, wegen dem Rückstoß.

„Ey, ja, is klar, Alta. 'ne Ente mit Rückstoß. Geht ab wie Rakete!" Und dann haben sie Feuerwerksraketen nachgeahmt, „Pfijuuuh!", und da hat er gemacht, dass er wegkommt, ehe sie noch eine auf ihn werfen, man weiß ja nie bei denen.

Nee, die Schuhe müssen weg. Die letzten acht Paar liegen seit Wochen wie Blei im Kofferraum. Und sein „Großhändler" macht Druck, er soll sehen, dass er sie loswird, er will endlich sein Geld, samt Zinsen, sonst hängt – ruck, zuck – der Kiefer tiefer, und sowieso bekommt Gerhard vorher auch keine neue Ware. Scheiße.

Hinter dem Museum, der Villa Oppenheim, wo der Otto-Grüneberg-Weg zu Ende ist, macht Gerhard immer Pause. Ein ruhiger Ort, da kann er nachdenken. Er zündet sich eine Zigarette an. Wenn ihm doch nur jemand die Schuhe klauen würde, oder noch besser: die Taxe! Dann würde er seinem „Großhändler" die Diebstahlsanzeige der Polizei bringen, und gut wär's. Dann bekämen er und sein Kiefer eine zweite Chance. Wenn nur einer käme ... wenn nur einer ... oh, da kommt einer! Sieht abgehetzt aus. Gerhard macht die Zigarette aus. Na, mal sehen ...

Yuri lässt sich schwer atmend auf den Rücksitz des Taxis fallen. Aber anstatt einzusteigen, nimmt der Fahrer die Hände hoch und sagt mit zitternder Stimme: „Ich hab kein Geld, ehrlich!"

„Hä?"

„Da, schau", der Fahrer zeigt ihm sein leeres Portemonnaie, „nix drin, hab mit der Schicht gerade erst

angefangen."
„Ich will dein Geld nicht! Ich will Taxi fahren. Du bist doch der Fahrer? Also los, dawai!" Yuri schaut in den Rückspiegel. Ein schwarzer BMW ist in den Otto-Grüneberg-Weg eingebogen und fährt langsam Richtung Museum. Der Fahrer scheint etwas zu suchen. Oder jemanden.

„Ich bin ein kranker Mann!", kreischt der Taxifahrer plötzlich los. „Ich hab sieben Kinder! Und einen Hund!"

Yuri schüttelt den Kopf. Das darf doch nicht wahr sein!

„Ein großer Hund. Der hat viel Hunger."

„Halt die Klappe! Und nimm die Hände runter, Idiot!"

„Nein, nein. Du bist Russe, ich hör das. Ihr seid doch alle bei der Mafia! Erst soll ich dich durch die Stadt fahren und dann erschießt du mich irgendwo im Grunewald. Nimm das Taxi und hau ab!"

Yuri beobachtet wieder den BMW. Er hat vor der Villa Oppenheim angehalten. Zwei Männer sind ausgestiegen, dunkle Anzüge, mit an den Schultern ausgebeulten Jacketts. Die Schergen des Oligarchen sind bewaffnet!, erschrickt er. Die Männer gehen in die Villa. Der Fahrer bleibt im Wagen, wartet. Sicher beobachtet er sie. Ein Taxi, das nicht losfährt, obwohl ein Fahrgast drin sitzt. Yuri bricht der Angstschweiß aus.

„Ich hab keinen deutschen Führerschein! Ich kann nicht fahren!", brüllt er den Taxifahrer an.

Der schüttelt nur den Kopf und macht einen Schritt vom Wagen weg. Er streckt immer noch die Arme in die Luft.

„Das ist ein Trick! Ich kenn euch Russen. Ich schrei um Hilfe."

Der Fahrer des BMW hat sie bemerkt und spricht in sein Handy. Nicht gut!

„Verdammt, jetzt ist aber genug!", flucht Yuri.

„Hilfe! Hilfe!"

„Also gut! Also gut! Ich kauf dir das Taxi ab! Aber hör

auf zu schreien, choroscho?“

Der Taxifahrer rührt sich immer noch nicht.

„Was willst du noch? Gut, schau her – ich hab Geld.“

Yuri holt aus der Plastiktüte ein Geldbündel und hält es ihm hin. „Da, siehst du? Nimm!“

Der Taxifahrer starrt die Plastiktüte voller Geld an und folgt Yuris Blicken zu dem schwarzen BMW. Yuri kann richtig sehen, wie es hinter seiner Stirn arbeitet.

„Du hast Geld?“, fragt er. „Warum willst du dann mein Taxi klauen?“

„Ich will es nicht klauen, boshe moi, mein Gott! Warum denken alle, wir Russen sind Diebe? Ich will Taxi fahren!“

Die zwei Männer kommen aus der Villa zurück und steigen ein. Der BMW fährt langsam an. Endlich kommt Bewegung in den Taxifahrer. Er schnappt sich das Geldbündel, wirft sich auf den Fahrersitz und das Taxi schießt mit Kavalierstart los.

„Langsam, langsam, Towarisch. Willst du uns umbringen?“

Der Otto-Grüneberg-Weg ist eine Sackgasse. Eine kleine Wiese trennt sie von der Fritschestraße. Es hat die ganze letzte Woche geregnet und die abgefahrenen Reifen des alten Mercedes-Taxis drehen im Matsch durch.

„Scheiße!“, schimpft der Fahrer. „Wir stecken fest. Du musst schieben.“

„Du noch gesund? Ich bin dein – wie sagt man – Kunde!“

„Nee, du hast den Wagen gekauft. Entweder du schiebst oder die Fahrt ist hier zu Ende.“

Fluchend steigt Yuri aus und geht zum Heck des Wagens. In diesem Moment hält der BMW am Ende des Otto-Grüneberg-Wegs, keine fünfzig Meter vom Taxi entfernt. Die Männer im BMW scheinen sie zu beobachten. Yuri schiebt und betet: „Bitte, lass sie dumm sein wie Bohnenstroh. Nur dieses eine Mal, Heiliger Nikolaus! Ich stifte dir auch eine Kerze, versprochen!“

Seine Gebete werden erhört. Die Männer im BMW telefonieren wieder. Mit dem Handy am Ohr wendet der Fahrer den Wagen und gibt Gas. Im nächsten Moment verschwindet der BMW auf dem gleichen Weg, auf dem er gekommen ist.

Yuri atmet auf. Die Räder des Taxis fassen wieder festen Grund. Er setzt sich auf den Boden. Yuri ist von oben bis unten mit Matsch bespritzt, aber das ist ihm egal. Sie haben es geschafft. Er bekreuzigt sich. „Danke, Heiliger Nikolaus, du Schutzpatron der Reisenden“, murmelt er. „Spasibo, danke.“

Und wohin jetzt? Yuri steigt ein.

„Da sind Poller“, sagt der Fahrer „wir müssen wenden.“

„Nein, nein, nicht wenden. Fahr einfach weiter. Da rechts runter, am Zaun entlang.“

Der Fahrer zieht die Augenbrauen hoch. „Das ist keine Straße, sondern ein Gehweg. Da darf ich eigentlich gar nicht ...“

Yuri greift in seine Plastiktüte und drückt dem Fahrer ein paar Scheine in die Hand. „Und jetzt?“

Der Fahrer nickt und das Taxi fährt los, Richtung Schloßstraße.

„Langsam, ja?“, sagt Yuri. „Ich will nicht ... noch mehr auffallen. Ich will Fahrt genießen, verstehst du, ponimajesch? Ich hatte noch nie ein Taxi. Ist das erste Mal.“

In Wahrheit hat er Angst. Auf dem Gehweg und zu schnell? Das ist zu viel für die Polizei. Zuhause, mit der russischen, hätte man darüber reden können, vor allem mit Geld in der Hand. Aber mit der deutschen geht das nicht. Deutsche Polizei hat keine Anerkennung für Improvisation.

Das Taxi biegt von der Schloß- in die Bismarckstraße und dann in die Kaiser-Friedrich nach Süden ab, und Yuri wird noch unruhiger. Wenn sie so weiterfahren, sind sie gleich wieder am Stuttgarter Platz und am Supermarkt

Rossia. „Wo fährst du hin?“, fragt er.

„Na, wo du hinwillst, Chef. Ich zeig dir alle Sehenswürdigkeiten – Dostoprimetschatjelnosti! Da staunste, was? Dostoprimetschatjelnosti. Hab ich mir gemerkt, aus der Schule.“

Der Taxifahrer lacht und Yuri seufzt. Die Deutschen aus der DDR haben alles vergessen, was sie im Russisch-Unterricht gelernt haben. Alles außer diesem einen blöden Wort. Ihre Lehrer müssen sie furchtbar damit gequält haben. Und jetzt quälen sie ihn damit, wenn sie merken, dass er Russe ist.

Es ist wie bei Pawlows Hund, denkt er, ich Russe – du Dostoprimetschatjelnosti – Reflex! Traurig, so traurig.

Das Lachen des Taxifahrers macht Yuri auf einmal wütend. Was denkt sich der Idiot eigentlich? „Fahr weiter nach Süden. Nach Steglitz“, herrscht er ihn an. Er hat noch immer keine Ahnung wohin, aber das soll der Fahrer nicht merken. Hauptsache weg aus der Innenstadt.

An der Kreuzung Kantstraße kommt plötzlich Leben in den Taxifahrer: „Ab hier heißt die Kaiser-Friedrich-Straße Lewishamstraße. Der Londoner Stadtteil Lewisham, südlich der Themse gelegen, wurde 1966 Partnerstadt von Berlin. Seither heißt dieser Teil der Straße so. Es ist eine der Nord-Süd-Achsen über den Ku-Damm“, erklärt er und gestikuliert wild mit den Armen, deutet nach links und rechts. Dabei sucht er Yuris Blick im Rückspiegel.

Wie Äffchen im Zirkus, das Kunststück aufgeführt hat und jetzt Banane will, denkt Yuri verzweifelt und schüttelt den Kopf.

„Touristen mögen das, wenn man ihnen was über die Stadt erzählt, vor allem was Historisches. Ist gut fürs Trinkgeld.“

Die Stimme des Fahrers klingt beleidigt.

„Ich. Mag. Nicht“, knurrt Yuri. Ihm fehlt der Sinn fürs Touristische. Nur noch wenige Meter, dann kommen die

Unterführung der S-Bahn und der Supermarkt Rossia. Yuri hält den Atem an und kneift sicherheitshalber die Augen zu.

Gleich sind sie da, gleich kommen die dicken schwarzen BMWs und es wird auf sie geschossen, gleich ... Aber nichts passiert. Sie fahren am Rossia vorbei und dann weiter über die nächste Kreuzung, und alles bleibt ruhig.

Von hier geht es links durch den Wilmersdorfer Tunnel unter dem Ku-Damm durch, doch Gerhard entscheidet sich für rechts, oben über die Kreuzung. Ein schwerer Fehler, wie sie gleich merken. Sie sind schon fast an der Ampel am Adenauerplatz, da erkennt Yuri zu seinem Entsetzen den schwarzen BMW im Rückspiegel, direkt hinter ihnen.

„Sie haben uns!“, schreit er. „Runter, die schießen!“

Im nächsten Moment quietschen Reifen, knallen Autotüren und raue Stimmen brüllen durcheinander: „Aussteigen und Hände hoch!“

Die ganze Kreuzung ist voller Polizei, zwei Wagen haben sich vor dem Taxi quergestellt.

Gerhard flucht: „Lasst mich durch! Ich hab ’ne Fuhre!“

Unbeeindruckt reißen dick gepanzerte Männer einer Sondereinheit die Wagentüren auf und zerren Yuri vom Rücksitz. Auch Gerhard wird auf den Boden geworfen. Handschellen klicken, jemand brüllt: „Alles sicher!“

„Was haben wir denn hier Schönes?“, sagt eine ruhige Stimme.

Yuri kann den Mann nicht sehen. Er kann überhaupt keinen sehen, denn er liegt mit dem Gesicht nach unten auf der Straße, die Hände auf den Rücken gefesselt.

„Das ist der Kerl“, antwortet ein anderer. „Ist uns in die Quere gekommen, heute Mittag, als wir den Russen beim Supermarkt festnehmen wollten. Das Geld aus dem Banküberfall hatte unser Kunde ja noch bei sich. Aber der hier hat es ihm abgenommen, noch bevor wir drankamen. Hat uns ganz schön auf Trab gehalten, dieser kleine Dieb."

„Auch ein Russe?"

„Sieht so aus. Der Verkäufer im Supermarkt hat Russisch mit ihm gesprochen."

„Wenigstens haben wir die Beute jetzt wieder." Der mit der ruhigen Stimme freut sich. „Sagen Sie dem Taxifahrer schönen Dank. Er bekommt seinen Wagen zurück, sobald die Spurensicherung fertig ist. Sicher ist auch 'ne kleine Belohnung drin, bei der Summe. Habt ihr eigentlich den Aktenkoffer schon?"

„Nee, bisher nicht."

„Dann nehmt euch den Kofferraum vor. Und für dich, mein russischer Freund", er tippt Yuri auf die Schulter, „heißt es bald: ‚Do Swidanija Berlin.' Na, wie gefällt dir das?"

Glossar

Stutti – Stuttgarter Platz
Boshe moi! – Mein Gott!
Charlottengrad – grad = alte Bezeichnung für Stadt
Choroscho – gut, in Ordnung
Dawai! – wörtlich: Gib! – verwendet im Sinne von: Los!
Dostoprimetschatjelnosti – Sehenswürdigkeiten
Do Swidanija – Auf Wiedersehen
Ponimajesch? – Verstehst du?
Rossia – Eigenname für einen Supermarkt. Rossija = Russland
Sdrawstwui! – Grüß dich!
Spasibo – Danke

Weißensee

ist ein Ortsteil im Bezirk Pankow, hervorgegangen aus einem im 13. Jahrhundert gegründeten Straßendorf. Von 1540 bis 1880 wurde es in ein Rittergut umgewandelt, 1920 eingegliedert zu Groß-Berlin.

Der Jüdische Friedhof Berlin-Weißensee ist Europas größter und schönster noch erhaltener jüdischer Friedhof. 1880 wurde er angelegt. Baumalleen betonen den parkähnlichen Charakter. Heute befinden sich rund 150.000 Grabstellen in 120 geometrischen Feldern. Der Friedhof ist ein Spiegel deutscher, jüdischer und Berliner Geschichte vom Kaiserreich bis heute. Er ist auch ein Ort der Erinnerung. Viele Gräber von Frauen und Männern sind unlösbar verbunden mit der deutschen Identität in Kunst, Literatur, Wirtschaft und Wissenschaft. Der Gründer der Kaufhauskette Hertie, Hermann Tietz, der Publizist Theodor Wolff, der Schriftsteller Stefan Heym und der Vater von Kurt Tucholsky liegen hier begraben.

In Weißensee

von Kurt Tucholsky

Da, wo Chamottefabriken stehn
– Motorgebrumm –
da kannst du einen Friedhof sehn,
mit Mauern drum.
Jedweder hat hier seine Welt:
ein Feld.
Und so ein Feld heißt irgendwie:
O oder I ...
Sie kamen hierher aus den Betten,
aus Kellern, Wagen und Toiletten,
und manche aus der Charité
nach Weißensee,
nach Weißensee.

Da, wo ich oft gewesen bin,
zwecks Trauerei,
da kommst du hin, da komm ich hin,
wenns mal vorbei.
Du liebst. Du reist. Du freust dich, du –
Feld U –
Es wartet in absentia
Feld A.
Es tickt die Uhr. Dein Grab hat Zeit,
drei Meter lang, ein Meter breit.
Du siehst noch drei, vier fremde Städte,
du siehst noch eine nackte Grete,
noch zwanzig-, dreißigmal den Schnee –
Und dann:
Feld P – in Weißensee –
in Weißensee.

WEISSENSEE

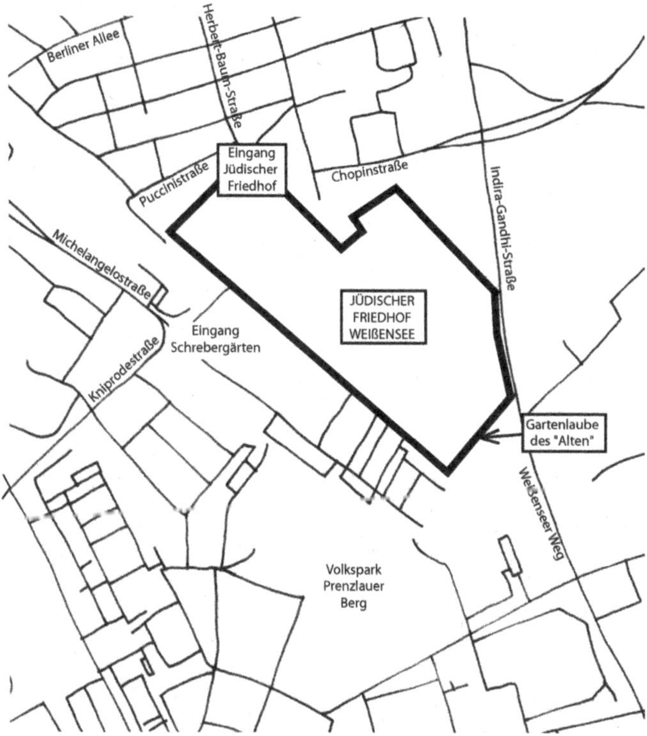
Berliner Allee
Herbert-Baum-Straße
Eingang Jüdischer Friedhof
Puccinistraße
Chopinstraße
Indira-Gandhi-Straße
Michelangelostraße
JÜDISCHER FRIEDHOF WEIßENSEE
Eingang Schrebergärten
Kniprodestraße
Gartenlaube des "Alten"
Weißenseer Weg
Volkspark Prenzlauer Berg

Weißensee

Altes Eisen

Heidi Ramlow

„Heute Nacht nehmen wir uns den jüdischen Friedhof Weißensee vor“, sagte Janek am Kofferraum des VW Bulli und stieß mit seinen beiden Begleitern an. „Prost!“

„Heute Nacht steigen wir über die Friedhofsmauer und holen dein Handy“, sagte der Alte zu seinem Enkel in der Gartenlaube und nahm sich eine Molle, „versprochen.“

„Heute Nacht schnappen wir sie uns“, sagte der Kommissar zu seinen Kollegen im Abschnitt 14, „ich koch mal ’n Kaffee, es wird spät werden.“

Nach einer Runde Bier trank Janek nichts mehr. Er musste wach sein. Hellwach. Der VW Bulli fuhr nicht von selbst nach Polen. Seine beiden Jungs waren beim dritten Pils angelangt. Trotz der Kälte standen ihnen Schweißperlen auf der Stirn. Egal. Janek fror und schaltete die Standheizung an.

„Der Stahnsdorfer Friedhof soll ergiebiger sein“, sagte Maik.

„Ja, da schnappen die uns gleich“, antwortete Wulle, „die Konkurrenz war da schon mehrfach auf Montage.“

„Ab jetzt nur noch Wasser“, entschied Janek, „und zieht endlich die schwarzen Anzüge aus. Bei der Friedhofsführung war das okay, jetzt nicht mehr.“

Es war Freitag. Ein kalter Dezembertag. Die kleine Laube im Schrebergarten an der Friedhofsmauer wurde von einem Bollerofen mit Eierkohlen beheizt. Der Alte stand im Winteranorak am Ofen und rieb sich die Hände. Dann zog er seinen Anorak aus und eine graue Strickjacke an.

„Ich geh schnell mein Handy holen“, sagte Tim zu ihm, „nicht erst heute Nacht. Das Teil war teuer.“

„Du weißt doch, dass der Friedhof abgeschlossen wurde“, antwortete der Alte, „gleich nach der Führung. Und Samstag ist auch geschlossen. Sabbat.“

„Mist! Hoffentlich hat keiner mein Handy mitgenommen. Da wohnen doch Leute auf dem Friedhof – beim Haupteingang. Ich meine lebendige Leute. Kannst du bei denen nicht klingeln?“

„Nee. Möchte ich nicht.“

„Auch nicht bei der in dem gelben Häuschen?“

„Nee. Die wird schon von den Besuchern genug genervt. Wo meinst du, hast du’s liegen lassen?“

„Bei diesem Steinklotz mit dem David-Stern vorne drauf. Wo ich mich hingesetzt hatte.“

„Das muss bei Albert Mendel sein, P 4. Und der Steinklotz, der Sarkophag, ist übrigens aus Travertin, Muschelkalkstein. Wir klettern nachts rüber, wenn alle schlafen. Wie besprochen.“

„Seit wann machst du diese Führungen, Opa?“

„Seit ich in Rente bin. Kleines Zubrot.“ Seine braune Cordhose war über den Stiefeln nass geworden. Er hängte die Hose über eine Stuhllehne, rückte den Stuhl vor den Ofen und nahm seine Jogginghose vom Nagel.

„Die beiden Typen in schwarzen Anzügen bei der Führung, ob das Bullen waren?“, fragte Tim.

„Glaub ich nicht. Du solltest deine Hosen auch trocknen. Heute Nacht gibt es Frost.“ Der Alte stopfte Zeitungspapier in die feuchten Schuhe. „Und dein Basecap kannste jetzt abnehmen.“

„Ihr habt echt cool ausgesehen mit dem Käppi auf dem Kopf!“

„Kippa."

„Warum trägst du 'ne Kippa, wo du doch kein Jude bist. Ich versteh das nicht, Opa."

„Warum ...?"

„Eine fremde Religion zwingt dir 'ne Kippa auf."

„Es zwingt mich niemand, auf den jüdischen Friedhof zu gehen. Ich bin dort Gast."

„Und als Gast passt man sich an?"

„Ja, Tim. Als Gast zeigt man Respekt. Auf einem jüdischen Friedhof tragen alle Männer eine Kopfbedeckung. Auch Besucher bei Führungen. Aua!"

Der Henkel war heiß. Der Wasserkessel stand schon den ganzen Morgen auf dem Ofen. Der Alte nahm ein Geschirrtuch zu Hilfe. Tim hielt ihm zwei Becher hin. Die Emaille, blau mit kleinen weißen Pünktchen, war an einigen Stellen abgeplatzt.

„Mach zwei Teebeutel rein, Tim. Oder willst du heißes Wasser trinken?"

Die beiden Polizisten gossen sich Kaffee in ihre Tassen. Der Kommissar sah vom Schreibtisch auf. „Und?"

„Alles ruhig am Friedhof. Haupteingang an der Herbert-Baum-Straße, das Tor Indira-Gandhi-Straße, nichts Auffälliges."

„Das trügt", antwortete der Kommissar. „Ich weiß nicht, dieser Bulli mit dem polnischen Kennzeichen heute Mittag auf dem Parkplatz vor dem Haupteingang gefiel mir gar nicht."

„Wir sind alles abgefahren, der war nirgends mehr zu sehen, auch nicht bei den Schrebergärten oder beim Bauhof."

„Ihr solltet die Friedhofsmauer noch mal zu Fuß ablaufen."

„Das sind fast drei Kilometer!"

„Seid ihr im Polizeisportverein oder nicht?"

Janek, Maik und Wulle zogen sich im Bulli um. Dunkle Arbeitskleidung. Bequeme Jacken. Feste Schuhe.

„Habt ihr gecheckt, ob der Friedhof durch Infrarot-Kameras gesichert ist?“, fragte Janek.

„Ja, klar. Ist er“, antwortete Wulle. „Der Alte, der uns da rumgeführt hat, kannte sich aus. Vor allem mit Gräbern.“

„Ich sag ja: Metallklau bildet! Wie viele Kameras?“

„Genügend. Gut versteckt.“

„Bewegungsmelder?“

„Klar, Mann.“

„Ich hab gehört, die wurden abgeschaltet“, sagte Maik, „wegen der Füchse. Zu viel Fehlalarm.“

„Ist das sicher?“

„Nein.“

„Wir müssen also schnell sein, unsichtbar, und mit allem rechnen. Polizei?“

„Kontroll-Fahrten – keine festen Zeiten.“

„Auch nachts?“

„Ja“, antwortete Wulle, „Tarnkappen wären super.“

„Spaßvogel! Direktverbindung zur Polizei?“

„Per Knopfdruck, denk ich.“

„Wo?“

„Hab ich nicht rausgekriegt.“

Tim öffnete die Ofentür, stocherte in der Glut, rüttelte die Asche durch den Rost und schüttete eine Schippe Kohlen hinein. Die Laube roch muffig nach Feuchte und Leere. Der Alte zündete einen Stumpen an.

„Und wenn Grabräuber auf dem Friedhof sind, Opa?“

„Ja, die werden ausgerechnet dann da sein, wenn du dein Handy holst.“

„Und was soll ich so lange machen – ohne Handy?“

„Warten. Oder lies was, wie ich. Da stehen Bücher.“

„Lesen in einem Buch ist out, Opa“, sagte Tim. „Was liest du gerade? Zeig mal. Biographie von Fritz Lang.“

„Seine erste Frau liegt hier. Elisabeth."

„Kenn ich nicht."

„Fritz Lang. Stummfilm-Regisseur. Neulich gab's seinen Film Metropolis im Fernsehen. Schwarz-weiß."

„Ich gucke nur Fantasy-Filme."

„Science-Fiction von 1927. Merk dir das! Gehört zur Bildung. Aber du musst ja die Schule schmeißen."

„Weißt du, Opa, wer Arya Stark ist oder Tyrion?"

„Nein, Tim."

„Das gehört heute zur Bildung. Fritz Lang, Opa, den kennt keiner meiner Freunde."

„Aber du hast nicht mal Mittlere Reife."

„Brauch ich auch nicht. Learning by doing."

„By doing", grinste der Alte, „dann do endlich mal was." Er zog genüsslich an seinem Stumpen. „Das Seltsame ist, Elisabeth Lang wird in keiner Biographie erwähnt. Auch in dieser nicht, die ich gerade lese."

„Vielleicht gab es sie gar nicht? Ein Fake?"

„Sie hatte ihn erwischt. Mit 'ner anderen. Brustschuss mit 'ner Browning beim Streit. Unglücksfall, sagte das Gericht. Fritz Lang wurde freigesprochen."

„Wer's glaubt, wird selig. Und wo liegt sie?"

„Im Feld D 5, 19. Reihe. Sie hat einen unscheinbaren grauen Grabstein. Ich lege ab und zu einen Kiesel darauf. Ich zeig dir das am Sonntag."

„Sonntag! Oh, Mann, Opa. Du bist dauernd in Aktion!"

Sein Enkel war fett geworden. Der saß zuhause nur vor seinem Computer und futterte Chips in sich hinein. Zeit, dass der endlich mal seinen Arsch hochkriegte. Hundertachtzig Zentimeter Hoffnungslosigkeit. Und im Gesicht mehr Piercings als Heftklammern in einem Tacker.

„Schaffst du es überhaupt über die Mauer, Opa?"

„Was soll das denn! Ich gehör noch nicht zum alten Eisen!"

„Du hast bestimmt 'ne Leiter, oder?"

„Die steht schon", grinste der Alte, „direkt an der Friedhofsmauer."

Er trank seine Molle in einem Zug aus.

Drei Jahre Lehrzeit hatte Janek in Maik und Wulle investiert. Maik war groß und stark, genau der Richtige für den Abtransport schwerer Metallgitter. Wulle war klein und flink, doch er dachte zu viel. Auch laut. Janek brauchte aber keine lauten Denker, sondern stummen Gehorsam. Unsichtbare. Nachtaktive. Geräuschlose. Schneller Zugriff, schneller Abtransport. Schnelle Abwicklung.

„Werkzeug?"

Maik zeigte auf die Rückbank: Seitenschneider, Messer, Eisensäge, Schraubendreher, Spaten und Schippe, Masken, Arbeitshandschuhe, Taschenlampe.

„Polnische Kennzeichen?"

„Ausgetauscht, Leitern noch im Bulli", antwortete Wulle.

„Wo fahren wir rein?", fragte Janek.

„Kniproder Straße, rechts am Bauhof vorbei, genau auf dem Grenzweg zwischen Prenzlberg und Weißensee. Drei Tore."

„Erstes Tor?"

„Offen, aber auch sonst kein Problem."

„Zweites Tor?"

„Nur mit einem Betonklotz gesichert. Leicht auszuhebeln."

„Drittes Tor?"

„Ebenso. Dann rückwärts mit dem Bulli direkt an die Mauer."

„Wo fangen wir an?", fragte Maik.

Janek zeigte auf den Friedhofs-Plan. „M 2. Hier. Kupfer-Kuppel am Fränkel-Grab. Direkt an der Friedhofsmauer."

Sie fuhren los. Voll konzentriert. Jeder Griff saß. Wie von Geisterhand stand die Leiter an der Mauer. Infrarotkameras? Kümmerten sie nicht. In neunzig Minuten waren sie in Polen. Untergetaucht.

Es hatte zwölf geschlagen. Mitternacht. Der Alte zog seinen Anorak an. Tim setzte sein Basecap auf. Sie verließen die Laube. In den Schrebergärten war es still. Tim stieg die Leiter hoch, sah sich um. Der Alte folgte ihm, nahm seine Kippa aus der Hosentasche und setzte sie auf. Dann kletterten sie auf der Friedhofsseite über aufgestapelte, umgefallene Steine runter. Es war kalt. Tim vergrub seine Hände tief in den Jackentaschen. Sie mussten quer über den Friedhof, an den Urnenfeldern vorbei zum Grab von Mendel. Die Wege der verwunschenen Alleen waren rutschig, die alten Pflastersteine uneben und zum Teil mit Moos bewachsen. Wie oft war der Alte diese Wege schon gegangen!

„Irgendwann behalten die dich hier, Opa", flüsterte Tim.

„Leider nicht. Nur für Juden", antwortete der Alte, „aber warum flüsterst du, Tim? Die Toten können dich nicht hören!"

Die hohen Bäume, die vielen grauen einzelnen Grabsteine, die mit der Dunkelheit verschmolzen. Keine Figuren, keine Kränze, kein Blumenschmuck, nichts, was etwas über den Toten preisgab. Dann wieder Monumente mit prachtvollen, schmiedeeisernen Ornamenten, üppige Familiengräber. Modergeruch von verrottendem Herbstlaub stieg dem Alten in die Nase. Er liebte diesen Ort.

Der Kommissar trank einen letzten Schluck Kaffee und spuckte ins Waschbecken. Die Brühe war kalt geworden. Er nahm sich eine Praline. Mit Cognac. Köstlich. Sein Handy klingelte. Die Kollegen von der Streife waren dran.

„Wo? – Kleingartenanlage Ecke Weißenseer? Gut

gemacht, Kollegen. Rührt euch nicht vom Fleck. Es kommt Verstärkung. Sofort." Dann brüllte er: „Leiter an Friedhofsmauer bei der Kleingartenanlage entdeckt, Straße 106. Wir rücken aus."

Vor Ort brauchten sie nur noch zu warten, bis die Diebe in den Schrebergarten kletterten. Er war zufrieden.

Der Alte blieb stehen. Horchte. Es war finster. Nur die Augen eines Fuchses leuchteten im Mondlicht auf. Tim erschrak. Der Fuchs erschrak, zog den Schwanz ein und trollte sich. Der Mond verkroch sich hinter einer Wolke. Es wird bald Schnee geben. Etwas raschelte im Gebüsch.

„In Berlin kannste froh sein, wenn du nachts keinem Wildschwein begegnest!" Opa grunzte wie eines.

„Still, Opa!", sagte Tim. „Da ist jemand."

Sie schlichen weiter. Was war das? Da! Zwischen den Bäumen. Ein Licht flackerte auf. Da wieder! Sie duckten sich.

„Vielleicht sind das Wiedergänger, Untote, weil wir die Totenruhe stören."

Sie erreichten Albert Mendels Grab. Der Sarkophag – grau und wuchtig. Das Handy lag auf der kleinen Umfassung rechts daneben. Glück gehabt.

„Da wird Metall gesägt, hörst du das?", flüsterte Tim. „Das Grab mit den vielen goldenen Rosen und grünen Ranken aus Eisen, weißt du, welches ich meine?"

Der Alte nickte. „Erbbegräbnis Lewinsohn und Netter. Hoffentlich sägen die da nichts ab."

„Ziemlich protziges Grab."

„Nein. Eher romantisch. Schmiedeeiserne Rosen als Zeichen einer großen Liebe. Carl Netter und sein Freund haben es für ihre Frauen bauen lassen. Beide hatten gerade ein Kind bekommen."

„Sind die gleichzeitig gestorben?"

„Typhus. Sie aßen gemeinsam Austern und überlebten

das nicht. Die Männer schon. Austern sind nicht koscher. Hätten sie sich doch dran gehalten."

„Koscher. Was ist das nun wieder?"

„Sieh im Lexikon nach! Gehen wir. Du hast ja nun dein Handy."

„Nein, wir müssen die Metallklauer beobachten, überführen."

„Und wenn die 'ne Knarre haben, Timmi?"

„Zivilcourage, Opa. Davon redest du doch immer."

„Das sind Kriminelle, Vandalen, Tim, die sind gefährlich."

Tim ging auf Zehenspitzen los, der Alte stolperte hinterher.

„Das Sägen hat hoffentlich nichts mit dem Mausoleum Arnstaedt zu tun", flüsterte er, „die gusseisernen Blumenkästen hamse gerade erst erneuert. Feld S 2."

„Still, Opa." Tim bewegte sich geräuschlos wie eine Katze von Baum zu Baum, blieb stehen, sicherte.

„Hörst du sie noch, Opa?"

„Ja." Der Alte übernahm die Führung. „Wir müssen zu dem runden Platz. Schleichen wir uns von hinten an. Vorsicht."

Behände sprang Tim über einen Reisighaufen, blieb im Efeu hängen, fing sich wieder und kletterte hinter seinem Opa in die Grabanlage. Vorsichtig sahen sie hinter den Säulen hervor. Der Platz lag ruhig vor ihnen. Sie schlichen weiter zur Grabstelle Adam. Auch dort war niemand. Wie wendig sein Enkel war, trotz seiner Körperfülle! Die Geräusche kamen jetzt von links. Leise gingen sie weiter. Tim blieb stehen.

„Hier, Opa! Hier haben sie was abgesägt", sagte er aufgeregt, „ich hab das heute noch fotografiert. Beweismaterial!"

„Die klauen alles, was nach Buntmetall aussieht. Fast noch schlimmer als bei den Nazis."

Hinter der Alten Halle glänzten schwarze, umgestürzte Granitblöcke im Mondlicht.

„Hier – auch was abgesägt", sagte Tim.

„Nein, Tim. Die Einfassung ist schon lange verschollen. Das ist das Grabmal Salomon."

Er zog Tim in die dunkle Allee. „Wir gehen jetzt zurück. Ich bin ganz steif gefroren."

Tim zuckte zusammen. „Sei mal still!"

Drei dunkle Gestalten kamen langsam näher. Der Alte und Tim duckten sich hinter einen Steinblock. Einer der Männer trug einen großen Sack auf dem Rücken, die beiden anderen schleppten ein Gitter. Der Mond verkroch sich ein zweites Mal.

„Es reicht. Ich kann nicht mehr", sagte Maik, blieb stehen und wischte sich den Schweiß von der Stirn.

„Du bist doch Maik der Starke", frotzelte Wulle.

„Ruhe!", zischte Janek. „Siehst du die Kameras an der Trauerhalle? Nichts wie weg hier!"

„Dann fahr'n wir also?"

„Wir? Ich fahre. Oder habt ihr 'n Führerschein?", fragte Janek. „Schrott-Harry wartet um zwei am Museum Küstrin."

„Schrott-Harry! Du machst Geschäfte mit Schrott-Harry?"

„Harry hat Auftraggeber im Westen. Der schmilzt alles ein, was er in die Hände kriegt. Das schöne, goldene Reh vom Friedhof Lichterfelde."

„Das war Harry?" Maik staunte. „Sowieso 'ne Nummer zu groß für uns. Oder?"

„Nee, zu schwer. Dreihundert Kilo schwere Bronze. Wie willst du die wegschaffen."

„Die haben sie ja auch geschnappt. Wir haben Glück gehabt heute." Wulle ging weiter.

„Noch sind wir nicht über die Mauer", sagte Janek. „Da

hat was geblitzt.“ Er sah sich um.

„Ach geh, du siehst Gespenster“, sagte Maik.

Die Männer entfernten sich rasch. Ihr Atem war weiß wie ein Kometenschweif, so kalt war es inzwischen. Nur Wulle schaute sich noch mal um, gab Maik seinen Jutesack und verschwand in der Dunkelheit.

Tim und der Alte starrten minutenlang in Richtung der Diebe.

„Bist du wahnsinnig, Tim? Steck sofort das Handy weg.“

„Dieser Friedhof ist spannender als jeder Krimi im Fernsehen.“

„Leise, Tim! Ob die was bemerkt haben? Den Blitz?“

„Nee.“ Tim steckte sein Handy in die Innentasche seiner Jacke.

Ein leichter Wind wehte erste zarte Schneeflocken in ihre Gesichter. Ein Wagen heulte auf, ein Gitter wurde geschlossen. Ein Auto fuhr davon. Über Schotter. Dann war es wieder ruhig.

„Die haben nichts gemerkt“, sagte Tim. „Sie sind weg.“

Der Alte zuckte die Schultern. „Vielleicht.“

Einige Hundert Meter weiter standen sie auf Höhe ihres Schrebergartens vor der Mauer. Die Leiter ragte ein Stück dahinter hervor. Tim half dem Alten beim Raufklettern. Ein Schatten löste sich aus der Dunkelheit. Tim spürte ihn mehr, als dass er ihn sah. Einer der Metalldiebe! Auf der anderen Seite der Mauer hörte er eine tiefe Männerstimme brüllen: „Haben wir Sie endlich! Festnehmen!“

Der Dieb blieb stehen, drehte sich um und verschwand. Tim hangelte sich schnell die Mauer hoch und sprang – direkt in die Arme eines Polizisten. „Abführen!“

Der Alte und Tim saßen in der warmen Polizeiwache Abschnitt 14 und tauten langsam auf. Beide rieben sich die Handgelenke. Nach der Aufnahme ihrer Personalien waren ihnen die Handschellen abgenommen worden.

„Ich hatte auf dem Friedhof mein Handy liegen gelassen."

„Das ist ja wohl die dümmste Ausrede, die ich je gehört habe!"

„Sie halten uns für Diebe? Ausgerechnet meinen Opa?"

„Du bist jetzt nicht dran. Zu dir kommen wir noch."

Der Alte legte Tim beruhigend die Hand auf den Arm.

„Mein Opa", sagte Tim mit fester Stimme, „mein Opa liebt diesen Friedhof. Der kennt da jeden Grabstein."

„Das denk ich mir!", sagte der Kommissar. „Wo haben Sie die Beute versteckt? Metall wurde gesägt. Konnte man hören."

„Wir haben keine Beute gemacht", antwortete der Alte.

„Sind Sie Jude?", fragte der Kommissar plötzlich.

„Nein." Der Alte nahm erschrocken die Kippa ab.

„Hausfriedensbruch, Diebstahl – da kommt 'ne Menge zusammen. Lass doch mal das Handy in Ruhe, Junge!"

„Die da", sagte Tim und zeigte dem Kommissar sein Handy, „die haben gesägt und geklaut. Nicht wir."

Der Kommissar sah sich das Foto auf dem Handy genau an.

„Der eine scheint Maik Brenner zu sein. Ein alter Bekannter von uns. Erst siebzehn."

„Ja, die Jugend", sagte der Alte, „ohne Perspektive, ohne Werte, aber schnelles Geld machen. Vielleicht interessiert Sie noch etwas, Herr Kommissar: Die bringen das Metall nach Polen. Schrott-Harry wartet um zwei am Museum in Küstrin."

Hektik verbreitete sich in der Wache: Großfahndung auslösen. Um Amtshilfe in Polen bitten. Ausfallstraßen sperren. Foto an alle Polizeidienststellen senden. Warten.

Um zwei Uhr fünfzig kam der erlösende Anruf.

„Wir haben sie! Noch auf der B1. Das Diebesgut ist sichergestellt. Die drei Diebe verhaftet und auf dem Weg nach Weißensee. Fahndungserfolg hundert Prozent."

„Und was ist nun mit 'ner satten Belohnung?", fragte Tim.

Gesundbrunnen, Wedding

Diese beiden Ortsteile sind untrennbar miteinander verbunden. 1861 wurde der Wedding gemeinsam mit der Nachbargemeinde Gesundbrunnen nach Berlin eingemeindet, 1920 wurden die beiden mit dem Groß-Berlin-Gesetz zusammengeführt.

Bei der Bezirksreform 2001 wurde der Bezirk wieder in die Ortsteile Wedding und Gesundbrunnen aufgesplittet, beide kamen zum neu geschaffenen Bezirk Berlin-Mitte, der auch die früheren Bezirke Mitte (Ost-Berlin) und Tiergarten (West-Berlin) umfasst.

Und fragt man heute einen Berliner, wo der Humbolthain mit dem Flakturm liegt – der Schauplatz der Geschichte –, bekommt man immer noch die Antwort: „Im Wedding", obwohl Gesundbrunnen richtig wäre. Der Name „Gesundbrunnen" geht auf eine eisenhaltige Quelle zurück, die erstmalig im Jahre 1748 Erwähnung fand.

In den folgenden Jahrzehnten entwickelte sich der kleine Ort zu einem Naherholungs- und Ausflugsziel für die nahe gelegene, aufstrebende Stadt Berlin. Im Zuge der Industrialisierung verwandelten sich ab Ende des 19. Jahrhunderts sowohl der Wedding als auch Gesundbrunnen zu Arbeiterbezirken.

Heute gelten die beiden Ortsteile als ähnlich schwierige soziale Brennpunkte wie z. B. der Bezirk Neukölln. Aber es mehren sich die Stimmen, die behaupten: Im Wedding liegt die Zukunft!

In ein paar Jahren werden wir sehen, ob sie recht behalten.

Führungen durch den Flakturm: Berliner Unterwelten e. V., Brunnenstraße 105, 13355 Berlin, www.berliner-unterwelten.de

GESUNDBRUNNEN-
VOLKSPARK HUMBOLDTHAIN

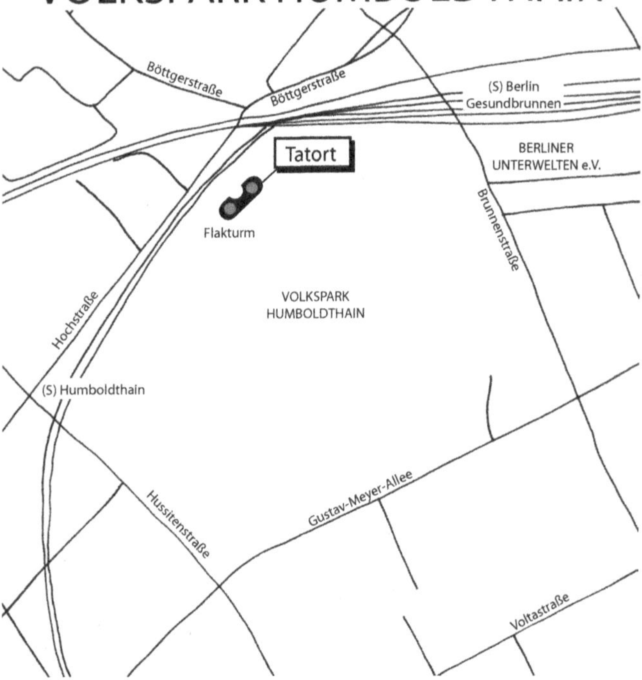

Gesundbrunnen

Im Bunker

Siegfried Langer

„Während der nördliche Flakturm nach Kriegsende vollständig gesprengt wurde, sind große Teile des südlichen erhalten geblieben."

Ja, gebaut hatten sie jede Menge, die Nazis, nicht nur die Autobahnen.

Na ja, die meiste Arbeit hatten wohl Zwangsarbeiter erledigt – wird gerne mal verschwiegen.

Ganz schön frisch hier. Ich hätte mir eine Jacke anziehen sollen. Aber draußen herrschte schließlich Hochsommer, da war ich gar nicht auf den Gedanken gekommen, dass es hier drin so kalt sein könnte.

„Ich muss Sie bitten, ausschließlich auf den Wegen zu bleiben und keine der Absperrungen zu übertreten. Vergangenes Jahr ist ein Besucher abgestürzt und hat sich beide Beine gebrochen."

Ob er das lediglich erzählte, um uns Angst zu machen? Der nahm sich sowieso sehr wichtig; er gefiel sich in seiner Rolle, mehr zu wissen als die Besucher um ihn herum.

Ein Japaner starrte ihn mit offenem Mund an, dessen Frau flüsterte ihm etwas ins Ohr; sie übersetzte ihm offensichtlich.

Wir gingen weiter hinein.

Tatsächlich entdeckte ich sehr schnell – nur ein, zwei Schritte jenseits eines Absperrbandes –, dass der Boden fast senkrecht abfiel. Wie tief es hinabging, konnte ich nicht erkennen. Ich stand im falschen Winkel, hätte näher herangemusst.

Aber das war noch zu früh. Alle standen dicht beieinander. Es wäre aufgefallen, wenn ich die Gruppe verlassen hätte.

Später. Etwas Geduld. Es kommt bestimmt eine bessere Gelegenheit.

„Sie müssen sich unbedingt einmal die Bilder aus der Vorkriegszeit ansehen. Der Volkspark Humboldthain war völlig flach. Kann man sich heute kaum noch vorstellen. Vorsicht mit den Köpfen!"

Die größeren Menschen vor mir bückten sich. Ich mich ebenfalls, als ich zu dem behelfsmäßigen Durchgang kam.

„An dieser Stelle mussten sich die Kollegen vom Verein Berliner Unterwelten regelrecht hindurchgraben. Was Sie links und rechts sehen können, ist Originaltrümmerschutt aus der Nachkriegszeit. Alles, was nicht mehr zu gebrauchen war und auch nicht als Heizmaterial verwendet werden konnte, hat man einfach hier in den Flakturm gekippt."

Der Trümmerschutt beeindruckte mich jetzt nicht so sehr.

„Das hätten sich die Soldaten, die ab 1942 hier Dienst taten, wohl nicht träumen lassen. Drei Jahre lang wehrten sie in ihren Geschützstellungen auf den Außenflächen die alliierten Luftangriffe ab."

Der Schacht, den ich jetzt zu meiner Rechten entdeckte, interessierte mich dagegen deutlich mehr.

„Hallo, Sie, junger Mann, nicht so weit nach vorn beugen."

Mist. Er hatte mich gesehen. Dabei wollte ich mich doch möglichst unauffällig verhalten.

„Sprechen Sie deutsch?"

Ich nickte.

„Das ist gefährlich: Da geht es über zehn Meter steil nach unten."

Um ihn zufriedenzustellen, ging ich einen Schritt zurück

und fand mich in der Gruppe schwarzer Touristen wieder, die mir schon am Eingang aufgefallen war. Einer von ihnen trug einen Nelson-Mandela-Button am Revers; zwei andere hatte ich vorhin gehört, als sie sich in einer Sprache unterhielten, die stark ans Niederländische erinnerte: Afrikaans. Ohne Zweifel eine Reisegruppe aus Südafrika. Ich gesellte mich dazu.

„Bei Fliegeralarm konnten hier bis zu fünfzehntausend Menschen Schutz finden."

Man brauchte wirklich jede Menge Fantasie, um sich den ganzen Schutt wegzudenken und sich die Räume, Gänge und Treppen vorzustellen, die heute nur noch teilweise erkennbar waren.

Dennoch drängten sich beklemmende Szenen in meinen Kopf.

In Gedanken hörte ich, wie eine Sirene losging. Ich sah, wie Mütter ihre Kinder an den Händen fassten, über die Brunnenstraße rannten und sich vor den Eingängen des Flakturms drängten, um Schutz zu suchen. Über ihnen verdunkelte sich der Himmel: britische und amerikanische Bomber, aus ihren Bäuchen stürzten Tod und Zerstörung auf die Reichshauptstadt.

Ja, das hier wäre auch ein angemessener Ort für meinen Mann, um zu sterben.

Lange genug hatte er mich an der Nase herumgeführt.

Mich mit Sebastian zu betrügen, unserem gemeinsamen besten Freund, der zudem mein Geschäftspartner war. Drei Jahre lang. Und ich Hirsch hatte das erst vergangene Woche bemerkt.

Nein, ich hatte Greg nicht hinterherspioniert. Die Buchung für das romantische Wochenende auf Usedom hatte ich wirklich zufällig entdeckt. Zwar war die Reisebestätigung an Sebastian adressiert, doch Greg hatte sie dummerweise mit zu uns nach Hause genommen und ins Ablagekörbchen auf seinem Schreibtisch gelegt. Beim

Blumengießen hatte ich versehentlich Wasser verschüttet und deswegen das Körbchen geleert, um die Dokumente darin zu trocknen – und dabei entdeckt, dass die beiden gemeinsam verreisen wollten.

Schnell hatte sich ein Puzzleteil zum anderen gefügt. Erst jetzt fiel mir auf, wie oft Greg und Sebastian in den vergangenen Jahren zur gleichen Zeit „geschäftliche Termine“ außerhalb Berlins wahrgenommen hatten.

In Gregs Leitzordnern fand ich weitere Belege: Hotelbuchungen und Sitzplatzreservierungen bei der Deutschen Bahn.

Das würden die beiden mir büßen.

Als Erstes kam Greg dran; um Sebastian würde ich mich danach kümmern.

Wie ein tragischer Unfall sollte es aussehen: Einmal nicht aufgepasst – und schon geht's ab in die Tiefe. Als ich jetzt die Möglichkeiten hier im Flakturm sah, erschien mir das mehr als einfach. Scharfkantige Steine und Nägel würden den Rest erledigen, falls Greg wider Erwarten den Sturz überleben sollte. Ich hatte alles Erforderliche in meinem Rucksack dabei.

Bereits nach kurzer Zeit bekam ich meine Chance. Um mehrere Ecken führte der Weg durch den Flakturm, die meisten Menschen aus der Gruppe verschwanden aus meinem Sichtbereich. Ich musste mich nur noch hinter die Südafrikaner zurückfallen lassen. Schon war ich allein und konnte in Ruhe abwarten, dass die Stimmen immer leiser wurden und allmählich ganz verklangen.

Schließlich erlosch auch das Licht.

Damit hatte ich gerechnet.

Ich kramte im Rucksack nach der Taschenlampe, fand sie und knipste sie an.

Gespenstisch war es um mich herum. Alles dunkel, nur einen kleinen runden Bereich schälte das Licht meiner Taschenlampe aus der Finsternis.

Ich glaubte, etwas trippeln zu hören. Gab es hier Ratten? Vermutlich.

Dass das hier eine unangenehme Angelegenheit sein würde, hatte ich bereits befürchtet.

Ich stellte mich der Herausforderung.

Vorwärts. Keine Angst.

Bis zur nächsten Führung war nicht allzu viel Zeit.

Bald erreichte ich die Stelle, an der ich vorhin zurechtgewiesen worden war.

Sie stellte sich als ideal heraus: Während sie direkt hinter dem Absperrband steil abfiel, konnte ich ein paar Meter weiter, seitlich davon, halbwegs unproblematisch hinunterklettern.

Nachdem ich unten angelangt war, öffnete ich meinen Rucksack und verteilte die scharfkantigen Steine und die kurzen, flachen Holzstücke, in die ich rostige Nägel gehämmert hatte, an der Stelle, auf die ein Körper fallen würde, wenn man ihm oben einen Schubs gab.

Und das würde ich tun, nachdem ich Greg nächste Woche eine Flakturm-Besichtigung zum Geburtstag geschenkt und ihn hierher gelotst haben würde.

Wenn ich ihn nicht haben konnte, dann sollte ihn niemand haben. Und Teilen ging gar nicht. Schon gar nicht mit Sebastian, der mich seinerzeit abgewiesen hatte.

Ich strahlte mit meiner Taschenlampe nach oben und schätzte die Höhe ab: Wahrscheinlich reichte schon der Sturz aus, um Greg zu töten.

Ich erschrak!

Ich glaubte, da oben ein Gesicht gesehen zu haben. Und nun kullerten kleine Kieselsteine zu mir herab.

Verdammt. Da hatte mich jemand gesehen.

Mein schöner Plan. War er bereits dahin?

Rasch kletterte ich nach oben, ließ den Lichtstrahl meiner Lampe hin- und herwandern und lauschte.

Ein leises Atmen. Kein Zweifel.

All meinen Mut zusammennehmend bewegte ich mich in die Richtung, aus der ich das Geräusch vernommen hatte.

Um zwei Ecken ging ich herum, dann strahlte das Licht meiner Taschenlampe direkt auf eine dunkelblaue Bomberjacke. Ein pausbäckiges Gesicht schaute mir unsicher entgegen. Der Unbekannte trug eine Glatze.

Furcht und Überraschung verschwanden rasch aus seinen Augen, als er mich gemustert hatte. Hatte er eben noch hinter einem Vorsprung gekauert, stellte er sich mir nun breitbeinig und aggressiv entgegen. Seine politische Gesinnung war unübersehbar.

Wo kam der her? Konnte mich nicht erinnern, ihn bei der Führung gesehen zu haben.

Hatte er sich bereits bei einer früheren einschließen lassen? Warum?

Er grinste.

„Na, sieh mal einer an. Das haben die mir vorher gar nicht gesagt."

„Was?"

Wovon redete er?

„Ein Neger."

Einen weiteren Beweis, dass ich in großer Gefahr war, benötigte ich nicht.

„Wie haben sie dich denn hier reingelockt?" Ohne mich aus den Augen zu lassen, zog er ein Springmesser aus der Tasche. Mit einem kurzen Klickgeräusch schnellte die Klinge nach vorn. Und schon kam er einen Schritt auf mich zu.

Der würde ernst machen, das war mir sofort klar.

Geistesgegenwärtig knipste ich meine Taschenlampe aus und stahl mich davon. Zurück. Nach der Wand tasten. Um die beiden Ecken, um die ich gekommen war. Aber vorsichtig. Schließlich lauerte ganz in der Nähe der Abgrund.

„Na, wo biste hin?“

Ich verhielt mich still.

Plötzlich wurde es hell.

Klar, der hatte ebenfalls eine Lampe dabei.

Und er musste direkt hinter der nächsten Ecke stehen.

„Du musst dich vierundzwanzig Stunden lang hier einschließen lassen, haben die zu mir gesagt. Und dass ich mir mein Messer einstecken soll. Und dass es hier Ratten geben würde. Gegen die müsste ich mich schließlich verteidigen können.“

Der Lichtschein näherte sich zuerst, dann schien der Glatzkopf stehen geblieben zu sein.

Es raschelte.

„Hätte nicht gedacht, dass die Mutprobe darin besteht, mit einer so großen Ratte fertigzuwerden.“

Ich hörte ein neuerliches Klickgeräusch, das Licht flackerte. Er steckte sich wohl gerade eine Zigarette an.

„Negerklatschen im alten Bunker. Wow! Die Kameraden haben sich echt was einfallen lassen. Das muss man ihnen lassen.“

Erneut kam das Licht auf mich zu. Nur noch wenige Sekunden, dann würde er bei mir sein. Hinter mir die Wand. Im Dunkeln einfach loszurennen, erschien mir nicht sehr sinnvoll.

Jetzt wünschte ich mir die Gruppe Südafrikaner herbei, um mich wieder zwischen ihnen zu verstecken.

„Lächle doch mal. Dann seh ich deine Zähne in der Dunkelheit.“

Er lachte über den eigenen Witz.

Okay, Angriff ist die beste Verteidigung.

Ich richtete meine eigene Taschenlampe direkt auf die Stelle, an der gleich sein fieses Gesicht auftauchen müsste. Und da war es auch schon.

Ich knipste die Lampe an und leuchtete ihm direkt in die Augen.

Er blinzelte, war überrascht und orientierungslos.
Drei Meter hinter ihm entdeckte ich das Absperrband.
Wenn ich einfach ...?
Ohne weiter zu überlegen, rannte ich los, genau in den Typen hinein.
Gemeinsam stolperten wir auf das Band zu.
Ich wollte ihn schubsen und selbst oben auf dem Weg bleiben, doch er krallte sich in meiner Jacke fest.
Und schon ging es nach unten.
Ich hatte nur eine Chance: Ich musste über ihm bleiben.
Sicher war er fett genug, um meine Landung abzufedern.
Aufprall!
Schmerzen in meiner rechten Schulter und im rechten Bein. Ich spürte, dass ich tatsächlich auf ihm zu liegen gekommen war.
Von oben klapperte die immer noch eingeschaltete Taschenlampe den Abhang herab. Hastig griff ich danach. Ich musste vor ihm an das Messer kommen, falls es hier irgendwo lag. Doch schnell merkte ich, dass ich es nicht mehr benötigte: Als ich ihm ins Gesicht leuchtete, entdeckte ich, dass seine Augen glanzlos und ungläubig in die Ferne stierten.
Puh, ich hatte ihn tatsächlich zur Strecke gebracht.
An viele ekelhafte Neonazi-Aufmärsche zurückdenkend, machte sich mit einem Mal tiefer Frieden in mir breit.
Ich gab acht, dass ich nichts von mir hier unten zurückließ, und machte mich an den Aufstieg.
Meine Schulter schien geprellt und das Fußgelenk verstaucht zu sein.
Ich ignorierte den Schmerz.
Oben drapierte ich das Absperrband wieder so, dass nichts auffiel; zum Glück war es nicht gerissen.
Dann hörte ich Stimmen. Eine neue Besuchergruppe.

Hoffentlich schöpfte niemand Verdacht, so schmutzig, wie ich war.

Den gröbsten Staub und Dreck klopfte ich noch rasch ab und versteckte mich anschließend in einer Nische.

Ich löschte das Licht und wartete, bis ich mich der Gruppe anschließen konnte.

Es klappte. Niemand bemerkte etwas.

Wer weiß, wann sie den Glatzkopf finden würden.

Vermutlich erst, wenn sich irgendwann der Verwesungsgeruch ausbreitete.

Niemand hatte einen Grund dafür, an der Absperrung hinunterzuleuchten.

Doch was soll ich nun mit Greg und Sebastian machen?

Hm, vielleicht lasse ich sie doch am Leben.

Mal sehen ...

Spandau

Wenn man irgendwo in Berlin erzählt, dass man aus Spandau stammt, bekommt man garantiert gesagt, dass dieser Bezirk eigentlich nicht richtig zu Berlin gehört. Aber das ist falsch, denn Spandau ist seit 1920 ein Teil von Berlin und hat zudem eine viel ältere Geschichte.

Schon Fontane schrieb seinerzeit von der „Seeschlacht in der Malche“, die Kurfürst Joachim II. 1567 zu seinem Vergnügen zwischen Berlinern und Spandauern austragen ließ. Fontane irrte, was den Ort der Schlacht anbelangt. Es ist belegt, dass sie zwischen der Spandauer Zitadelle und der Havelinsel Eiswerder stattfand, die nördlich in Sichtweite der Festung liegt.

Ob hier der Grundstein für die Rivalität zwischen den Spandauern und den Berlinern gelegt wurde? Vielleicht. Immerhin gewannen die Spandauer damals mit Bauernschläue die Schlacht. Jedenfalls achteten Berliner Mütter viele Generationen lang darauf, dass ihre Söhne keine Spandauerin heirateten und umgekehrt.

Um nach Spandau zu kommen, muss ein Berliner in den meisten Fällen über die Havel, die Lebensader dieses Bezirks. Der Fluss zeichnet sich durch etliche Ausbuchtungen, Seen und Inseln aus, zu denen der bereits erwähnte Eiswerder zählt. Nachdem die Insel in der Vergangenheit als Salzhof, Waffenproduktionsstätte und Lagerort für die Berliner Senatsreserve diente, haben sich heute Künstler, Werbeleute und Film- und Fernsehschaffende in den denkmalgeschützten Backsteinbauten niedergelassen.

SPANDAU

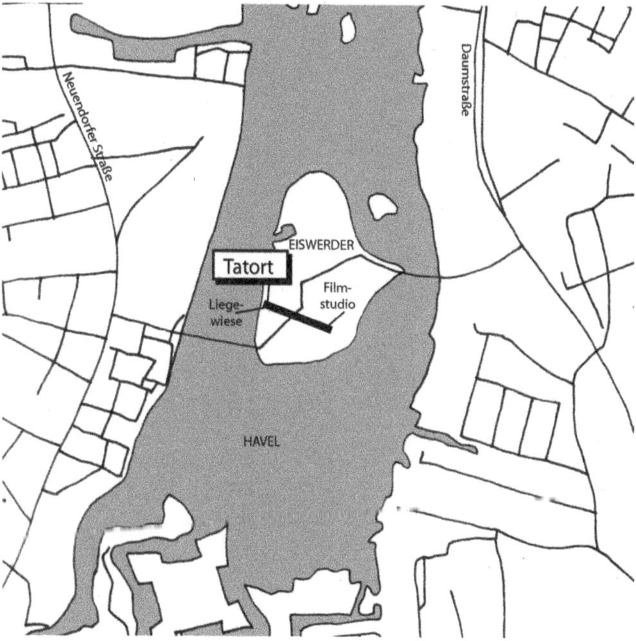
Neuendorfer Straße
Daumstraße
EISWERDER
Tatort
Film-
studio
Liege-
wiese
HAVEL

Spandau

Schrei, wenn du kannst

Astrid Ann Jabusch

Die untergehende Sonne tauchte das Ufer des Eiswerders in goldenes Abendlicht. Noch immer hing der süßliche Duft der blühenden Robinien schwer in der Luft. Ein paar Blesshühner nutzten die Bugwellen der MS Schildhorn und ritten aus purer Lebensfreude auf den immer größer werdenden Wogen. Die schwappten weiter und spielten mit einer leeren Coladose, bevor sie mit freundlichem Platschen die Insel erreichten.

Sonnenhungrige lagen mehr oder weniger bekleidet auf der Wiese und ließen sich von den letzten Sonnenstrahlen wärmen oder sahen einfach dem späten Tanz der Hummeln zu. Ein paar Mutige badeten schon im Fluss. Ausflugsschiffchen tuckerten der Schleuse auf der Westseite der mittelalterlichen Zitadelle entgegen, und einige Passagiere winkten fröhlich zur Insel hinüber, als hätten sie dort lang vermisste Freunde entdeckt. Andere kommentierten wenig originell aber lautstark die teils blanken Busen, Schenkel und Hintern, als seien sie zur Fleischbeschau geladen worden.

Auch die MS Heiterkeit zog an der Insel vorbei. Friedliches Geschirrgeklapper klang vom Dampfer über das Wasser. Doch bald gellten schon wieder anzügliche Pfiffe herüber.

Jette Holzmann drehte den Touristen ihren Rücken zu, zog die Jeans herunter und quittierte das aufkommende Gegröle mit gekonntem Hinternwackeln. Augenblicklich traten bunt geblümte Gattinnen in Aktion, die aufgeregt schwäbelnd ihre Männer von der Reling wegzerrten.

Sie grinste. Zum Hinternwackeln schien die junge Berlinerin Talent zu haben. Eines Tages würde sie eine richtig tolle Schauspielerin sein und gute Rollen bekommen, das hatte sie sich geschworen. Sie würde noch Schlagzeilen machen!

Jette packte ihren Prachthintern wieder ein und wollte sich gerade mit ihrem Landhauskrimi auf die Wiese legen, als ihr Blick auf die leere Coladose fiel, die inzwischen das Ufer erreicht hatte. Dort hatte sie sich verfangen, was einem Blesshuhn nicht gefiel. Aufgeregt piepsend schwamm es auf und ab. Jette trat ein paar Schritte näher an das Ufer heran, um das verärgerte Tier besser beobachten zu können. Nun sah sie erst, was den Vogel störte: Von den herabhängenden Zweigen einer riesigen Weide größtenteils verdeckt lag ein Mann bäuchlings im Wasser und schien dem Blesshuhn den Weg zu seinem Spielzeug zu versperren.

Neugierig streckte Jette ihren Hals vor. Den Typen kannte sie doch! Das war Daniel, der neue Nebendarsteller aus der Krimiserie „111 Berliner Morde", den sie so süß fand. So ein schnuckliger Typ! Und diese Augen, die direkt in ihr Herz sehen konnten. Jedenfalls war es ihr so vorgekommen, als sie ihn neulich nach dem Weg zu Katja, der Maskenbildnerin, gefragt hatte und er ihr den Weg in den Keller zeigte. Er hatte gespürt, dass ihr die dicken Bunkermauern unheimlich waren, und hatte sie ganz galant begleitet.

Jetzt aber erkannte sie Daniel an seinem Haar, das wie blonder Seetang im Havelwasser schwebte. Was machte er da? Tauchte er? Versteckte er sich? Vor ihr etwa? Jette krempelte ihre Jeans auf und stakste kichernd durch das flache Uferwasser. Wie einen Perlenvorhang teilte sie die Zweige der Weide und trat in die grüne, nasse Höhle.

„Hallo! Daniel? Bist du das? Komm raus! Ich habe dich längst erkannt!"

Aber der junge Mann tat keinen Mucks. Na warte, dachte sich Jette, packte ihn an der Schulter und drehte ihn mit einem Ruck zu sich um. Ja, das war Daniel. Zwei akkurate Reihen weißer Zähne bleckten sie zwischen aufgedunsenen Lippen an. Nur dort, wo die Augen sein sollten, war tiefes, schwarzes Nichts.

Der markerschütternde Schrei, den Jette ausstieß, bevor sie auf die Wiese zurücktaumelte und ihr die Sinne schwanden, hätte zu DDR-Zeiten sicher die Berliner Mauer zum Einsturz gebracht.

Als sie wieder zu sich kam, war sie allein, als hätten nie Pärchen auf Decken hier gelegen. Verdutzt richtete sich Jette auf. Was war passiert?

Plötzlich kam die Erinnerung zurück: Daniel!

Jette sprang in ihre Flipflops, raffte ihre Tasche samt dem Häkelkrimi hoch und rannte um Hilfe schreiend auf die Studios auf dem Eiswerder zu. Sie hatte keine Augen für Marlene Dietrich, Alfred Hitchcock, Orson Welles oder die vielen anderen Stars, die mehr oder weniger gut porträtiert aus den Fenstern des Backsteingebäudes schauten. Ihr kam es so vor, als folgten sie ihr mit den Augen. Aber das empfindet jeder so, der dort entlanggeht.

Atemlos stieß sie die schwere Eisentür der TV-Satt-Filmproduktion auf und kam erst zum Stehen, als sie bei Oliver Lammers und seiner Crew angekommen war.

„Daniel ... der Daniel ...“, stammelte sie und warf ihren Arm in die Richtung, in der sie Daniel gefunden hatte. „Der ist tot! Der Daniel ...!“

Oliver und seine Leute starrten sie nur an.

„Herrgott noch mal, was ist mit euch los? Kommt mit! Am Ufer im Wasser, da ist ...“

Sie stockte. Warum grinsten die alle so dämlich? Jemand lachte sogar laut. Jette war unsicher und verärgert. Was sollte das jetzt?

Statt einer Erklärung brach plötzlich tosender Applaus aus, und Jettes Ärger wich der Verwunderung. Routiniert, aber noch immer ahnungslos verneigte sie sich.

„Herzlichen Glückwunsch!", rief Oliver und klatschte in die Hände. „Du hast die Rolle! Und sogar mit zwanzig Euro Sprechzulage."

Jette guckte verdutzt.

Ulrike, die in der Serie eine Blumenhändlerin spielte, stieß sie in die Rippen. „Freu dich doch! Endlich ist unser Regisseur mal zufrieden. Das haben wir nicht oft."

Jette lachte, noch immer unsicher.

„Ich habe eine Rolle? Mit Text?"

„Na, warten wir mal ab." Das war jetzt wieder Oliver. „Die Sprechzulage bekommst du für dein wunderbares Kreischen. Meine Fresse, war das überzeugend! Mir läuft es jetzt noch kalt den Rücken runter."

Sie wollte etwas sagen, aber da flammten bereits Spots auf und sie erkannte die Sonnenhungrigen von der Uferwiese. Natürlich! Das waren Statisten! Auch sie applaudierten. Nur einen Moment später streifte sie etwas von rechts. Als Jette sich umdrehte, blickte sie in ein aufgequollenes, augenloses Gesicht.

Wieder schrie sie wie am Spieß und verstummte erst, als sie sah, dass Oliver anerkennend den Daumen hob. Daniel schrie auch, aber vor Lachen. Jette war sehr enttäuscht von ihm, auch wenn er die Gruselmaske schnell hatte verschwinden lassen.

Dabei war die wirklich sehenswert. Die Maskenbildnerin war eine wahre Künstlerin ihres Fachs. Sie verstand es, mit ihren Pasten, Cremes und Modelliermassen makellose Körper so zuzurichten, als seinen sie einem Gemetzel zum Opfer gefallen. Genau richtig für eine Filmproduktion, die sich auf bluttriefende Krimis spezialisiert hatte.

„Ach, komm", versuchte Daniel sie zu beruhigen, „da

muss jeder Neue im Team durch. Das gehört einfach dazu."

Jette schmollte aber noch ein bisschen.

Daniel legte nach: „Du hast das so gut gemacht, dass du jetzt auf Kreischrollen abonniert bist. Das kann sich auszahlen. Überleg mal: Johnny Weissmüller ist auch durch seinen Tarzanschrei berühmt geworden. Und der musste extra für ihn angemischt werden."

„Ehrlich?", fragte sie erstaunt.

„Ich schwöre! Und du kannst das auf Anhieb selber, und sogar noch viel besser."

Sie strahlte und warf in Gedanken einen Blick auf ihre glänzende Zukunft als Filmstar.

Tatsächlich kreischte sich Jette von Mal zu Mal schriller durch die Drehs. Aber nie wieder war ihr Schrei so überzeugend wie der in der Abendsonne unter der alten Weide am Westufer des Eiswerders. Oliver wurde immer unzufriedener, was er der Maske und damit Katja anlastete. Seiner Meinung nach ließ die Qualität ihrer Arbeit nach. Sie, die Meisterin ihres Fachs – eine Spandauerin übrigens, falls das hier wichtig ist –, fühlte sich ungerecht behandelt und machte Jette als die Schuldige aus.

Dass Daniel Jette hinterherlief wie ein Hündchen, war Katja ja egal. Er war sehr jung, und außer einem entzückenden Knackarsch hatte er noch nichts vorzuweisen. Es ärgerte sie, dass nur irgendein dahergelaufenes Filmsternchen auftauchen musste, damit der im Grunde brauchbare Kollege Daniel darauf hereinfiel. Dabei behandelte Jette ihn wirklich wie einen Köter. Daniel, hol mir dies, Daniel, mach mir das, Daniel, sitz, Daniel, platz! Nein, so ging man nicht mit Kollegen um.

Richtig wütend machte Katja aber, dass sie bei Oliver mehr und mehr in Ungnade fiel. Das war nicht gerecht! Sie hatte viele Jahre Berufserfahrung und war immer noch die Beste ihres Fachs diesseits und jenseits von Havel und

Spree. Was konnte sie dafür, dass Jette Holzmann nicht für drei Cent schauspielern konnte. Aber Oliver war nun mal Perfektionist und als solcher künstlerisch dem Wahnsinn nahe. Nichts ging über seine Arbeit – kein Mensch, kein Tier und auch keine Liebe. Nichts durfte gestellt wirken in seinen Filmen, alles musste echter als echt sein.

Katja tat alles für ihn und würde sogar noch viel mehr tun, aber im Moment war sie schon froh, wenn er sich nicht ganz von ihr abwandte. Wenn sie bloß das dumme Ding dazu kriegen könnte, seine winzige Rolle wenigstens einigermaßen zu beherrschen.

Inzwischen hatte sich Jette darauf verlegt, ihren Schrecken zu variieren – künstlerisch, wie sie meinte. Mal schlug sie niedlich die Hand vors Gesicht, um dazu wie vom Blatt abgelesen „Oh, oh! Wehe mir!" zu hauchen, mal strich sie sich mit ausladender Geste über die Stirn und drohte dekorativ zusammenzubrechen. Die gellenden Schreie, mit denen sie Aufmerksamkeit und Achtung erlangt hatte, gehörten inzwischen endgültig der Vergangenheit an.

Katja blieb nichts anderes übrig, als mit Jette zu proben. Niemand sonst wollte sich dafür hergeben. Außer Daniel vielleicht. Aber den hatte Oliver mit anderen Aufgaben betraut. Kreischtraining war eigentlich auch nicht Katjas Job, aber sie sah es wie eine Verkaufsveranstaltung für ihre Produkte, sozusagen Interesse wecken beim Kunden.

Sie übte mit Jette panische Schreie, überwachte ihre Atemtechnik, ließ sich immer gruseligere Dinge einfallen, um Jette zu erschrecken, und opferte literweise Theaterblut, um realistische Schlachtfelder in Szene zu setzen. Einmal gestaltete sie sogar mithilfe von Schlachtabfällen von der nebenan gedrehten TV-Koch-Serie „Teufelsküche" wahre Kunstwerke des Grauens. Aber es half nichts, Jettes Wahnsinnsschrei war und blieb Geschichte.

Merkwürdigerweise wollte aber Oliver den Zustand nicht ändern, jedenfalls nicht, indem er eine fähigere Darstellerin anheuerte. Katja wunderte sich nicht lange darüber, denn bald war offensichtlich, was Oliver davon abhielt, Jette zu feuern – der Prachthintern! Vielleicht hatte sie ihm ja gezeigt, wie man damit Touristenschiffe fast zum Kentern bringt und harmlose Ehefrauen in geblümte Furien verwandelt. Irgendetwas in der Art war es bestimmt.

Nun war Katja zwar keine furiose Ehefrau, doch seit Jahren dümpelte eine mal mehr, mal weniger heftige Affäre zwischen ihr und Oliver. Aber noch nie war sie so billig abserviert worden. Vielleicht sollte sie einfach Jette mal unter vier Augen zur Rede stellen?

Die Gelegenheit dazu ergab sich schneller als gedacht. Jette und Katja waren allein in Katjas Werkstatt, die anderen des Teams drehten Außenaufnahmen.

Katja fasste sich ein Herz und fragte möglichst harmlos: „Sag mal, Jette, läuft da was zwischen dir und Oliver?"

Die Schauspielerin schwieg einen Augenblick, dann sagte sie etwas pampig: „Es ist aber nicht so, wie du denkst!"

„Nein?" Katja war erstaunt. „Wie denke ich denn?"

„Mit Oliver und mir, das ist was ganz Besonderes, weißt du?"

„Das ist es immer", brachte Katja mit trockener Kehle heraus. Aber im Grunde genommen hatte sie es schon geahnt.

„Eigentlich sollte ich noch niemandem was sagen. Aber ich glaube, du darfst es wissen. Du gehörst ja nicht richtig dazu, zu uns Schauspielern, meine ich."

So, so, ich gehöre also nicht richtig dazu, dachte Katja. So hört es sich an, wenn die Berliner über Spandauer reden.

„Oliver und ich wollen nämlich noch mal ganz neu

anfangen“, zog sie Katja ins Vertrauen. Sie senkte die Stimme. „Er hat so etwas wie eine Dauerfreundin, eine Art Notlösung für kalte, einsame Nächte, weißt du?“ Sie zwinkerte vielsagend. „Na ja, nichts Ernstes ...“

„Ach“, krächzte Katja. Ihre Stimme hatte bereits den Dienst quittiert.

„Die Dauerfrau nervt ihn seit Jahren. Nur aus Mitleid ist er noch bei ihr.“

Was redet dieses dumme Gör da?, dachte Katja nur. Ihr schwirrte der Kopf.

„Man muss ihn ja auch verstehen, was soll er mit so einer Alten?“, plapperte Jette weiter. „Sie muss über vierzig sein! Fast so alt wie er!“

„Hat er das gesagt?“

„Nein, das braucht er nicht zu sagen. Es reicht schon, wenn er meine Haut streichelt und sagt, dass sie so schön straff ist, ganz anders als ihre“, kicherte Jette.

Katja hatte genug gehört. Aber Jette wollte sich mitteilen und fand kein Ende. Die Luft wurde stickig. Katja griff sich an den Kragen. Es war eine zu viel im Raum!

Jette redete und redete und Katja hörte schon längst nicht mehr zu. Ihr war, als hätte jemand Jettes Tonspur runtergefahren.

„Wir sollten lieber noch ein wenig deinen Schrei üben“, schlug Katja vor. Ihr war gar nicht gut. Sie musste sich am Schminktisch abstützen. Ohne dass sie es wollte, fanden ihre Finger eine Hutnadel.

„Na, komm, Jette. Auf drei ...“

Wie ferngesteuert griff sie die Nadel.

„Eins ...“

Jette atmete tief ein und aus.

„Zwei ...“

Jette holte noch einmal Luft.

„Drei!“, rief Katja und stieß der Rivalin die lange Nadel ins Ohr.

Jettes Schrei ließ die Gläser im Regal bersten. Sie schrie, als hätte sie in der Abendsonne unter der alten Weide am Westufer des Eiswerders eine Leiche entdeckt. Grenzenloses Entsetzen lag in ihrem Blick.

„Warum?“, schien sie mit ihrem Blick zu fragen, nachdem ihr Schrei endlich verstummt war.

Verächtlich zog Katja die Mundwinkel nach unten.

„Sag niemals zu uns Spandauern, wir gehörten nicht dazu!“

Tegel

liegt in Berlin ganz „oben". Nämlich am nordwestlichen Rand der Stadt. Tegel gehört seit 1920 zum Bezirk Reinickendorf und beherbergt (zumindest im Moment noch) den einzigen funktionierenden Flughafen Berlins.

Wälder und ausgedehnte Wasserflächen prägen das Bild des Bezirks. Ganz nah und doch weit weg von dem Trubel der Großstadt. Im Märkischen Viertel, einer Großbausiedlung mit etwa 30.000 Bewohnern, der Weißen Stadt und den südlichen Teilen Reinickendorfs sieht das allerdings ein wenig anders aus und bildet einen nicht unerheblichen Kontrast zu der ansonsten verbreiteten Einfamilienhaus- und sogar Villenbebauung in Frohnau und den Feldern in Heiligensee und Lübars.

Tegel bildet zumindest für die Ortsteile Heiligensee, Frohnau, Tegelort, Konradshöhe, Hermsdorf und Lübars den betriebsamen Mittelpunkt. In den Borsighallen, denkmalgerecht sanierte Hallen der ehemaligen Borsigwerke, und in der Fußgängerzone kann geshoppt und geschlemmt werden. Ein paar Schritte weiter erstreckt sich der Tegeler See mit der Greenwichpromenade, an dem die Dampfer liegen und von dem auch Flusskreuzfahrtschiffe starten. Es ist idyllisch, unter den riesigen Platanen zu flanieren, Tretboot zu fahren oder Minigolf zu spielen.

Im Humboldt-Schloss, das noch immer von Nachfahren bewohnt wird, sind die Brüder Alexander und Wilhelm von Humboldt aufgewachsen und neben vielen anderen berühmten Ahnen in dem wild-romantischen Park beerdigt.

TEGEL

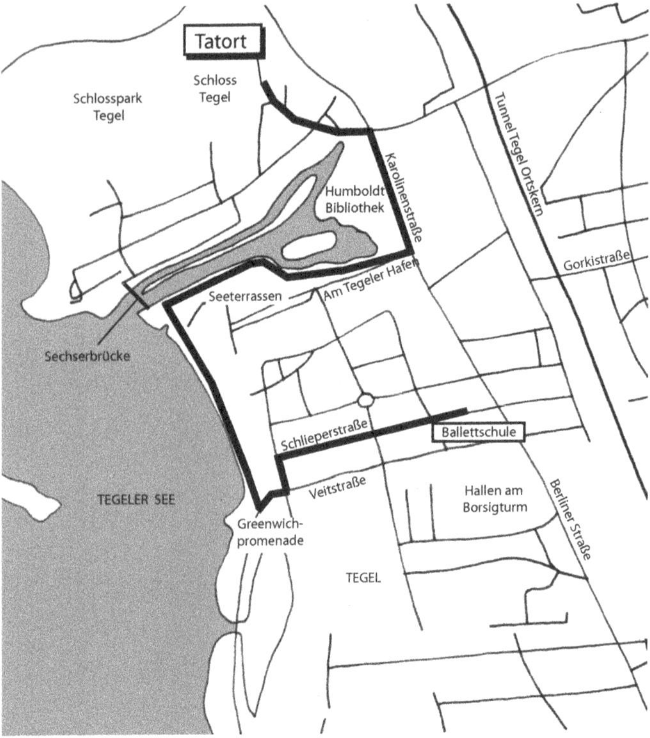
Tatort
Schloss Tegel
Schlosspark Tegel
Tunnel Tegel Ortskern
Karolinenstraße
Humboldt Bibliothek
Gorkistraße
Am Tegeler Hafen
Seeterrassen
Sechserbrücke
Schlieperstraße
Ballettschule
Veitstraße
TEGELER SEE
Hallen am Borsigturm
Berliner Straße
Greenwich-promenade
TEGEL

Tegel

Cinderella in Not

Kristina Herzog

Mit zusammengekniffenen Augen blickte Mella über das Heiligenseer Nordfeld, das sich ein gutes Stück den Dachsbau entlang zog. Es war Ende September und der Wind pfiff über den Rasenstreifen, der sich inzwischen zu einem Treffpunkt der Heiligenseer Hundebesitzer entwickelt hatte. Heute allerdings waren kaum Hunde zu sehen, denn die 2 b feierte hier ihr alljährliches Drachenfest. Mella hatte Stunden damit verbracht, die Liste der Eltern abzutelefonieren, die sich nicht in den „Ich bringe zum Drachenfest mit"-Plan eingetragen hatten.

Jetzt standen die Leckereien auf einem – natürlich von Mella – mitgebrachten Tapeziertisch und ein Pulk Kinder drängte sich darum, um die Platten zu plündern. Aus den Augenwinkeln schielte Mella nach Kati, der anderen Elternvertreterin und Mutter der ach-wie-süßen Rosalie, die vor dem Tisch Hof hielt und sich als Gastgeberin und Organisatorin aufspielte. Dabei hatte sie lediglich den Blumentopf für die Lehrerin besorgt. Eine läppische Aster, mit einem Riesenbohei überreicht. Als alle klatschten, strahlte Kati und verbeugte sich affektiert vor der Menge. Cinderella at her best. Früher war sie Tänzerin gewesen, hatte den Beruf jedoch für ihre Tochter aufgegeben. Das war zumindest die offizielle Version, an der Mella aber ihre Zweifel hatte. Sie stand neben der Shownudel Kati und lächelte verkniffen, während sie ihrer siebenjährigen Tochter Marlena den sechsten Schokokuss aus der Hand nahm und sich bemühte, deren Protestgeschrei zu ignorieren. Als alle sich wieder über das Feld verteilt hatten und sich anstrengten, ihre Drachen bei dem nur lauen Wind in die Luft zu bekommen, schlenderte Mella zu Frau Weber, der Klassenlehrerin, hinüber. Sie stand für einen Moment allein da und knabberte an einem Keks, während sie mit verklärtem Blick in den Himmel blickte.

„Ach, Frau Weber, ist doch ganz schön geworden, oder?“, flötete Mella Beifall heischend.

„Wunderbar. Wirklich wunderbar!“, presste Frau Weber heraus und hatte offenbar Mühe, sich nicht an dem Keks zu verschlucken.

„Ich bin auch froh, dass ich es in der Kürze der Zeit geschafft habe, alles zu organisieren. Leider musste ich ja wieder alles allein hinbekommen ...“, fing Mella an. Da spürte sie einen jähen Ruck an der Schulter. Kati war hinzugekommen und drückte Mella beiseite, während sie Frau Weber gewohnt charmant in ein Gespräch verwickelte.

Empört überlegte Mella, ob sie protestieren sollte, entschied sich dann aber doch dagegen und trottete wütend davon.

Sie wandte sich wieder dem Tapeziertisch zu und überlegte, ob sie die liebevoll von ihr gebastelten Herbstmännchen und Drachenarrangements neu dekorieren sollte, als sie plötzlich den heißen Atem ihrer Kontrahentin im Nacken spürte.

„Das lässt du schön bleiben, mich vor den Lehrern bloßzustellen. Ich habe dir schon mal gesagt, dass ich deine Sticheleien hasse. Sandra hat mir erzählt, wie du auf der letzten GEV gegen mich gehetzt hast. Lass das!“, zischte Kati wütend.

Mella biss die Zähne aufeinander und drehte sich abrupt zu Kati um: „Sag das noch mal!“

Kati – vor Wut inzwischen rot angelaufen – verzog den Mund zu einem spöttischen Grinsen: „Das sage ich sehr gern noch einmal ...“

„Ladies, ich muss doch sehr bitten!" Eine tiefe männliche Stimme ließ die beiden Streitenden herumfahren. Marks Vater stand da und lächelte. „Vielleicht können die Streitigkeiten ein wenig warten. Wir wollen doch das Drachenfest nicht beeinträchtigen."

Mella wurde rot. Steif wie eine Selleriestange stand sie da und nuschelte nach ein paar peinlichen Sekunden: „Selbstverständlich!", bevor sie sich umdrehte und Marlena winkte, um zu gehen. Als sie sich nach einigen Schritten noch einmal umwandte, sah sie, wie Kati ihr triumphierend hinterhergrinste, während sie sich angeregt unterhielt.

Zwei Tage hatten sie sich immerhin nicht gesehen. Sonntag hatten Mella, Marlena und Frank gemütlich zu Hause verbracht und gepuzzelt, gebacken und gebastelt. Es war Mella unglaublich wichtig, Marlena angemessen zu fördern. Frank störte in seiner Behäbigkeit zwar immer ein wenig, aber so war das eben nach mehreren Jahren Ehe. Und schließlich war er ja in der Woche kaum da.

Am Montag hatte Rosalie wegen eines Arztbesuches eine Stunde früher abgeholt werden müssen, so dass sie sich auch da nicht in die Quere gekommen waren.

Allerdings war klar, dass sie sich am Dienstag begegnen würden. Beide Mädels hatten heute Ballettunterricht in Tegel. Obwohl es schwer war, am Dienstagnachmittag in den Tegeler Straßen einen Parkplatz zu finden, hüteten sich Mella und Kati davor, gemeinsam zum Tanzen zu fahren. Beide brachten ihre Töchter die enge Stiege in einem der Hinterhäuser in der Schlieperstraße hoch. Dort saßen sie neben ihren Kindern, und während Kati jedes Mal an ihre frühere Tanzkarriere erinnerte, verdrehte Mella nur die Augen und sagte nichts. Die Mütter reichten ihren Töchtern Tutu und Schläppchen zu, während sie sie ermahnten, noch einmal das Klo aufzusuchen, weil es doch mit Trikot und Strumpfhose so schwierig war. Als die Kinder schließlich unten im Ballettsaal hopsten und sich Mella, nachdem sie Marlenas Sachen akribisch gefaltet und aufeinandergelegt hatte, auf den Weg in die nahe gelegenen Borsighallen machen wollte, um einen Kaffee zu trinken und ein paar Kleinigkeiten zu shoppen, spürte sie Katis Hand auf ihrer Schulter. Reflexartig schüttelte sie sie ab und drehte sich mit einem Ruck um.

„Hey!", entfuhr es ihr.

„Ich würde gern mal mit dir reden. Wollen wir am Wasser laufen? Ich lade dich auf ein Florida-Eis ein!" Kati lächelte, wobei ihre dunkel geschminkten Lippen aufeinanderzukleben schienen.

Mella schluckte. „Ich wollte eigentlich gerade ..."

„Das kannst du später noch machen. Sie haben doch heute eine Doppelstunde!", erinnerte Kati. Ihr Lächeln war schief. Und falsch, fuhr es Mella durch den Kopf. Sie schien die Hälfte des Tages vor dem Spiegel verbracht zu haben, so aufgetakelt, wie die wieder war! Meine Güte, Cinderella, deine Show ist vorbei! Was wollte die Zicke bloß von ihr? Sie auf ein Eis einladen, das war ja lachhaft!

Die Bäume waren noch grün. Bald würden sie ihre Blätter abwerfen und die Straßen mit den Mehrfamilienhäusern würden im Grau von Herbst und Winter versinken. Kati hatte sich bei ihr eingehakt und sie liefen zügig die Schlieperstraße hinunter in Richtung Tegeler See.

„Also, was gibt es?", fragte Mella, als sie schließlich die Greenwichpromenade, die direkt am Wasser entlangführte, erreicht und bisher nur Belanglosigkeiten über Klassenrowdys und Lehrerlieblinge ausgetauscht hatten.

„Es ist nicht schwer: Alles, was ich möchte, ist Ruhe. Ich will, dass du die Klappe hältst und mich machen lässt. Klar?" Der Druck von Katis Arm, der Mellas umklammert hielt, hatte sich verstärkt. Sie hielt sie fest wie ein

Schraubstock. Mella starrte sie empört an. Was fiel dieser Schreckschraube ein, so mit ihr zu reden?

„Ich höre wohl nicht richtig!“ Mella schnappte nach Luft.

„Ich bin mir sicher, dass du mich gut verstanden hast. Und auch du wirst ein Interesse daran haben, da wette ich drauf!“ Der Druck von Katis Arm ließ etwas nach, als sie Mella boshaft anlächelte. Sofort nutzte Mella die Chance und befreite sich aus der Umklammerung.

„Wieso sollte ich ein Interesse daran haben, mir von dir den Mund verbieten zu lassen?“, fauchte sie. Der letzte Teil des Satzes ging in dem lauten Tuten der „Moby Dick“ unter. Der Dampfer legte gerade ab, um eine Gruppe Erholungswütiger über die Berliner Seen und Flüsse zu fahren.

Aber Kati schien Mella trotz des Lärms verstanden zu haben. Sie wedelte mit einem tiefroten Briefumschlag, den sie aus ihrer Handtasche zog, die affig an ihrem Unterarm baumelte.

Hitze kroch in Mella hoch, als sie sah, dass der Brief an ihren Mann Frank gerichtet war. „Was willst du von ihm?“, zischte Mella.

Sie waren inzwischen an den Seeterrassen angekommen und Kati wies mit einem Grinsen auf den breiten Bürgersteig der Straße Alt-Tegel, doch Mella ignorierte ihre Aufforderung. Sie blieb einfach stehen. Da das Wetter für September heute angenehm sonnig war, hatten sich zahlreiche Spaziergänger eingefunden. Von dem nahe gelegenen, großzügig angelegten Spielplatz tönte Kindergeschrei. Als Mella bemerkte, dass sie von mehreren Leuten, die auf den umliegenden Bänken saßen, beobachtet wurden, ging sie schnellen Schrittes weiter die Greenwichpromenade hinunter in Richtung Sechserbrücke. Sie spürte, wie Schweißtröpfchen an ihrem Rücken herunterliefen. Kati folgte ihr langsamer.

Nach ein paar Metern drehte sich Mella erhitzt um. „Jetzt sag schon, was da drin steht!“ Ihre Stimme wurde schrill. Es konnte nichts Gutes bedeuten, wenn Kati Frank schrieb.

„Nur ein paar Fotos und ein paar erläuternde Angaben, von meinem Detektiv, der dich einige Tage beobachtet hat. Ist übrigens eine lustige Geschichte. Ich kenne ihn von früher. Er ist der Ex von meiner Cousine, mit der wir immer ...“

Mella schnappte nach Luft. Die Brust wurde ihr eng. „Du lässt mich beschatten? Spinnst du?“

Kati verzichtete auf eine Antwort und lächelte nur zufrieden.

Mella schöpfte Hoffnung: „Das war ein Witz, oder, Kati? Sag, dass es ein Witz war!“

„Darüber scherzt man nicht!“ Sie drehte sich um und lief an den für die Internationale Bauausstellung in den Achtzigern erbauten Häusern am Tegeler Hafen entlang.

Mella blieb nichts anderes übrig, als ihr zu folgen.

„Was sind das für Bilder?“ Kati wischte sich mit dem Handrücken über die verschwitzte Stirn.

„Na, was schon? Du und dein Lover. Ich denke, es würde deinen Mann interessieren, was seine Frau so treibt, wenn die Tochter in der Schule ist und er schuftet, um das Geld reinzuholen!“ Jetzt kicherte sie ein wenig. „Sieht ja wirklich interessant aus, was ihr da auf Bild drei so veranstaltet. Möchtest du sie mal sehen?“ Sie hielt Mella auffordernd den Umschlag entgegen. Als Mella hastig danach griff, zog Kati ihn weg. „Ich habe es mir anders überlegt. Also, meine Liebe: Wie lautet deine Entscheidung?“

„Wie soll ich denn wissen, ob du nicht bluffst?“, fragte Mella keuchend. Herrje, sie hatte doch nur ihre Kleine zum Tanzen bringen und ein wenig shoppen wollen, und jetzt kam die Planschkuh Kati und verdarb ihr alles!

„Da bleibt dir wohl nichts anderes übrig, als mir zu vertrauen, meine Beste. Solltest du dich falsch entscheiden, wirst du die netten Fotos wahrscheinlich eh zu sehen bekommen."

Am liebsten hätte Mella Kati in ihr vor Make-up starrendes Gesicht geschlagen, aber inzwischen waren sie an den im Hafenbecken schnatternden Schwänen und Enten vorbeigekommen und bewegten sich jetzt in Höhe der Humboldt-Bibliothek. Hastig schaute sich Mella um. Sie hatte das Gefühl, dass jeder der Vorüberflanierenden wusste, welches schmutzige Geheimnis sich in dem roten Umschlag befand. Es war ja nicht von der Hand zu weisen, dass Mella sich mit Manuel traf, der pikanterweise Marks Vater war. Versüßer ihrer einsamen Stunden und grandios geeignet, um wieder ein wenig Bestätigung als Frau zu erhalten. Allerdings wusste Frank selbstverständlich nichts von Manuel. Und es war auch besser, wenn es dabei blieb. Sie nahm ja niemandem etwas weg, indem sie ab und an Manuel zu sich bestellte.

„Und wenn ich Ja sage? Bekomme ich sie dann?", fragte Mella zögerlich.

Kati platzte laut heraus: „Ich bitte dich, Mella! Du glaubst doch nicht wirklich, dass das die einzigen Exemplare sind? Außerdem bin ich nicht von gestern und gebe mein Druckmittel aus der Hand. Nein, nein! Du gibst mir dein Wort und bist dir bewusst, dass es sofort, wenn du dein Versprechen vergisst, eine unangenehme Wendung nimmt!"

Sie liefen in Richtung Humboldt-Schloss. Auch wenn an dem alten Meilenstein ein Schild angebracht war, auf dem zu lesen stand, dass es sich um Privatgrund handelte, schritt Mella wütend voran. Sie war hier mal mit Marlena gewesen und hatte sich die Ställe angesehen.

„Was muss ich tun, damit du den Brief nicht abschickst?", quetschte Mella heraus. Sie hatte einen Kloß im Hals. Es fiel ihr schwer zu sprechen. Sie konnte sich Franks Reaktion nicht wirklich vorstellen, aber er wäre über die Nachricht zu Tode getroffen, so viel war klar.

Kati lächelte breit: „Jetzt hast du verstanden, worum es geht! Sehr schön. Es ist auch nicht sonderlich schwer. Du sollst einfach den Mund halten. Ich will mir nicht von dir die Show stehlen lassen. Ich will nicht mehr, dass du alte Geschichten herumerzählst. Keine Unterhaltungen mehr beim Abholen, bei den Klassenfesten und den Elternabenden. Keine Sticheleien, keine Hetzereien, kein Augenrollen. Du siehst: nicht wirklich schwer!"

„Ich soll die ganze Zeit schweigen? Wie stellst du dir das denn vor? Und wenn ich angesprochen werde?"

„Nur in der ersten Zeit. Danach halten dich alle für wunderlich und wollen sowieso keinen Kontakt mehr mit dir!"

Mella wurde es heiß: „Wieso das denn?"

„Ich werde das ganze Vorhaben mit einigen kleinen Informationen über deinen Geisteszustand untermalen. Aber da mach dir mal keinen Kopf: Was du nicht weißt, macht dich nicht heiß!"

„Warum tust du das?" Inzwischen klang Mellas Stimme nur mehr wie ein Krächzen.

Kati strahlte sie glücklich an: „Weil ich es kann ... und es mir Spaß macht!"

Das Schloss leuchtete hellweiß zwischen den Bäumen hindurch, als sie beim Eingang zum Reiterhof standen. Mella sah mit einem Mal nur noch rote Schwaden vor sich hin wabern. Sie konnte später nicht mehr sagen, in welchem Moment sie den Entschluss gefasst hatte oder was genau passiert war. Sie konnte sich nur an das Gefühl des dicken Astes in ihrer Hand erinnern, der plötzlich da gewesen war und mit dem sie wie besinnungslos auf Kati eingeprügelt hatte. Wahrscheinlich hatte sie sie in ihrer Wut auch noch ein kleines bisschen gewürgt, jedenfalls sagte das der Gerichtsmediziner, der Kati obduziert hatte. Sie konnte sich nicht mehr so genau daran erinnern – nur noch an das Rot und ihre überschäumende Wut. Jedenfalls war Kati jetzt tot und der Briefumschlag in tausend kleine Teile zerrissen.

Allerdings schweiften Mellas Gedanken immer wieder zum Inhalt des Kuverts, an den sie sich erstaunlicherweise glasklar erinnerte: Sie wusste, dass sie Kati den Brief aus den verkrampften Fingern gerissen hatte, als diese vor dem Tor zum Schlosspark am Boden lag. Und sie wusste, dass sie beim Anblick der Bilder maßlos erstaunt gewesen war. Kein Manuel, keine Mella, keine verfänglichen Situationen, sondern Bilder vom Drachenfest und vom Herbstbasteln. Trotzdem hatte sie sie in ihrer rasenden Wut zerrissen. Ein bisschen bedauerte sie, dass sie keines davon aufgehoben hatte. Sonst hätte sie es jetzt an die Wand gepinnt – hier in ihrer Zelle in der JVA für Frauen in Pankow.

Alexanderplatz

Die ersten Siedler ließen sich um das Jahr 1400 an dem Ort nieder, an dem sich heute der Alexanderplatz befindet. Seinen Namen erhielt er 1805 zu Ehren des russischen Zaren Alexander. Bereits in der Mitte des 19. Jahrhunderts erlangte der Alexanderplatz seine Bedeutung als Verkehrsknotenpunkt. Zu Beginn des 20. Jahrhunderts erlebte er seine Blütezeit. Es entstand das erste deutsche Kabarett, Warenhäuser wurden gebaut und seine Stellung als Brennpunkt des Verkehrs festigte sich durch die Einführung von U- und S-Bahn. Aus diesem Zeitabschnitt sind nur die im Stil der klassischen Moderne errichteten zwei Bauten Alexander- und Berolinahaus erhalten geblieben.

Die Zerstörungen des Zweiten Weltkriegs verwandelten den Platz in ein Ruinenfeld. Nach 1945 wurden die Trümmer beseitigt und die DDR-Führung gestaltete den Alexanderplatz in den folgenden Jahren neben seiner Funktion als Verkehrsknotenpunkt zu einem Ort für Aufmärsche und Militärparaden. An der Peripherie des Alexanderplatzes entstanden mehrere Gebäudekomplexe, wie zum Beispiel das Hotel Stadt Berlin, welches heute „park inn" heißt, das Haus der Elektrotechnik, das siebzehngeschossige Haus des Reisens und das zwölfgeschossige Haus des Lehrers mit dem umlaufenden Fries, der aus 800.000 Mosaiksteinen zusammengesetzt ist.

Der Untergang der DDR besiegelte die weiträumige Gestaltung. Das Handelshaus „die Mitte" wurde in das Zentrum des Platzes gesetzt und die Straßenbahn kehrte zurück. Aus dem Centrum Warenhaus wurde Galeria Kaufhof und der U-Bahnhof sowie das Berolina- und das Alexanderhaus erfuhren eine Sanierung.

ALEXANDERPLATZ

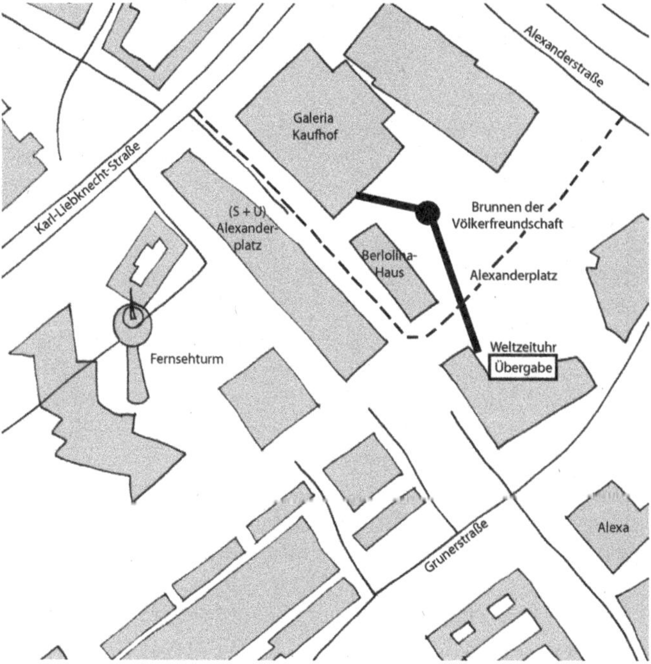

Alexanderplatz

Ein mörderischer Auftrag

Andreas M. Sturm

Eine sanfte Frühlingssonne warf ihre Strahlen über den in rasantem Rhythmus pulsierenden Alexanderplatz. Im Zentrum dieses von Neubauten geprägten Ortes stand Wolfgang Threukorn vor der Weltzeituhr, an der er gerade die aktuelle Zeit der vierundzwanzig Zeitzonen der Welt ablas. Den Kopf in den Nacken gelegt, blickte er zu den Zahlen hinauf und widerstand lächelnd dem Impuls, die angezeigte Zeit mit der seiner Swatch zu vergleichen. Er vertraute der Zeit, die der über ihm schwebende Zylinder verkündete. Bis zur Erledigung des einfachen und kurzen Jobs, der ihn in die Hauptstadt geführt hatte, verblieben ihm noch knapp zwei Stunden.

Schlendernd überquerte er die Straßenbahngleise und lief die wenigen Schritte bis zum Brunnen der Völkerfreundschaft. Beim Umrunden der siebzehn großen Schalen, über die munter das Wasser abwärts plätscherte, fiel sein Blick unwillkürlich auf den Fernsehturm, der zwischen der Galeria Kaufhof und dem Berolinahaus zu ihm herübergrüßte.

Da Threukorn aber unter Höhenangst litt, nahm er von einem Besuch des Turmes Abstand. Stattdessen betrat er den Kaufhof und fuhr auf den Rolltreppen bis zum Café in der fünften Etage. Eine Flasche Bier leistete ihm Gesellschaft, während er von seinem Fensterplatz das Gewimmel des Platzes von oben beobachtete. Diese Höhe war das Maximum, welches er seinen Nerven zumuten konnte, ohne dass diese die üblichen Warnsignale sendeten. Mit Kennermiene hielt er sein Glas beim Einschenken leicht geneigt und hoffte, dass das Pils ihm die Nervosität nehmen und auch den bitteren Geschmack, der sich in seinem Mund eingestellt hatte, fortspülen würde.

Obwohl es leicht verdientes Geld war, ganz wohl fühlte sich Wolfgang Threukorn in seiner Haut nicht. Auf seiner Fahrt mit der S-Bahn vom Berliner Hauptbahnhof bis zum Alex war ihm ein junger Mann aufgefallen, der in sich zusammengesunken auf einem Sitz in der Bahn gesessen hatte. Das fahrige Wesen des Burschen und die eingefallenen Gesichtszüge mit den toten Augen hatten eine überdeutliche Sprache gesprochen. Wolfgang Threukorn musste kein Sozialarbeiter sein, um sofort zu erkennen, dass der Mann schwer drogenabhängig war.

Seit der Begegnung mit diesem Verdammten der Gesellschaft bohrte ein Stachel in seinem Gewissen und ließ ihn keine Ruhe finden. Doch zwei hastig getrunkene Schlucke der köstlich kühlen Flüssigkeit ertränkten seine Seelenqual. Was soll schon schiefgehen?, tröstete sich Wolfgang. Diese Sache hier zu erledigen war ungefährlicher für ihn, als es ein Ausflug durch das heimische Wohnzimmer für Familien-Meerschweinchen Rosalie war. Durch diesen Gedanken beruhigt, schob er die düstere Mahnung in ein hinteres Fach seines Gehirns und ließ seine Blicke über den vor seinen Augen liegenden Platz schweifen. Dabei konnte sich Threukorn ein Grinsen nicht verkneifen, wenn er daran dachte, dass in den Jahren nach dem Zweiten Weltkrieg auf dem Alexanderplatz der Schwarzhandel geblüht hatte. Eigentlich hatte sich nicht viel verändert, immerhin war er ebenfalls zum Zweck einer dubiosen Übergabe an diesen Ort gekommen. Und um dunkle Geschäfte abzuwickeln, war der Platz sehr gut geeignet. Bei der Menschenmasse, die ständig über den Alex wogte, würde es dem Einzelnen mühelos gelingen, im Trubel unterzutauchen.

Ein melancholischer Schatten glitt über Wolfgangs Augen, als er an die Jahre dachte, die viel zu schnell verstrichen waren. Er lehnte sich in seinem Stuhl zurück, labte sich mit einem weiteren Schluck und dachte an seine früheren Besuche in der Hauptstadt zurück. Damals war noch das Blut der Jugend durch seine Adern geflossen und solche gemütlichen Pausen beim Bier hatte es nicht gegeben. In den Zeiten der Mangelwirtschaft wurde jede Minute für die Jagd nach Konsumgütern genutzt, die in der Provinz nicht erhältlich waren.

Er musste schmunzeln, als er sich an einen dieser Einkaufstrips erinnerte. Seine Frau hatte vor einer Drogerie eine lange Menschenschlange entdeckt, und ohne groß zu überlegen, hatten sie sich beide in das Heer der Wartenden eingereiht. Von diesem Augenblick an hatten er und seine Gattin jeden Augenkontakt vermieden. Dass die Anwendung dieses antrainierten Verhaltens in diesem Fall goldrichtig gewesen war, erkannten sie erst nach dreißig Minuten Wartezeit. In dem Geschäft wurden erzgebirgische Nussknacker verkauft und wie üblich wurde an jede Familie nur eine Holzfigur abgegeben. Hocherfreut hatten er und seine Frau einen Jägersmann und einen Soldaten erworben. Und noch heute, jedes Jahr in der Adventszeit, dachten sie mit einem Lächeln an jenen fernen Tag zurück, als sie die beiden Figuren erstanden hatten.

Die Zeiten hatten sich geändert. Threukorn wusste, dass gerade hier auf dem Alexanderplatz am 4. November 1989 eine halbe Million Menschen für die demokratische Neuordnung der DDR demonstriert hatten. Der Wendesturm hatte jedoch nicht nur die erfolglose Planwirtschaft, sondern auch seinen sicheren Arbeitsplatz ins Vergessen geweht. Seit dem Tag seiner Entlassung hatte er sich mit befristeten Arbeitsverhältnissen oder ABM-Stellen mehr schlecht als recht durchs Leben geschlagen.

Welchen Betrag er nach diesem lückenhaften Berufsleben in wenigen Jahren als Rente zu erwarten hatte, wusste Wolfgang nicht, aber dass es zum Leben reichen würde, bezweifelte er.

Gegenwärtig befand er sich wieder in einem tiefen Tal der Beschäftigungslosigkeit. Wie eine Fügung des Schicksals war es ihm da erschienen, dass ihm sein alter Kumpel Matze über den Weg gelaufen war und ihm einen Job angeboten hatte, den er in seiner Situation nicht ausschlagen konnte.

Matze hatte es schon immer verstanden, auch in den stürmischsten Zeiten wie ein Fettauge oben auf der Suppe zu schwimmen. Bereits während der Schulzeit war es Matze gelungen, seine Mitschüler beim Tauschen von Kaugummibildern übers Ohr zu hauen. Und in den achtziger Jahren trugen ihm seine umtriebigen Geschäfte den Spitznamen „Gemischtwarenhändler" ein. Matze war so raffiniert, dass er bei jeder dieser Transaktionen einen guten Schnitt machte. Nach der Wende war sich Matze nicht zu schade, den vertrauensseligen Ossis Zeitungsabonnements und Versicherungen aufzuschwatzen.

Von den Summen, die er damals verdient hatte, hätte er sich eigentlich ein sorgloses Leben gönnen können. Aber Matze lebte gern auf großem Fuß und war deshalb ständig klamm. Welcher Art die Geschäfte waren, mit denen Matze zurzeit sein Auskommen bestritt, wollte Wolfgang lieber nicht wissen. Den großen Geldsegen schienen sie aber nicht abzuwerfen, denn er hatte Matze bei einem unvorteilhaften Wohnungswechsel beobachtet. Wolfgang war zu Matzes Wohnung gefahren, um vor seiner Fahrt nach Berlin noch einmal mit seinem Auftraggeber zu schwatzen. Auf der Straße vor Matzes Wohnhaus angekommen, hatte er durch die Fenster seines über achtzehn Jahre alten Corsa beobachtet, wie Matze höchstpersönlich Umzugskisten in den Kofferraum seines 5er BMW lud. Warum er sich nicht zu erkennen gegeben hatte und Matze bis zu seinem neuen Heim hinterhergefahren war, konnte sich Wolfgang nach dieser Beschattung selbst nicht erklären. Vermutlich war es Abenteuerlust gewesen, geboren aus Langeweile und der Literatur von Kriminalromanen.

Erstaunt hatte Wolfgang an diesem Tag zur Kenntnis genommen, dass Matze für sein neues Domizil ausgerechnet den Stadtteil Prohlis gewählt hatte. Matze in einer Plattenbauwohnung? Das passte nicht zu ihm. Großkotzig, wie der war, liebte Matze repräsentative Häuser im Stil der Gründerzeit. Seine monetäre Lage konnte also nicht die beste sein, wenn er eine Bleibe einige Stufen unter der bisherigen bezog. Aber dies, so beschloss Wolfgang Threukorn, hatte ihn nicht zu interessieren, und Matze in Verlegenheit bringen wollte er nicht. Er war still in seinem Opel sitzen geblieben und hatte gewartet, bis das Licht in einer der Wohnungen angeschaltet worden war. Neugierig war er zur Haustür geschlichen, um seine Beobachtung anhand des Namensschildes zu überprüfen. Sein Erstaunen war gewachsen, als er feststellte, dass Matze es vorzog, unter falschem Namen zu logieren. Da es ihn aber nichts anging, wie Matze sich nannte, hatte Wolfgang mit den Schultern gezuckt und war nach Hause gefahren. Wenigstens, so sagte er sich zufrieden, wusste er nun, bei welcher Adresse er den restlichen Betrag seines Arbeitslohnes einfordern konnte.

Wolfgang stellte sein Glas ab und das Bier stieß ihm bitter auf. Das ungute Gefühl in seiner Magengrube hatte sich wieder gemeldet und teilte ihm überdeutlich mit, dass sein heutiger Verdienst kein Arbeitslohn, sondern viel eher ein Judaslohn war. Durch seinen Kurierdienst würde er zum Verräter an solchen jungen Menschen werden, wie der Halbwüchsige einer war, der in der S-Bahn seine Aufmerksamkeit erregt hatte. Er wischte sich mit einer müden Bewegung über die Augen, konnte aber die leeren Blicke des Jugendlichen nicht verdrängen, die anklagend durch seine Seele geisterten.

Das Geschäft, welches Matze ihm aufgetragen hatte, war simpel: Sechstausend Euro sollte Wolfgang Threukorn dafür bekommen, dass er an der Weltzeituhr einer Kontaktperson das aus Dresden mitgebrachte Päckchen übergab. Zweitausend Euro hatte er als Vorschuss bereits erhalten und den Rest würde er nach seiner Rückkehr ausgezahlt bekommen. Dieser Geldbetrag stellte für Wolfgang ein kleines Vermögen dar. Ob er allerdings mit seinem schlechten Gewissen würde leben können, war eine gänzlich andere Geschichte. Nachdem Threukorn diese Frage wiederholt in seinen Gehirnwindungen durchgeackert hatte, kam er zu einem Entschluss: Er wollte das nicht!

Bevor er es sich anders überlegte, suchte er die Toilette auf, um den Inhalt des Päckchens kurzerhand in die Kanalisation zu spülen. Wolfgang war fast sicher, dass sich in dem in Papier eingewickelten Bündel Rauschgift befand. Kein anderes Beförderungsgut würde einen solchen Kurierlohn rechtfertigen. Sollte Matze doch toben, er, Wolfgang Threukorn, war bisher ein ehrlicher Mensch gewesen und würde auch diesmal der Verlockung widerstehen. Er wollte nicht die Schuld auf sich laden, dass weitere junge Existenzen durch dieses Teufelszeug zerstört wurden.

Er holte das Päckchen aus seiner Tasche und löste die Schnur, die um das Paketpapier gewickelt war. Bisher hatte er es vermieden, den Inhalt zu untersuchen. Jetzt gestand er sich ein, dass dies nur eine Schutzhandlung gewesen war, um gar nicht erst mit der dreckigen Wahrheit konfrontiert zu werden. Wie er es sich gedacht hatte, kam unter dem braunen Papier eine mit weißem Pulver gefüllte Plastiktüte ans Tageslicht. Wolfgang wog den

Beutel abschätzend in seiner Hand. Auf ein Kilogramm schätzte er das Gewicht. Wie hoch der Preis dafür war, wusste er nicht, aber er konnte sich an zehn Fingern abzählen, dass er mit dem Verkaufserlös ausgesorgt hätte. Kurz schwankte Wolfgang und gab sich für Augenblicke der Illusion eines sorglosen Lebens hin. Doch nach kurzem Zögern stieß Wolfgang Threukorn mit wildem Blick die Verlockung von sich. Mit einem Ruck riss er die Tüte auf und der weiße Staub schwebte bereits über dem Becken, da überkam ihn die Neugier. Wie schmeckt wohl Kokain?, fragte er sich. In Fernsehkrimis probierten Polizisten oder Mafiosi doch immer. Er konnte es nicht lassen, leckte seinen Finger an und stupste ihn in das Pulver, danach kostete er. Das Ergebnis des Geschmackstests ließ ihn an seinem geistigen Zustand zweifeln. Also probierte er erneut. Das Resultat blieb dasselbe: In dem Päckchen, welches er ängstlich an sich gedrückt von Dresden nach Berlin befördert hatte, befand sich kein Kokain, sondern Mehl, ganz gewöhnliches Weizenmehl.

Ein Irrtum war ausgeschlossen. Während der langen Zeit seiner Arbeitslosigkeit hatte Wolfgang ab und an gebacken, um seine Frau mit frischem Kuchen zu überraschen, und so kannte er den Geschmack von Mehl.

Als er nach einer Weile realisierte, was diese Erkenntnis für ihn bedeutete, überlief ihn vor Angst ein kalter Schauer, der in einen Schwächeanfall mündete. Der grässliche Verdacht, der in seinen Gedanken Gestalt annahm, lähmte seine Muskulatur. Seine Beine zitterten und weigerten sich, das Gewicht seines Körpers zu tragen; Wolfgang sank auf den Toilettendeckel. Das Gesicht in die Hände vergraben, dachte er fieberhaft nach. Seine Mutmaßung war grotesk, völlig absurd ... obwohl? Matze war sich schon immer selbst der Nächste gewesen. Wolfgang musste sich der hässlichen Wahrheit stellen und in ihm wuchs der Wille, sich zu wehren. Er wollte nicht zur leichten Beute in Matzes dreckigem Spiel werden.

Adrenalin schoss durch Wolfgangs Körper und er stand auf. Entschlossen verließ er die Kabine, bemüht, ja kein Aufsehen zu erregen. Am Waschbecken wusch er sich gründlich und lange die Hände, so als könnte er all den Schmutz, mit dem er nun konfrontiert war, loswerden. Aber als er in den Spiegel sah, sprang ihn die Angst erneut an.

„Die Lederjacke ...", flüsterte er panisch.

Verstört riss er sich das Kleidungsstück vom Leib. Matze hatte ihm diese Jacke als Erkennungszeichen aufgenötigt. Bisher war ihm die Jacke nur unbequem gewesen, aber nun brannte sie wie Feuer in seinen Händen. Angeekelt ließ er sie auf einem der dunklen Holzstühle vor den Toiletten liegen. Das Päckchen mit dem Mehl entsorgte er in den Papierkorb an den Aufzügen. Die Kontaktperson, das war Wolfgang nun klar, wartete auf ihn und nicht auf irgendein Paket.

Ein wenig ratlos stand Wolfgang vor dem Kaufhof, bis ihm ein Einfall durch den Kopf schoss, der ihm ein gehässiges Lächeln ins Gesicht trieb. Sofort stürmte er panisch die Rolltreppen wieder nach oben, zurück zur Toilette und hätte vor Glück fast geweint, als er die Jacke noch vorfand. Mit dem Futter nach außen legte er das Kleidungsstück so klein wie möglich zusammen und klemmte es unter den Arm.

Trotz seiner Eile nahm er sich die Zeit, im Kaufhof noch ein Schulheft zu kaufen. Wieder zurück auf dem Alexanderplatz, jagte Wolfgang wie von Furien gehetzt los. Als er nicht fand, wonach er fieberhaft suchte, lief er schnell um das Alexanderhaus herum zum Einkaufszentrum Alexa. Ein Blick die langen Gänge hinunter verriet ihm, dass er sich hier zwar komplett neu einkleiden könnte, aber nach den Utensilien, die für seinen Plan erforderlich waren, würde er in diesem Einkaufstempel vergebens schauen. Erst in einem Asia Shop in den S-Bahn-Bögen erspähte er ein Objekt, welches ihm gute Dienste leisten würde: ein schlanker, leichter Bambusgarderobenständer. Eine billige Damenhandtasche made in Fernost vervollständigte seinen Einkauf. Die Auslagen in dem Souvenirshop „I Love Berlin“ bremsten seinen hastigen Lauf. Ein Basecap mit dem Aufdruck „Berlin“ stach ihm derart ins Auge, dass er es ebenfalls mitnahm.

Zielstrebig lief er mit seinen Einkäufen zur Weltzeituhr. Diesmal verglich er die angezeigte Zeit mit der seiner Swatch – es hing einfach zu viel von seinem Timing ab. Vierzig Minuten verblieben ihm noch bis zur Übergabe.

Wolfgang unterdrückte mit Mühe den inneren Zwang, die Dächer der umliegenden Gebäude zu mustern, mit Sicherheit überwachte bereits ein scharfes Auge jede Bewegung um die große Uhr. Betont gleichmütig stellte er den Garderobenständer neben der Weltzeituhr auf und drapierte kunstvoll die Lederjacke daran. Aus dem Schulheft riss er eine Seite heraus und schrieb mit Großbuchstaben die drei Worte „SPONTAN ENTSTANDENE KUNST“ darauf. Diesen Zettel heftete er gut sichtbar an das wacklige Gestell. Das Basecap, welches er oben auf den Ständer setzte, vollendete sein Kunstwerk. Auf eine zweite Seite aus dem Schulheft schrieb Wolfgang Threukorn Matzes neue Adresse und vergaß auch dessen Alias-Namen nicht. Diesen Zettel steckte er mit schwungvoller, gut sichtbarer Geste in die geschmacklose Damenhandtasche, bevor er sie an den Ständer hängte. Die Handtasche wirkte so billig, dass Threukorn davon ausgehen konnte, dass selbst der gierigste Dieb sich mit Grausen abwenden und sie verschmähen würde.

Mit stolzem Lächeln trat Wolfgang einige Schritte zurück und musterte sein Werk. Er war zufrieden mit sich – der geschmückte Garderobenständer würde seinen Dienst tun. Dass es an diesem Tag windstill war, verbuchte Threukorn als einen Wink des Schicksals. Jede Sturmbö hätte das Ensemble quer über den Alexanderplatz gepeitscht.

Eilig wandte er sich ab und versuchte hakenschlagend im Gewühl zu verschwinden, um so den wachsamen Augen zu entkommen. Als er glaubte, die Blicke des Beobachters ausreichend verwirrt zu haben, betrat er die Filiale von C&A im Berolinahaus und kaufte sich eine neue Jacke. Obwohl die Winterware bereits aus dem Angebot verbannt worden war, gelang es ihm, die letzte Schiebermütze in der Hutabteilung zu ergattern.

Mit neuem Outfit betrat ein verwandelter Wolfgang Threukorn wieder den Alex. Er setzte sich auf einen der Stühle vor Tchibo im Alexanderhaus und wählte einen Platz, von dem er freie Sicht auf die Weltzeituhr hatte. Erneut konsultierte er seine Swatch. Noch fünf Minuten bis zu der von Matze erfundenen Begegnung. Ein Cappuccino half ihm die Zeit zu vertreiben und die Tasse schenkte ihm die Möglichkeit, seine zitternden Finger zu beschäftigen. Trotzdem wäre das Getränk um ein Haar Wolfgangs Fingern entglitten, als sich seine Befürchtungen bestätigten. Im Grunde hatte er nichts anderes erwartet, doch der junge, athletisch gebaute Mann, der sich vorsichtig seiner Schöpfung näherte, erhärtete seinen Verdacht. Unauffällig zog der sportlich gekleidete Kerl mit dem schütteren blonden Haar immer kleiner werdende Kreise um das Kunstwerk.

Ein wissendes Lächeln glitt über Wolfgangs Antlitz, als er die längliche Tasche bemerkte, die der junge Mann auf dem Rücken trug. Für einen arglosen Betrachter wirkte der schmale Rucksack wie ein Beutel für eine Angelrute oder ein Instrument. Wolfgang jedoch würde sein letztes Hemd verwetten, dass sich in dieser Tasche ein wesentlich tödlicheres Gerät als eine Angel verbarg.

Der sportliche Mann bewegte sich wie ein Raubtier,

welches seine Beute einkreist. An Wolfgangs Machwerk angekommen, schlug er zu. Mit blitzschnellem Griff packte er die Handtasche und war Sekundenbruchteile später in der Menschenmasse untergetaucht.

Threukorn nickte zufrieden. Wie er es sich gedacht hatte, war der Kurierjob nur ein Schwindel von Matze gewesen. Sein alter Kumpel hatte höchstwahrscheinlich die Drogenmafia um Geld geprellt und war nach Berlin bestellt worden, um sich seine Strafe in Form eines Stücks Blei abzuholen. Matze, der schlaue Fuchs, wollte verhindern, dass sein Lebenslauf auf eine so unschöne Art endete, und hatte ihn, Threukorn, als Strohmann geschickt.

Die Anspannung verschwand und Wolfgang Threukorn atmete auf. Er hatte Matze ein Schnippchen geschlagen und für sich die Bestätigung gefunden, dass Lesen bildete. Und Kriminalromane zu lesen schulte nicht nur die Kombinierfähigkeit, er wusste nun mit Gewissheit, dass es ungemein lebensverlängernd wirken konnte. Freudig schmunzelnd lief Threukorn beschwingt ein weiteres Mal zur Galeria Kaufhof. Er würde sich einen guten Krimi kaufen, um sich auf der Rückfahrt nach Dresden die Zeit zu vertreiben.

Prenzlauer Berg, Wasserturm statt Sacré-Cœur

Der Prenzlauer Berg ist kein Berg, und weniger prominent als sein Pariser Namensvetter Montmartre ist er auch. Es ist ein unprätentiöser Ort, der dennoch einlädt. Hierher zu kommen heißt, keine touristischen Programme absolvieren zu müssen, sondern innezuhalten und zu genießen. Es ist angenehm, durch die Straßen zu flanieren oder in einem der vielen Lokale zu sitzen und den Charme einer Gegend auf sich wirken zu lassen, die historische Spuren trägt und sich noch immer entwickelt.

Wegen seiner vielfältigen Motive ist der Prenzlauer Berg auch als Drehort beliebt, und das seit über hundert Jahren. Bereits 1892 wurde hier Filmgeschichte geschrieben, als die Brüder Max und Emil Skladanowsky auf einem Dach in der Schönhauser Allee 146 die ersten Bewegtbilder in Deutschland aufnahmen. Ihnen folgten zahlreiche Kino- und Fernsehproduktionen – und auch heute kann man in Prenzlauer Berg jederzeit auf ein Filmteam bei der Arbeit treffen.

Der Tatort der Geschichte befindet sich im Winsviertel, wenige Gehminuten entfernt von Wasserturm, Kollwitzplatz, Kulturbrauerei und Bötzowquartier. Der Märchenbrunnen am Volkspark Friedrichshain liegt um die Ecke.

Das Haus am Georgen-Parochial-Friedhof gibt es wirklich, ebenso die in der Geschichte genannten Straßen. Andere Lokalitäten wurden frei adaptiert.

PRENZLAUER BERG

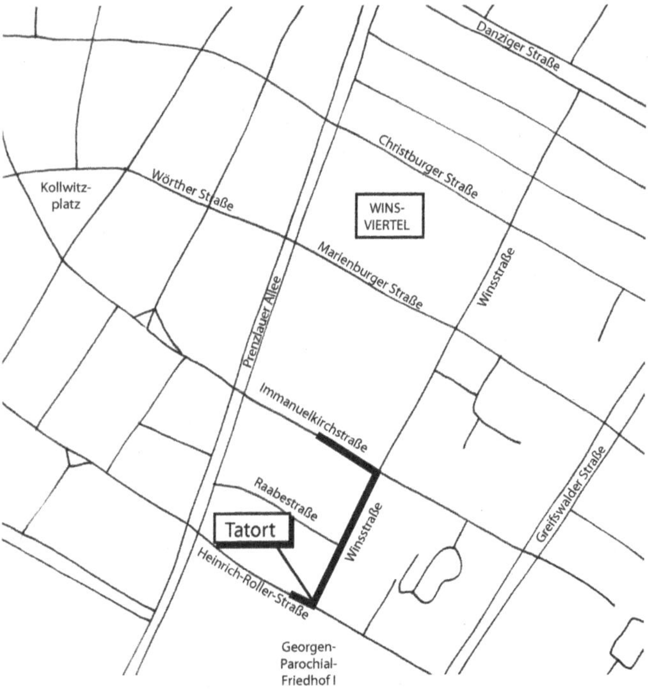

Drehort Prenzlauer Berg

D. C. Chill

I.

Nichts hat darauf hingedeutet, für ihn darauf hingedeutet. Die Abnahme der neuen Folgen verläuft wie immer: anerkennende Blicke zum Regisseur und dann in seine, des Autors, Richtung. Er ist es, der die Serie „P. Berg vermittelt" erfunden hat und seitdem zuverlässig für sie schreibt. Jemand, der weiß, wie es geht, der das Budget im Auge hat und gute Quoten garantiert – eine sichere Bank.

Die Produktionsassistentin schleppt einen riesigen Blumenstrauß in den Raum und steuert auf ihn zu, ein Praktikant balanciert das obligatorische Prosecco-Tablett zwischen den Anwesenden hindurch. Wie immer loben sich Produzent und Redaktion vor allem gegenseitig. Emphatisch versichern sie einander der großen Freude darüber, in Kürze mit der nächsten Staffel der Serie zu beginnen.

Nur nicht mit ihm!

Die Spatzen pfeifen es seit Monaten von den rechtöffentlichen Anstaltsdächern – der Sender müsse sich verjüngen. Der Redaktionsleiter, wie immer verschwitzt und mit schlechtem Atem vom vielen Fliegen, prostet ihm zu: „Auf dich, mein Lieber! Es war eine so tolle Zeit, danke für die wunderbare Zusammenarbeit. Und bitte nimm das nicht persönlich. Ich hätte, also ... ich wollte längst mit dir reden, aber der Stress – wir casten seit Wochen Drehbuch- und Regieabsolventen von den Filmhochschulen, anstrengend, kann ich dir sagen ... du trinkst ja gar nicht. Apropos Nachwuchs: Die da drüben ...", der Redaktionsleiter deutet auf eine hochgewachsene Frau von Mitte zwanzig, „das ist unsere Neue. Der Relaunch der Serie ist ihr erstes eigenes Projekt." Er gibt der Angesprochenen ein Zeichen und schwärmt: „Das wird jetzt alles moderner, so'n bisschen sherlockmäßig, verstehst du."

Die junge Redakteurin kommt selbstbewusst auf ihn zu und streckt ihm die Hand entgegen. „Freu mich, Sie kennenzulernen, Herr Stein. Maren von Lenau mein Name, mit Doppelbetonung auf Len und au. Wissen Sie denn schon, wie es mit Ihnen weitergeht?"

Als Johannes Stein nicht sofort antwortet, zieht die Frau ein Messer hervor, lächelt und sticht zu. „Machen Sie sich keine Vorwürfe, es liegt nicht an Ihnen, Sie sind nur zu alt!"

Johannes Stein wachte schweißgebadet auf. Für einen Augenblick wusste er nicht, was los war. Erst das vielsprachige Gejohle jugendlicher Touristen unten auf der Straße holte ihn zurück in die Wirklichkeit. Johannes Stein presste seine Hände auf die Ohren und hörte – ein Rauschen. Ihm war, als vernehme er das Verrinnen der Zeit. Der Autor starrte in die Dunkelheit und versuchte, seine Gedanken zu ordnen: Er war noch am Leben, neunundvierzig Jahre alt, niemand hatte ihm die Zusammenarbeit aufgekündigt, und Frau von Lenau war nicht mehr (leider aber auch nicht weniger) als die neue Redakteurin, mit der er gerade an der nächsten Staffel von „P. Berg vermittelt" arbeitete. Drehbuchbesprechungen konnten lästig sein, die mit Maren von Lenau war ein Albtraum.

Während sich Johannes Stein allmählich beruhigte, wurde es über ihm lebendig: Die seltenen, dann aber andauernden Liebesübungen in der Dachgeschosswohnung exzessiv zu nennen, wäre eine Untertreibung. Was sich da alle zwei, drei Wochen, stets in den frühesten Morgenstunden und von dröhnender Opernmusik begleitet, vollzog, entsprang entweder einer Überdosis einschlägiger Stabilisierungspräparate oder das Paar wetteiferte um ein triple A of sex.

An Schlaf war nicht mehr zu denken. Johannes Stein stand auf, duschte und setzte sich an seinen Küchentisch. Während er einen Kaffee trank, blätterte er in den Drehbüchern: Die Seiten waren übersät mit Anstreichungen und Notizen – Zeugnisse nicht enden wollender Diskussionen. Kaum eine Szene, die nicht in Zweifel gezogen, kein Dialog, über den nicht verhandelt worden war. Für die Überarbeitung würde Johannes Stein Wochen brauchen, und am Ende wären die Drehbücher nicht besser, sondern nur anders. Dafür, dass Maren von Lenau die Erfahrung fehlte, konnte sie nichts; dass sie dieses Defizit aber durch affektiert zur Schau gestellte Skepsis oder, wenn es partout nichts zu kritisieren gab, aufgesetzte Zustimmung zu überspielen versuchte, war für Johannes Stein kaum auszuhalten. Zwei volle Tage saßen sie nun bereits über den Geschichten, heute war die dritte Folge an der Reihe. Glücklicherweise musste seine Peinigerin am Nachmittag ihren Flieger nach MUC bekommen (sie hatte tatsächlich em-ju-ßi statt München gesagt), um irgendeiner unendlich wichtigen Fernsehgala beizuwohnen, bevor sie wieder in ihren Sender hinter den sieben Bergen zurückkehrte. Für Johannes Stein waren solche Events nichts als beitragsfinanzierter Hedonismus, heute aber sollte es ihm recht sein.

Er lächelte und trat auf den Balkon hinaus: Schönes Wetter kündigte sich an, die Morgensonne ließ die Kugel des Fernsehturms in einem goldenen Licht erstrahlen. Auf dem alten Georgen-Parochial-Friedhof gegenüber zwitscherten die Vögel. Johannes Stein lebte gern in

Prenzlauer Berg und seine grüne Ecke im Süden des Winsviertels schätzte er besonders. Beinahe perfekt – gäbe es nicht einige Zugezogene, die sich nach drei Wochen als Berliner bezeichneten, aber alles ablehnten, was nicht der reihenhäusischen Behaglichkeit ihrer Herkunft entsprach.

Ganz anders die Nachbarn über ihm. Dort herrschte nach wie vor ungetrübte Lebensfreude. Inzwischen wurde der zweite Akt vollzogen, musikalisch begleitet von Tristan und Isolde: „O sink hernieder, Nacht der Liebe, gib Vergessen, dass ich lebe; nimm mich auf in deinen Schoß, löse von der Welt mich los!"

II.

Es war kurz vor neun. Weit zur Arbeit hatte es Johannes Stein nicht, der Besprechungsraum der Filmproduktion befand sich im Erdgeschoss seines Wohnhauses. Kein Zufall, denn beim Schreiben der Serie hatte er als Autor immer diese Räume vor Augen gehabt. Und weil auch Produzent und Szenenbildner von der Location begeistert gewesen waren, wurde die ehemalige Druckerei als fester Drehort angemietet.

In der Serie ist „Patrick Bergs Büro" eine Anlaufstelle für in Straftaten verwickelte Menschen, die Rat suchen, bevor sie sich den Behörden stellen, oder Unschuldige, die sich verdächtig gemacht haben und befürchten, dass man ihnen nicht glaubt. Für solche Fälle hatte Patrick Berg ein kleines Netzwerk aus Anwälten, Psychologen und pensionierten Polizeibeamten aufgebaut, die die Betroffenen berieten. Außerdem ermittelte er auf eigene Faust. Johannes Steins Serienheld hatte in jungen Jahren selbst negative Erfahrungen mit der Justiz gemacht und mehrere Jahre unschuldig im Strafvollzug gesessen. Statt die Revision seines Verfahrens abzuwarten, war Patrick Berg freiwillig ins Gefängnis gegangen und hatte ein Fernstudium in Jura und Psychologie aufgenommen. Nach mehreren Instanzen und fast fünf Jahren Haft war das Urteil gegen ihn aufgehoben und Patrick Berg aus dem Vollzug entlassen worden. Er schloss sein Studium ab und investierte die Haftentschädigung in sein Büro.

Dass der Serienheld auf den ersten Blick nicht in das Milieu der ansässigen Prenzlauer-Berg-Community passte, empfand Johannes Stein als besonderen Reiz, und es gelang ihm immer wieder, die Welt aus Irgendwas-mit-Medien, Manufactum-Wohlständigkeit und Baby-Yoga mit den Problemen von Patrick Bergs Klienten zu originellen Geschichten zu verbinden. Viel schwieriger war es für den Autor gewesen, die Bedenkenträger des Senders von seiner Titelfigur und dessen ambivalenter Vergangenheit zu überzeugen, aber nachdem die Serie mit Spitzenquoten gestartet war, beeilten sich alle, den Erfolg für sich zu verbuchen.

Als Maren von Lenau den Besprechungsraum betrat – ihren Reisetrolley hatte sie bereits dabei –, wirkte sie wie ausgewechselt. Sie hatte sogar Früchte eingekauft. Johannes Stein holte Teller und ein Obstmesser aus der Teeküche. Vielleicht war der Redakteurin selbst aufgefallen, dass sie den Bogen überspannt hatte. Jedenfalls verlief der Vormittag ungewohnt sachlich. Sogar ihr Smartphone blieb heute ruhig.

Doch auf einmal war es wieder so weit, die Redakteurin räusperte sich und ergriff das Wort. Es ging um den Fall einer jungen Sekretärin, die an einen Tatort gelockt wird: Ihr Chef ist erstochen worden, und obwohl die Frau genau weiß, dass sie die Tat nicht begangen hat, reagiert sie falsch und verhält sich verdächtig – genau so, wie es die wirklichen Täter geplant haben.

„Herr Stein, über diese Brücke gehe ich nicht!“ Maren von Lenau fiel reflexartig zurück in die durchdringende Tonlage der vergangenen Tage. „Unschuldig ist unschuldig, hier besteht doch überhaupt kein Zweifel. Die Frau würde sofort die Polizei rufen!"

„Bitte bedenken Sie die extreme Stresssituation. Die Betroffene ist Anfang zwanzig und hat wahrscheinlich noch nie einen Toten gesehen, jedenfalls niemanden, der ermordet wurde, und es handelt sich außerdem um ihren Vorgesetzten. Sie steht unter Schock!"

„Nein." Maren von Lenau schüttelte unablässig mit dem Kopf.

„Sie hat das Blut des Opfers an Händen und Kleidung. Was die Frau durchlebt, ist so irrational, dass es zu einer kompletten Fehlreaktion kommt. Sie gerät in Panik ... In der Fachliteratur bezeichnet man diese ..."

„Wir machen Fernsehen, Herr Stein", unterbrach Maren von Lenau den Autor schroff, „unsere Geschichten sollen das Publikum mitnehmen und nicht irritieren. Hier verlieren wir Minimum eine Million Zuschauer an die Konkurrenz, nur weil niemand nachvollziehen kann, dass sich Patrick Berg dieser absurden Sache annimmt. Sie wissen, wie konsensfähig ich bin, Herr Stein, aber dieser Plot funktioniert nicht, und hier genügt es auch nicht, an ein paar Stellschrauben zu drehen. Ich schlage vor, mit dieser Folge noch einmal ganz von vorn ... Wie viel Zeit brauchen Sie für einen neuen Fall?"

„Es tut mir leid, aber ich teile Ihre Meinung nicht."

„Und ich bin Ihre Redakteurin und trage die Verantwortung für das hier." Mit einer dramatischen Geste schleuderte Maren von Lenau das Drehbuch vor sich auf den Tisch. „Deshalb erwarte ich, dass Sie mit dieser Situation professionell umgehen. Ach übrigens, Tom Enders wünscht sich auch ein paar neue Akzente, vielleicht telefonieren Sie sich mal zusammen. Der hat ganz gute Ideen, möglicherweise bringt Sie irgendetwas auf einen neuen Einfall. Können wir jetzt fortfahren?"

Johannes Stein hatte Mühe, ruhig zu bleiben. „Hören

Sie, wenn der Hauptdarsteller dazu beitragen möchte, seine Figur weiterzuentwickeln, bin ich der Letzte, der diese Hinweise ignoriert. Wir haben das von Anfang an so gehalten, Frau von Lenau. Aber, bei allem Respekt, wenn Tom Enders seine Drehbücher selbst schreiben will, dann geben Sie ihm doch einen Autorenvertrag! Am besten, er führt auch gleich Regie ... wär ja nicht der Erste."

„Herr Stein!"

„Und weil wir gerade dabei sind: Ich bin auch kein Freund der Unsitte, dass Schauspieler ihre Dialoge umschreiben, wie es ihnen passt. Üblicherweise denke ich mir nämlich etwas dabei, und zwar bei jedem einzelnen Satz."

„Okay, d'accord, da bin ich ganz bei Ihnen, schon um die Kontrolle zu behalten ... Also wie kriegen wir die Kuh jetzt vom Eis? Schauen Sie eigentlich amerikanische Serien im Original, Herr Stein?"

Johannes Stein griff zum Telefon. „Es reicht jetzt, Frau von Lenau, ich denke, wir sollten den Produzenten in das Problem involvieren und seine Meinung einholen."

Die Redakteurin nickte zustimmend. Um die Situation zu entschärfen, begann Johannes Stein das Telefonat mit einem – reichlich bemüht klingenden – Scherz. „Ich bin's, hör zu, wir bringen uns hier gleich um, wer wen, ist noch nicht entschieden ... seit einer halben Stunde stecken wir absolut fest ... ja, in der dritten Folge ... die Messergeschichte ... genau, soll raus und ganz was anderes ..." Maren von Lenau zerteilte währenddessen eine Papaya mit dem Obstmesser.

„Bitte, er will mit Ihnen sprechen." Johannes Stein reichte das Telefon über den Tisch.

„Ja hallo, Len-au. Kann ich Sie gleich zurückrufen? Ich muss eben mit meinem Chef darüber reden, danke." Sie griff nach ihrem Blazer. „Ich gehe mal eine Runde um den Block ..." Maren von Lenau deutete die Telefoniergeste an und verschwand.

Johannes Stein nahm den Hörer und wählte eine neue Nummer: „Johannes hier. Du, sag mal, wo liegt denn der Schlüssel vom SFX-Raum?“

Ihr Smartphone am Ohr, wich Maren von Lenau erschrocken einem Radfahrer aus, der wie aus dem Nichts auf dem Bürgersteig aufgetaucht war. Als endlich ihr Redaktionsleiter das Telefon abnahm, legte sie sofort auf: Jetzt bloß keine Schwäche zeigen, sie musste die Situation selbst in den Griff bekommen!

Während sie das sommerliche Treiben auf sich wirken ließ, gestand sich Maren von Lenau ein, dass ihre Anspannung, ja sogar die abweisende Haltung ihrem Autor gegenüber, mit einem unterschwelligen Neid auf das lockere Leben in Berlin zu tun hatte. Die Stadt, in der sie lebte, lag in der tiefsten Provinz. Ja, sie hatte einen Traumjob. Doch sobald man den Sender verließ, überkam einen die Langeweile. Ihr Blick fiel in das Schaufenster eines Antiquariats und sie erinnerte sich an ihre Seminararbeit über die Briefe Franz Kafkas an seine Verlobte. In diesem Moment entdeckte Maren von Lenau, dass sie sich in der Immanuelkirchstraße befand, dort, wo Felice Bauer damals gewohnt hatte, und sie musste lächeln, als sie daran dachte, dass der junge Prager Schriftsteller sich nie hierher getraut hatte.

Nebenan war ein Café. Maren von Lenau setzte sich an den einzigen freien Tisch, bestellte einen Espresso macchiato mit Sojamilch und rief Johannes Stein an: „Können wir in zehn Minuten weitermachen, auch wenn es bei meiner Entscheidung bleibt?“

Der Autor reagierte erstaunlich gelassen, beinahe aufgeräumt.

„Herr Stein, hier gibt es to go, soll ich Ihnen was mitbringen?“

Johannes Stein lehnte dankend ab.

Maren von Lenau orderte trotzdem einen Café au lait für ihn – zur Versöhnung.

III.

Das Haus lag am Ende der Winsstraße. Die Fassade war frisch gestrichen, aber schmucklos: quadratisch, praktisch, weiß, wie Maren von Lenau befand. Zweimal schon hatte sie am Seiteneingang geläutet, doch Johannes Stein öffnete nicht. Sie lief bis zur Ecke des Hauses, aber ihr fiel ein, dass alle Fenster des Besprechungsraums auf den Hof hinaus gingen. Und allmählich wurde der Kaffee kalt. Ihre letzte Möglichkeit war die Ecktür – in der Serie der Eingang zu „Patrick Bergs Büro“ –, und die war glücklicherweise unverschlossen.

Ohne Schauspieler und Team wirkte der Drehort der Serie beinahe unheimlich. „Herr Stein, Café au lait für Sie!“, rief Maren von Lenau in Richtung Besprechungsraum, dessen Tür nur angelehnt war. Niemand antwortete, aber ihr Smartphone klingelte. Sie drückte die Tür mit dem Ellenbogen auf, schob sich in den Raum – und erschrak: Das Hemd aufgeschlitzt und voller Blut, saß Johannes Stein leblos an seinem Platz. Auf dem Tisch vor ihm sein Drehbuch, in dem das blutige Obstmesser steckte.

Aber Maren von Lenau fing sich schnell: „Verarsch mich ruhig, Stein ... Arbeitet ihr hier immer so in Berlin? Das ist Strasberg, oder? Method Acting für Redakteure, ja, ist es das? Bravo, hat fast geklappt, mich zu schocken ... und jetzt ist es gut, Herr Stein ... an die Arbeit! Ich muss um fünfzehn Uhr zum Flughafen.“

Als der Autor nicht reagierte, ging Maren von Lenau um den Tisch herum und tippte ihm gegen die Schulter. „Sie sollten jetzt in Ihre Wohnung gehen und duschen, Herr Stein ... Herr Stein, ich rede mit Ihnen!“ Sie berührte ihn ein zweites Mal, diesmal energischer. Der Körper kippte zur Seite, Maren von Lenau direkt entgegen. Sie konnte nicht rechtzeitig ausweichen, Smartphone und Kaffeebecher fielen zu Boden.

Die Redakteurin versuchte ihre Gedanken zu ordnen, aber es klingelte schon wieder, jetzt unter dem Körper von Johannes Stein. Maren von Lenaus Blick fiel auf die Tatwaffe und sie sah sich um. „Was für eine Scheiße soll das hier werden, verdammt?!“ Sie bemerkte, dass ihre Hände zitterten, riss sich den blutbefleckten Blazer vom Leib und wischte damit ihre Fingerspuren vom Griff des Obstmessers.

Im letzten Moment schaffte sie es zur Toilette und übergab sich.

Das Bild, das sich Maren von Lenau im Spiegel bot, war entsetzlich: überall Blut. Sie versuchte sich zu waschen, aber das Rot verschmierte nur. Kraftlos glitt sie zu Boden und vergrub ihr Gesicht zwischen den Armen (eine abgegriffene Pose verzweifelter Frauen in amerikanischen Filmen, die sie immer als peinlich empfunden hatte).

Als Maren von Lenau irgendwann die Augen aufschlug, war Johannes Stein dabei, die Teller und das Obstmesser in die Teeküche zu tragen. Er blieb vor ihr stehen und sagte kein Wort. Alles an ihm war normal.

Maren von Lenau wusste nicht, wie viel Zeit inzwischen vergangen war, doch allmählich löste sich ihre Erstarrung. Langsam stand sie auf und sah Johannes Stein an. Ihr Lächeln und der Griff nach dem Obstmesser waren eins. Seine Reaktion kam zu spät. Ein Stich genügte – der Autor brach sofort zusammen.

Sirenengeheul durchschnitt die Stille des Nachmittags. Polizeifahrzeuge und ein Notarztwagen bogen um die Ecke und stoppten vor „Patrick Bergs Büro“. Schaulustige blieben stehen. Der Tatort wurde abgesperrt.

Die Inhaber des Lokals auf der anderen Straßenseite

wunderten sich über die Betriebsamkeit: „Was ist denn da los, drehen die schon wieder?"

Übrigens: Unter diesem Lokal, im Keller, gab es früher eine Kegelbahn. Während der Sanierung des Gebäudes wurde dort unten ein Toter gefunden. Als dringend tatverdächtig galt ein ehemaliger, inzwischen siebenundsiebzigjähriger Stammgast des „Keglerheims", der bei dem Opfer Spielschulden hatte. Der Mann beteuerte seine Unschuld.

Ein obskurer Fall, bis man herausfand, dass die Leiche bei einem nächtlichen Unwetter vom Friedhof gegenüber in den Keller gespült worden war – durch einen aufgelassenen Kabelgraben.

Auch so eine Geschichte, die Johannes Stein endlich mal aufschreiben müsste ...

Friedenau

Friede now. „Ehre sei Gott in der Höhe und Friede auf Erden und den Menschen ein Wohlgefallen“ (Lukas 2,14).

Friedenau ragt als Anhängsel des Bezirks Tempelhof-Schöneberg mit seinen 1,65 Quadratkilometern und rund 27.000 Einwohnern weit in den Bezirk Charlottenburg-Wilmersdorf hinein. Die Haupt- und die Rheinstraße, seine beiden Magistralen, sind zwar belebte Einkaufsmeilen, man findet aber auch zahlreiche ruhige Wohnstraßen und Plätze mit schönen gründerzeitlichen Häusern, so den Cosima-, Perels- und den Renée-Sintenis-Platz. Viel los dagegen ist auf dem Friedrich-Wilhelm-Platz, der ursprünglich als Dorfanger gedacht war. Heute schmücken ihn der Backsteinbau der evangelischen Kirche „Zum guten Hirten“, ein bisschen Grün und eine Wall-Toilette. Die viel befahrene Bundesallee führt an ihm vorbei, acht Straßen münden hier. Der Bahnhof der U-Bahnlinie 9 ist zwar nicht groß, hat aber x Ausgänge zu diesen Straßen hin. Eine von ihnen ist die Niedstraße.

Niedstraße ... Das lässt Assoziationen an eine Niete aufkommen, vielleicht an einen Kommunalpolitiker namens Nied, doch benannt worden ist die nicht eben lange Straße nach der Nied, einem Nebenfluss der Saar. „Nie gehört!“ Richtig. In den Stadtführern wird die Niedstraße zumeist als „Literaturmeile“ bezeichnet, weil sich hier viele Schriftsteller und andere Angehörige der Kreativwirtschaft niedergelassen hatten, so Erich Kästner (Nr. 5), Günter Grass (Nr. 13), Uwe Johnson und Karl-Schmidt-Rotluff (Nr. 14) und Günther Weisenborn (Nr. 25).

FRIEDENAU

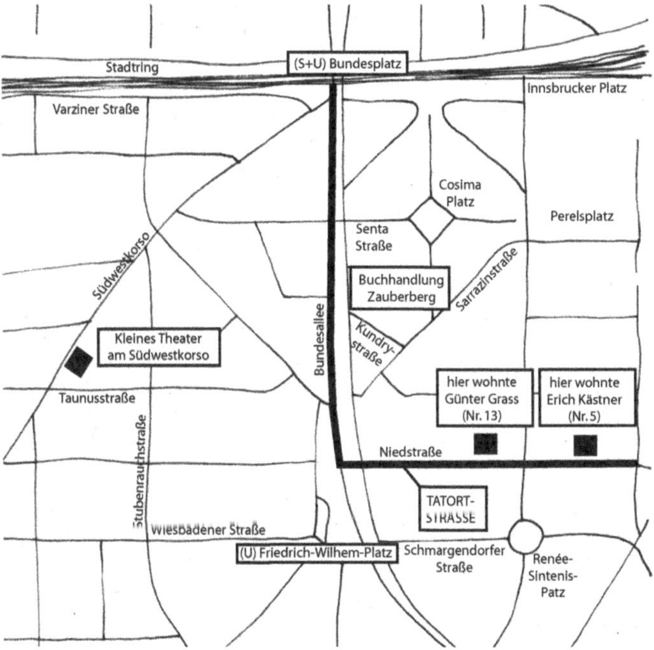

Stadtring
(S+U) Bundesplatz
Innsbrucker Platz
Varziner Straße
Cosima
Platz
Perelsplatz
Senta
Straße
Südwestkorso
Buchhandlung
Zauberberg
Sarrazinstraße
Bundesallee
Kundry-
straße
Kleines Theater
am Südwestkorso
hier wohnte
Günter Grass
(Nr. 13)
hier wohnte
Erich Kästner
(Nr. 5)
Taunusstraße
Stubenrauchstraße
Niedstraße
TATORT-
STRASSE
Wiesbadener Straße
(U) Friedrich-Wilhem-Platz
Schmargendorfer
Straße
Renée-
Sintenis-
Patz

Friedenau

Eine Rechnung ohne den Würth

-ky

Man musste nicht Profiler im Berliner Landeskriminalamt sein, um Hansjürgen Würth und Yannik Krause auf den ersten Blick anzusehen, dass sie Intellektuelle waren, junge Kreative, Kulturschaffende, Erhabene. Jeans und Hemden stammten aus Secondhand-Läden, selbstverständlich alles öko. Was man eben so trug, wenn man in einer WG lebte und kaum mehr als 5.000 Euro zur Verfügung hatte. Im Jahr, nicht im Monat. Eine ausgebeutelte Umhängetasche und ein Rucksack durften nicht fehlen.

Hansjürgen Würth studierte Germanistik an der HU Berlin, hatte schon einige Erfolge bei Slam-Poetry-Wettbewerben feiern können und im letzten Januar einen ersten Gedichtband veröffentlicht. Zwar nur in einem kleinen Verlag, aber immerhin hatte ihn ein so bedeutender Literaturkritiker wie Wieland Klaffenbach zur Kenntnis genommen und besprochen.

Yannik Krause besuchte die Schauspielschule Ernst Busch und sagte immer, er würde später am besten einen Narren spielen können – weil das viele Hoffen und Harren in seinem künftigen Beruf ihn automatisch zu einem solchen machte.

Sie waren auf dem Weg nach Friedenau. Würth hatte eine Semesterarbeit über die Arbeitsweise und die Einstellungen von Literaturkritikern zu schreiben und wollte dazu Wieland Klaffenbach interviewen, der schon als der legitime Nachfolger von Marcel Reich-Ranicki gehandelt wurde, und Yannik war zum Vorsprechen ins „Kleine Theater“ am Südwestkorso eingeladen worden.

Während sie in der S-Bahn saßen, nervte Würth den Freund mit einem längeren Vortrag über Franz Kafka, von dem Yannik kaum mehr wusste, als dass er einmal eine Weile in Berlin gelebt hatte und später an Tbc gestorben war.

„Kafka hat vieles gemacht, bevor er dann in Prag bei der ‚Allgemeinen Unfallversicherungsanstalt für das Königreich Böhmen' anfing. Damit hatte er einen Brotberuf gefunden, der ihn nicht auffraß, sondern ihm genügend Zeit zum Schreiben ließ."

„Brotberuf!", stöhnte Yannik. „Wenn ich das schon höre, das ist ja eine fixe Idee bei dir!"

„Nein, das Modell Kafka ist das einzige, das uns in der Kreativwirtschaft überleben lässt, ohne dass wir das Gesicht verlieren und beim Staat betteln gehen. Und besonders gefallen haben mir ein paar Zeilen, die Kafka an seine Freundin Milena Jesanká gerichtet hat: Mein Dienst ist lächerlich und kläglich leicht [...] Ich weiß nicht, wofür ich das Geld bekomme. Solch ein Arbeitsplatz ist mein großer Traum, gleichviel, ob ich nun Deutschlehrer, Lektor, Redakteur oder was auch immer werde."

„Du musst nichts werden, du bist doch schon was", blödelte Yannik. „Denn: Wer nichts wird, wird Würth."

„Mein geplanter Kafka-Roman wird mich in die Nähe des Nobelpreises katapultieren!"

Am Bundesplatz stiegen sie aus der S-Bahn und überlegten, ob sie zur Niedstraße laufen oder die eine Station bis zum Friedrich-Wilhelm-Platz mit der U-Bahn fahren sollten.

Würth war für den kurzen Fußmarsch. „Nicht erst in den Keller runter und auf die U-Bahn warten."

Yannik wäre lieber gefahren. „Die Bundesallee ist auf dieser Strecke furchtbar langweilig."

Sie diskutierten noch eine Weile, dann schlug Würth vor, die Sache mit „Tsching, tschang, tschong!" zu entscheiden. Der Sieger hieß Hansjürgen Würth, denn: „Brunnen schlägt Schere!" Also liefen sie los, und da sie nicht nur an der hochliterarischen Buchhandlung „Der Zauberberg" vorbeikamen, sondern auch an einem Geschäft, das Modellbahnen und -autos im Schaufenster ausgestellt hatte, konnte Yannik nicht meckern.

Als sie in die Niedstraße einbogen, erinnerte sich Würth daran, wie Klaffenbach seinen Gedichtband „Café Achteck" mit einer Sentenz von Georg Christoph Lichtenberg verrissen hatte: „Bei vielen Menschen ist das Verse-Machen eine Entwicklungs-Krankheit des menschlichen Geistes." Er murmelte diese Erkenntnis laut vor sich hin.

„Wirklich ätzend", merkte Yannik an. „Und dennoch scheust du dich nicht, jetzt zu Klaffenbach zu gehen?"

„Nein, denn das ist der endgültige Beweis meiner menschlichen Größe."

„Deiner übermenschlichen Größe", stellte Yannik klar.

Aus den Berlin-Magazinen wussten sie, dass Klaffenbach das obere Geschoss einer der für die Niedstraße typischen Villen aus ockerfarbenem Backstein bewohnte, zu denen immer auch ein Türmchen gehörte, aber auch ein Balkon mit schönem hölzernem Schnitzwerk. Das eiserne Gartentor stand offen, der Eingang zur ersten Etage befand sich rechts vom Haus unter einem schützenden Vordach. Neben dem Klingelknopf war ein Schildchen mit den Initialen W. K. angeklebt.

„Wer wagt es, diesen Knopf zu drücken, / Auf dass wir uns an diesem großen Mann entzücken?", reimte Yannik.

„Ich."

Doch Würths Bemühungen – erst sanft und kurz, dann anhaltend und aggressiv – blieben ohne Ergebnis, aus der Gegensprechanlage kam nicht das erhoffte arrogante „Ja, bitte?", sondern nur ein ungewisses Rauschen. Als aber Yannik mit dem Fuß gegen die Eingangstür stieß, sprang diese auf und die beiden beschlossen, auch ohne Klaffenbachs Plazet einzutreten. Bewusst laut, um nicht für Einbrecher gehalten zu werden, stiegen sie die Treppe hinauf.

„Hallo, Herr Klaffenbach, wir sind es!", rief Würth dann auch, als sie oben angekommen waren. „Hansjürgen Würth und sein Freund. Wir sind um elf Uhr mit Ihnen verabredet."

Wieder blieb ein Echo aus und Yannik fiel auf, dass die Wohnungstür nur angelehnt war.

„Vielleicht ist er nur einmal auf den Hof runter, den Müll wegbringen. All die Manuskripte, die unverlangt bei ihm eingegangen sind", lästerte Yannik.

„Dann hätten wir ihn doch sehen müssen", kam Würths Einwand. „Herr Klaffenbach ...!"

Keine Antwort. Ältere und bürgerlich erzogene Menschen wären nun gegangen und hätten einen Zettel mit einer kurzen Nachricht unten in den Hausbriefkasten geworfen, sie aber drangen ohne Zögern in die Diele vor. In der Küche war kein Klaffenbach zu sehen, auch nicht im Wohnzimmer. Im Arbeitszimmer aber ...

Yannik schrie auf. „Mensch, guck mal da auf'm Teppich."

Da lag Wieland Klaffenbach in leicht gekrümmter Haltung mit einem Loch in der rechten Schläfe. Sein Blut hatte den grauen Teppich neben seinem Kopf braunrot gefärbt. Eine Pistole neben seiner rechten Hand vollendete das gelungene Friedenauer Stillleben.

Sie standen viele Sekunden da, als hätte ein Regisseur „Freeze!" gerufen, starrten auf den Toten und suchten zu begreifen, dass dies kein Film war und kein Traum.

Yannik fand als Erster in die Wirklichkeit zurück, als er auf dem Couchtisch einen Abschiedsbrief entdeckte, ihn aufnahm, kurz überflog und das Wichtigste für Würth zusammenfasste.

„Kein Spaß mehr am Leben ... Keine echten Freunde ...

Alle hassen ihn und wünschen ihm die Pest an den Hals ... Außerdem glaubt er, Bauchspeicheldrüsenkrebs zu haben ... Darum lieber ein Ende mit Schrecken ..."

Würth hatte schon nicht mehr richtig hingehört, denn ihm war etwas durch den Kopf gegangen, das sein Herz erst einen wilden Sprung machen und dann rasen ließ.

„Du, ich habe da eine Idee, die ist so irrwitzig, die ist so genial, dass ich gleich am Ausflippen bin!", rief er.

„Was denn?", fragte Yannik. „Wir stecken den Abschiedsbrief und die Pistole in meinen Rucksack und verschwinden still und leise. Uns hat ja niemand gesehen. Dann kommt die Kripo – und hält das Ganze für einen echten Mord. Verdächtigt werden natürlich alle, die Klaffenbach verrissen und gedemütigt hat."

„Die Armen", wandte Yannik ein.

„Wieso die Armen!? Endlich kommen sie aus ihrem No-name-Status raus, alle Welt spricht von ihnen und ihre Bücher verkaufen sich blendend. Wir machen Stars aus ihnen! Durch uns auf die Bestsellerlisten!"

Yannik zögerte noch immer. „Und wir beide? Wenn das rauskommen sollte, dass wir ...?"

„Für uns gilt dann das Ganze hoch drei. Jeder kennt uns plötzlich, jeder will meine Romane drucken, jeder will dich besetzen und auf seiner Bühne sehen. Yannik, wir sind gerettet, wir sind gemachte Leute!"

Manche Menschen kamen schon wegen ihres Nachnamens als potenzielle Mobbingopfer auf die Welt. Es war ein Fluch, Bloedel, Möseritz, von Kotze, Schweinefuß, Grunz, Biersack, Krautwurst oder Fleischfresser zu heißen. Nicht ganz so schlimm hatte es den Kriminalkommissar André Täufer getroffen, auch wenn ihn die Kolleginnen und Kollegen alle Johannes riefen und manche sich absichtlich vertippten und dann behaupteten, T und S lägen ja auf der Tastatur dicht beieinander. Bei der Kriminalanwärterin Britta Beissig ließ man dagegen gern das e im Nachnamen weg.

So hieß es denn in der Koordinationsstelle aller Berliner Mordkommissionen: „Johannes der Täufer und Britta Bissig übernehmen den Fall in der Niedstraße, Wieland Klaffenbach."

„Klaffenbach ...?" Täufer sah keine Literatursendungen im Fernsehen und warf das Feuilleton seiner abonnierten Tageszeitung stets ungelesen auf den Haufen mit dem Altpapier, den Namen Wieland Klaffenbach kannte aber auch er.

Britta Beissig war ein bisschen besser informiert und wusste sogar, wie ihn diejenigen genannt hatten, mit denen er gnadenlos umgegangen war. „Ah, der Kläfferbach."

Mit dieser Assoziation war auch schon vorprogrammiert, in welchem Milieu sie mit der Tätersuche zu beginnen hatten, und Täufer wagte einen ersten Schnellschuss.

„Nach Lage der Dinge sieht es ja so aus, dass wir es mit einem Racheakt zu tun haben. Einer, den er fürchterlich verrissen hat, kommt und ..." Der Satz wurde so kompliziert, dass er ihn nicht zu Ende bringen konnte und neu ansetzen musste. „Wie du mir, so ich dir. Du hast mich hingerichtet, jetzt richte ich dich ebenso hin."

Britta Beissig nickte. „Klingt logisch."

„Nun müssen wir unsere Hypothese nur noch verifizieren." Das hatte er bei der letzten Fortbildungsveranstaltung gelernt. Thesen konnte man verifizieren und falsifizieren.

Der Armut des Landes Berlin war es geschuldet, dass im Augenblick kein Dienstwagen für sie bereitstand, und so stiegen sie in Täufers BMW, um möglichst schnell am Tatort zu sein. Das GPS verriet ihnen, dass sie fünf Komma zwei Kilometer zurückzulegen hatten und bei der derzeitigen Verkehrslage mit zwölf Minuten Fahrzeit rechnen durften. Zuerst ging es die Kurfürstenstraße Richtung Osten hinunter, dann war rechts auf den Straßenzug der B 1 abzubiegen, auf die Potsdamer Straße, die hinter dem Kleistpark zur Hauptstraße wurde. An der Bülowstraße fuhren sie unter der Hochbahn hindurch, hinter dem Innsbrucker Platz unter Stadtautobahn und S-Bahn.

An Gesprächsstoff gab es keinen Mangel, da beide Fußballnarren waren, zudem mit demselben Lieblingsverein: Bayern München. Warum? Weil sie sich immer unbändig freuten, wenn die Bayern einmal verloren.

„Leider passiert das ja kaum noch", klagte Britta Beissig.

Täufer lachte. „Ja, erst wieder, wenn sie im Olympiastadion gegen Hertha spielen."

„Aber nur, wenn Bayern München mit acht Mann und ohne Torwart antritt."

Es war schon schmerzlich. Da war Berlin im Augenblick die angesagteste Stadt der Welt – und hatte einen Fußballverein, der ständig gegen den Abstieg spielte. Sie diskutierten lange darüber, warum das so war. Würth verwies auf die vielen Ablenkungen und Versuchungen der Metropole, doch Britta Beissig widersprach ihm vehement, denn im Eishockey, Basketball, Volleyball, Hockey, Hand- und Wasserball gehörten die Berliner Klubs zur europäischen Spitze und fuhren immer wieder deutsche Meistertitel ein. Ehe sie eine Antwort auf ihre Frage finden konnten, waren sie schon am Tatort in der Niedstraße angekommen.

Vor Ort gab es das Übliche: rotweiße Absperrbänder, flackernde Blaulichter, Ordnung schaffende Kollegen von der Schutzpolizei. Allzu viele Neugierige hatten sich nicht eingefunden, dazu war die Gegend zu vornehm und zu dünn besiedelt. Die Spurensicherung war schon seit einiger Zeit zugange, auch Staatsanwalt und Gerichtsmediziner hatten sich eingefunden. Man begrüßte sich mit fröhlicher Routine. Die Fakten waren klar: Kopfschuss mit aufgesetzter Waffe, ein Kampf war nicht vorausgegangen. Keine Spuren eines Einbruchs, nichts war durchwühlt und gestohlen zu sein schien auch nichts.

„Alles spricht dafür, dass Klaffenbach seinen Mörder gut gekannt und ihn freiwillig in die Wohnung gelassen hat“, brachte es Täufer auf den Punkt.

„Es sei denn, der Täter hat mit gezogener Waffe vor ihm gestanden und ihn in den Flur hineingedrängt“, wagte Britta Beissig einzuwenden. „Damit den Schuss nicht alle hören.“

„Auch 'ne Möglichkeit“, musste Täufer einräumen. „Was aber nicht grundsätzlich gegen meine These spricht, dass es einer aus der Kulturszene gewesen sein muss.“

Britta Beissig grinste. „Da wird uns in nächster Zeit wohl nichts anderes übrigbleiben, als viel zu lesen. Alles, was Klaffenbach geschrieben hat.“

Zum Glück brauchten sie nicht in die Archive zu gehen, denn Wieland Klaffenbach hatte all seine „geistigen Ergüsse“, wie Täufer das ausdrückte, entweder in unzähligen Leitz-Ordnern abgeheftet oder aber auf seiner Festplatte sicher gespeichert. Es war unendlich viel.

„Gott!“, rief Täufer. „Jetzt weiß ich auch, warum ich mich bei ‚fruchtbar‘ und ‚furchtbar‘ immer vertippe: Das liegt ja so dicht beieinander.“

Sie hatten aber nicht nur nach den Schriftstellern zu suchen, die Klaffenbach besonders arg gerupft hatte, sondern auch seine Nachbarn in der Niedstraße und eine Reihe von Kontaktpersonen nach ihren Wahrnehmungen und Vermutungen zu befragen. Freunde hatte Klaffenbach wirklich keine.

„Wer liebt schon eine Giftschleuder?“, fragte Britta Beissig in fast lyrischem Ton.

Sie kamen nur langsam voran, eigentlich gar nicht. Die Befragungen brachten keine zielführenden Erkenntnisse, die Kollegen von der Spurensuche konnten ihnen auch nicht weiterhelfen und die Information, dass das Projektil, das man aus Klaffenbachs Gehirn herausoperiert hatte, aus einer uralten Pistole stammte, einer Walther PPK 1 Wehrmachtsvariante, half ihnen ebenfalls nicht weiter.

„Knöpfen wir uns also die beiden Autoren vor, die unter Klaffenbach am meisten gelitten haben", schlug Täufer schließlich vor und sah zu Britta Beissig hinüber. „Das sind ...?"

„Benno Todtenbier und Carsten Nimmich."

„Nie gehört."

Das hatte kaum jemand in Deutschland. Dieser Zustand änderte sich aber schlagartig, als die Mordkommission bei ihnen aufgetaucht war und ihnen, wie sie meinten, inquisitorische Fragen gestellt hatte.

„Nur weil wir kein belastbares Alibi haben, werden wir für die Mörder von Wieland Klaffenbach gehalten!" So der Aufschrei der Empörung. Die Medien waren dankbar für diese Vorlage. Benno Todtenbier und Carsten Nimmich verbesserten sich im Amazon-Ranking um viele Tausend Plätze, und einzelne Buchhändler wie auch die großen Ketten orderten ganze Stapel ihrer Werke.

Stephan Parthenstein verfolgte dies alles mit maßlosem Staunen, denn er war es, der Wieland Klaffenbach erschossen hatte. Mit der Pistole, die er gefunden hatte, als die Wohnung seines Großvaters nach dessen Tod aufgelöst werden musste. Das Motiv war klassisch: Rache. Auge um Auge ... Auch wenn zwanzig Jahre vergangen waren, seit Wieland Klaffenbach ihn verlassen und damit ins Elend gestürzt hatte. Alkohol, Verlust des Arbeitsplatzes beim RIAS Berlin, kleinere Eigentumsdelikte, zwei gescheiterte Selbstmordversuche, Einweisung in die Psychiatrie – das Übliche eben. Jetzt schlug er sich durchs Leben, indem er Flaschen sammelte, alle möglichen Drecksarbeiten erledigte und sich vom Staat das Geld holte, das er brauchte, um nicht zu verhungern und im Winter seine Miete bezahlen zu können. In den Sommermonaten zog er als Obdachloser durch die Stadt.

Trotz all seiner Misere war er immer noch so weit Intellektueller geblieben, um nicht aufzustöhnen über so viel Klischee: Klaffenbach, der Geliebte, der Lebenspartner, ganz oben, ständig in den Zeitungen, im Rundfunk und im Fernsehen – und er als Penner ganz unten. Hätte seine Therapeutin von seinen Rachefantasien gewusst, wäre sie ihm sofort mit ihren professionellen Standardsätzen gekommen, Stichwort „externale Zurechnung".

„Sie sind selbst für Ihr Leben verantwortlich. Schieben Sie nicht alles auf Klaffenbach." Und dann hätte sie noch Sir Francis Bacon zitiert: „Wer nach Rache strebt, hält seine eigenen Wunden offen."

„Na und!", hätte er sie angeschrien. „Mein Leben ist eine einzige Wunde. Und sie heilt nur, wenn ich ihn vernichtet habe."

Er hatte alles so genial eingefädelt. Die Pistole seines Großvaters aus dem Krieg war mit Sicherheit nirgendwo registriert, und er hatte noch so viele Liebesbriefe Klaffenbachs an ihn an sicherer Stelle aufbewahrt, dass es ihm ein Leichtes gewesen war, dessen Handschrift nachzuempfinden und den Abschiedsbrief zu fälschen. Was das Kalligraphische betraf, war er schon immer ein Genie gewesen.

Doch nun ...? Es war ihm alles ein Rätsel. Überall hieß es, Wieland Klaffenbach sei ermordet worden, nirgendwo war etwas von einem Selbstmord zu hören und zu lesen und dass man eine Pistole neben der Leiche und dazu einen Abschiedsbrief gefunden habe. Machte die Kripo das aus ermittlungstaktischen Gründen? Eigentlich unvorstellbar. Wer hatte Pistole und Abschiedsbrief verschwinden lassen? Und warum?

Aus einem Selbstmord war ein Mord geworden, und Parthenstein fragte sich, ob die Ermittler bis ins Jahr 1984 zurückgehen würden. Wahrscheinlich, wenn sie bei Klaffenbach Briefe und Tagebucheinträge fanden, die auf ihre Beziehung verwiesen.

Hansjürgen Würth und Yannik Krause kauften sich, obwohl sie eigentlich kein Geld hatten, alles, was es an Zeitungen gab. Selbstverständlich in verschiedenen Läden und an weit auseinanderliegenden Kiosken. Nur um nicht aufzufallen. Was sie, in ihrer WG zurück, in allen Blättern lesen konnten, war erschütternd.

Ein Obdachloser namens Stephan Parthenstein hatte den Mord an Wieland Klaffenbach gestanden – und anschließend, ohne dass es jemand hatte verhindern können, Selbstmord begangen.

Nun suchte die Kriminalpolizei nach demjenigen, der nach der Tat in Klaffenbachs Wohnung in der Niedstraße gewesen war und Tatwaffe sowie Abschiedsbrief entwendet hatte, warum auch immer.

„Sollen wir uns wirklich stellen und die Sache groß ausschlachten?", fragte sich Yannik.

„Ja, na sicher!", rief Hansjürgen Würth.

„Sie werden uns aber vor den Kadi schleppen", wandte Yannik ein. „Und einsperren. Oder, was noch schlimmer ist, zu einer Geldstrafe verdonnern."

Da klingelte es. War das schon die Kripo?

Potsdamer Platz

Bis zum Zweiten Weltkrieg mit seinen unzähligen, laut kreischenden Straßenbahnen nicht nur einer der verkehrsreichsten Plätze Europas; als zentral gelegener Ort entwickelte sich die Gegend um den Platz zu einem großstädtischen Vergnügungsviertel. Hier stand Deutschlands größter Amüsierpalast, das Haus Vaterland. Nach den Luftangriffen der Alliierten lag der Platz jedoch zur Hälfte in Trümmern.

Bis zur Öffnung der Mauer im Jahr 1989 fristete der Potsdamer Platz ein randständiges Dasein als Brache und wurde in den darauf folgenden Jahren zur größten innerstädtischen Baustelle. Heute ist er wieder ein Verkehrsknotenpunkt für die Ortsteile Mitte und Tiergarten. Himmelstürmende Glasfassaden der Banken, Kinos und Hotels bestimmen sein Bild.

Eine Besonderheit für den Filmliebhaber sind das Museum für Film und Fernsehen und der Boulevard der Stars, ein wachsendes Denkmal nach dem Vorbild des Walk of Fame in Los Angeles, wo Prominente mit einem im Boden eingelassenen Stern geehrt werden. Er kann auch in eines der vielen Kinos gehen und anschließend in „Billy Wilder's Cocktailbar" Mixgetränke von erstklassiger Qualität schlürfen.

POTSDAMER PLATZ

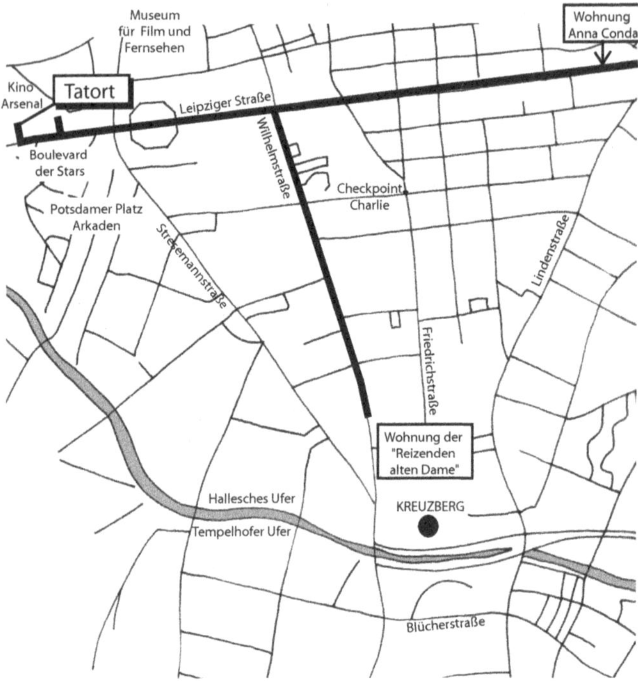

Potsdamer Platz

Eine reizende alte Dame

Regine Röder-Ensikat

Noch eine Woche und die Welt geht unter, jedenfalls so gut wie. Am Donnerstag der kommenden Woche wird Anna Conda fünfzig Jahre alt. Sie weiß, dass sich das Lebenskarussell unaufhaltsam immer schneller dreht, und wird nicht gefragt, ob sie verweilen will. Sie hat keinen Lebenspartner, nicht einmal einen Liebhaber. Ihr geschiedener Mann lebt seit Jahren mit einem Hausmütterchen zusammen, ihr Sohn wohnt in einer Studenten-Wohngemeinschaft und ihre Mutter in einem Heim für altersverwirrte Menschen.

Und sie, Kommissarin der Berliner Mordkommission, ist allein und lebt in einem Plattenbau in der Leipziger Straße nach ihrem unregelmäßigen Dienstplan, der von Zeit zu Zeit völlig aus den Fugen gerät, wenn es einen Mord oder ein Gewaltverbrechen aufzuklären gilt. Ihre Dienststelle, das Kommissariat in der Keibelstraße, nicht weit vom Alexanderplatz entfernt, erreicht sie am liebsten mit öffentlichen Verkehrsmitteln, denn Parkplätze sind in der Innenstadt schwer zu finden.

Manchmal fragt sie sich, warum sie ihr Leben nicht grundlegend ändern sollte. Es gäbe so viele Dinge, die schöner, interessanter und befriedigender wären als das Aufklären von Verbrechen. Sie findet aber immer schnell eine Antwort: Anna Conda liebt ihren Beruf, sie liebt Berlin, die ehemals geteilte Stadt mit ihrer wechselvollen Geschichte. Und sie mag die Berliner, ihre Direktheit, die Berliner Schnauze. Es ist ihre Stadt, einzigartig, ständig in Bewegung, aufregend, laut und dreckig. Es ist die

Stadt, die einem Theater gleicht, das täglich mehrere Vorstellungen hat, immer vor vollem Haus spielt und nie ausverkauft ist. Auf vielen Bühnen erlebt Anna Conda Menschen in Komödien und Tragödien, als Zuschauer oder Mitspieler. In den Straßenkulissen treffen sich Glückssucher, Einsteiger und Aussteiger, aber auch Diebe und Mörder warten dort auf ihren Auftritt.

Am Potsdamer Platz, in der Mitte der Stadt, einer neuen alten Gegend voller Eigenheiten, bestimmen himmelstürmende Glasfassaden von Banken, Kinos und Hotels das Straßenbild. Neugierige Touristen und Berliner flanieren Tag und Nacht über Straßen und Plätze. Zahlreiche Boutiquen und viele Restaurants laden zum Kaufen und Genießen ein. Anna hält sich gern hier auf. Heute möchte sie in ihrer Mittagspause weder essen noch shoppen, sondern eine Ausstellung im Filmmuseum in der Potsdamer Straße besuchen. Die Fotokünstlerin Herlinde Koelbl hat Kommissarinnen aus beliebten deutschen Fernsehserien porträtiert.

Ohne Mühe findet Anna Conda ganz in der Nähe einen Parkplatz und läuft über den Mittelstreifen in Richtung ihres Zieles. Auf dem roten Teppich aus gefärbtem Asphalt, dem Walk of Fame, sind Sterne aus Messing mit Namen und Daten vieler Stars und Sternchen der Filmstadt an der Spree in den Beton eingelassen. Auf diesem Boulevard findet sie einige Namen Berliner SchauspielerInnen, die ihr aus Filmen bekannt sind. Vorbei an Sternen von Marlene Dietrich, Romy Schneider, Hildegard Knef, Mario Adorf, Wim Wenders und Klaus Kinski erreicht sie das Filmmuseum.

In der Ausstellung angekommen, blickt Anna Conda fast belustigt auf die Fotos, die an den Wänden des Museums hängen. Ihre Filmkolleginnen aus verschiedenen Serien sind starke, schöne, selbstbewusste Frauen, die in eine Rolle geschlüpft sind. Mit der todbringenden Pistole zu spielen ist für sie hier nur ein Spaß, eine Pose. Auf einem Foto erkennt sie ihre Kollegin aus Potsdam, eine echte Kommissarin. Auf dieser Ablichtung findet sie den Ernst ihres Berufes wieder, die Waffe wird nicht zum Spielzeug.

Anna fragt sich, mit welcher von den Fernsehkommissarinnen sie gern zusammenarbeiten würde, und entscheidet sich für die Hamburger Ermittlerin Bella Block, die Schauspielerin Hannelore Hoger, deren Stern sie auf dem Boulevard der Stars auch entdeckt hat. Diese spielt eine emanzipierte Frau ohne modischen Schnickschnack, die sich auch in einer beruflichen Männerwelt behaupten kann. Eine Frau, die trotz ihres Alters Lebenslust und Sinnlichkeit ausstrahlt. Keine, die auf Stöckelschuhen, im Minirock oder im wehendem Kaschmirmantel am Tatort auftaucht, aber eine, der sie den Umgang und die Aufklärung von Verbrechen zutraut.

Das Handyklingeln unterbricht ihre Gedanken und beendet ihre Pause.

Dieses Mal hat Anna Conda einen kurzen Arbeitsweg. Mit einem gläsernen Fahrstuhl fährt sie in das Untergeschoss des Hauses in der Potsdamer Straße.

Hier, im Vorraum des Kinos Arsenal, liegt eine leblose Person. Der alte Mann im schwarzen Anzug war kurz vor Beginn der Abendvorstellung von einem Stuhl gekippt und mit dem Kopf auf dem geschliffenen Stahlfußboden aufgeschlagen. Seine Augen sind weit geöffnet, so als wolle er die Schönheit der Architektur, den Blick durch das Glaskuppeldach in den Nachmittagshimmel genießen. Schleim rinnt aus seinem Mund. Um ihn herum liegen viele kleine, weiße Tabletten, die aus einer ziselierten Pillendose gefallen sind.

Der herbeigerufene Notarzt hatte den Mann erst einmal in die stabile Seitenlage gebracht und versucht, ihn zu reanimieren, konnte aber nur noch seinen Tod feststellen.

Die äußeren Zeichen sprechen für einen Selbstmord, aber Näheres wird erst nach der Obduktion zu sagen sein. Am Ort des Geschehens treffen wenig später auch Anna Condas Kollegen von der Spurensicherung ein, und die Arbeit der Kriminaltechniker beginnt.

Der Tote ist dem Personal des Kinos bekannt. Fast täglich besuchte er die Abendvorstellung. In den Taschen seines Jacketts findet die Kriminalbeamtin eine Brieftasche mit seinem Ausweis, einige Euroscheine, mehrere Eintrittskarten für das Filmmuseum, viele Zigarettenbildchen von weiblichen Filmgrößen der Dreißigerjahre und eine Jahreskarte für das Kino Arsenal.

Anna Conda fährt mit ihrem Auto in die Wilhelmstraße, eine Straße der Berliner Politik, in Vergangenheit und Gegenwart, und hält vor einem Neubau aus der DDR-Zeit. Hier hat der Rentner Eberhard Sawadske gewohnt.

Sie hasst es, den Angehörigen die Todesnachricht zu überbringen, doch ihre Mitarbeiter haben heute Wichtiges in der Rechtsmedizin zu tun. So klingelt sie am Haus Nr. 17 und eine freundliche Stimme fordert sie auf, mit dem Aufzug in den vierten Stock zu fahren. Auf der Etage öffnet sich eine Tür, eine zierliche alte Dame kommt auf sie zugetippelt und bittet sie in ihre Wohnung.

Anna Conda zeigt ihren Dienstausweis. „Sind Sie Frau Sawadske?"

Kreisrunde, veilchenblaue Augen blicken die Kommissarin an. Ein zarter Puderschleier breitet sich über Gesicht und erlebte Jahre.

„Ja, ja, ich bin Elli Sawadske, aber kommen Sie erst einmal herein, ich habe die Polizei erwartet."

Die Kommissarin ist total verblüfft. „Hat meine Dienststelle Sie informiert?"

„Mich hat niemand informiert, doch ich kenne den Grund Ihres Besuches."

Frau Sawadske läuft eilig durch den engen Flur. Anna

Conda folgt ihr sprachlos. Sie betreten ein quadratisches Zimmer. Ein Hauch von Rosenwasser hängt in der Luft. Zierliche Möbelstücke ordnen sich an den Wänden. In der Mitte des Raumes unter einem Lüster, dessen Kristallrhomben leise klingeln, steht ein Tisch, auf ihm feines Teegeschirr und eine brennende Kerze. Mehrere Sesselchen gruppieren sich um ihn. Die Kommissarin fühlt sich zurückversetzt in ein anderes Zeitalter.

„Bitte setzen Sie sich. Mögen Sie Tee?“

Ohne eine Antwort abzuwarten schenkt Frau Sawadske zwei Tassen voll und rückt Zitrone, Sahne und Zucker in erreichbare Nähe.

Dann ist es still im Raum, bis Anna Conda sich der alten Dame zuwendet. „Frau Sawadske, Ihr Mann ist am Potsdamer Platz im Kino Arsenal aufgefunden worden.“

„Ist er tot?“

„Ja, er ist tot. Es tut mir sehr leid.“

„Frau Kommissarin, ich muss eine Aussage machen. Meinen Mann, Eberhard Sawadske, habe ich umgebracht.“

Anna Conda sieht die kleine alte Dame verwirrt an. Elli Sawadske hat mit einem liebreizenden Lächeln Ungeheuerliches ausgesprochen. „Wie jetzt, ich begreife nicht ganz? Waren Sie denn auch im Kino Arsenal?“

„Nein, nein, er ging schon lange seine eigenen Wege und wollte mich bei all seinen Unternehmungen nie mehr dabeihaben. Er ließ mich immer öfter einsam in dieser Wohnung zurück.“

Die Kommissarin wird leicht ungeduldig. „Frau Sawadske, Ihre Angaben müssen Sie im Präsidium zu Protokoll geben.“

„Ja, ja, ich weiß, doch geben Sie mir alten Frau etwas Zeit, mich zu erklären, dann können Sie mich mitnehmen. Ich bin darauf vorbereitet.“ Ein Lächeln huscht über das faltige Puppengesicht. Mit den Augen zeigt sie auf ein altmodisches, strohgeflochtenes Köfferchen, ihre altersfleckigen Hände ruhen in ihrem Schoß und zittern leicht.

„Frau Kommissarin, Eberhard hatte vor, mich zu verlassen. Stellen Sie sich das vor, nach fünfzig Jahren Ehe! Ich wollte doch immer nur mein Leben mit ihm teilen, jeden Tag neu, getreu dem Schwur, den wir einst vor dem Altar leisteten. In meiner allzu großen Liebe zu ihm habe ich nicht gemerkt, dass die seine sich längst verflüchtigt hatte. Mein alter Mann verliebte sich täglich in Leinwandgöttinnen. Das ist kein Witz, aber lächerlich. Mich nahm er nicht mehr wahr, sprach nur noch das Nötigste mit mir. Schleichend veränderte er sich. Ich wurde für ihn unsichtbar, aber ohne seine Liebe konnte ich nicht leben und bin ganz langsam gestorben. Er war einmal eine Seele von Mensch, mein Held, mein Ein und Alles, der mich verwöhnte, mit mir sprach und lachte. Kinder hatten wir nicht, Freunde nur wenige, sie haben diese Welt schon lange verlassen." Ein schmerzliches Zucken, nur einen Atemzug lang, huscht über ihr Gesicht. Gedankenverloren spielt sie mit der zweireihigen Perlenkette, die um ihren faltigen Hals hängt, und verdrückt eine Träne.

Von einer Sekunde zur anderen beginnen ihre Augen zu funkeln. „Und dann kam aus dem Nichts eine Idee zu mir. Ich dachte an Mord, an ein Ende meiner und seiner Probleme, und wollte kaputt machen, was mich kaputt gemacht hat. Angst und Hass beflügelten meine Tat."

Anna Conda ist hin und her gerissen und blickt verwundert auf die alte Dame. „Frau Sawadske, lassen Sie uns aufbrechen, wir müssen ein Protokoll aufnehmen, ich sagte es Ihnen bereits. Mein Auto steht vor dem Haus."

„Gleich, gleich, ich muss Ihnen aber noch schnell etwas erklären. Mein Mann war herzkrank, auch ich habe ein krankes Herz, beide bekommen wir aber unterschiedliche Medikamente. Was mir das Leben erhält, bringt ihm den Tod. Der Hausarzt mahnte immer zur Vorsicht. Jeder von uns besitzt sein eigenes Pillendöschen und ich habe heute die Tabletten vor dem Kinobesuch meines Mannes einfach ausgetauscht."

Abrupt steht Elli Sawadske auf. „Liebe Frau Kommissarin, sehr freundlich von Ihnen, dass Sie mir zugehört haben. Danke! Jetzt dürfen Sie mich verhaften." Sie stellt das Geschirr ordentlich zusammen, pustet die Kerzenflamme aus, ergreift ihr Köfferchen und läuft mit kleinen Schritten, ohne sich umzudrehen, zur Ausgangstür, Anna Conda voraus, verschließt die Wohnungstür und übergibt den Schlüssel der Kommissarin.

Lange nach Mitternacht verlässt Anna Conda ihre Dienststelle. Sie ist todmüde, die Haut spannt über ihren Wangenknochen, die Haare kleben in Strähnen an der Stirn. Gedankenvoll steuert sie ihren Wagen durch das nächtliche Berlin. Sie sehnt sich nach Ruhe, freut sich auf ihre leere Wohnung, ihre Badewanne, auf ihr Alleinsein.

Das Schicksal von Elli Sawadske, dieses Verwirrspiel der Gefühle, sitzt ihr in den Knochen, es hat sie mehr als erwartet betroffen gemacht. Sie wünscht ihr einen verständnisvollen Richter.

Noch sechs Tage und das Greisenalter ihrer Jugend beginnt.

„Ohne Liebe ist man eigentlich tot." Dieser Satz steckt ihr in der Seele. Sie fragt sich: Lebe ich noch oder bin ich auch schon tot?

Schöneberg

ist ein Ortsteil im Bezirk Tempelhof-Schöneberg. Die Geschichte beginnt im Rudolph-Wilde-Park. Hier thront auf einer steinernen Säule inmitten eines Springbrunnens der Goldene Hirsch, das Wappentier von Schöneberg, eine Erinnerung an das ehemalige Jagdschloss und die umliegenden Wälder. Die goldene Farbe symbolisiert den Reichtum der damaligen Bauern.

Im Rathaus Schöneberg hatten während der Teilung Berlins das Berliner Abgeordnetenhaus und der Senat von Westberlin ihren Sitz. Und hier sprach US-Präsident John F. Kennedy am 26. Juni 1963 die berühmten Worte: „Ich bin ein Berliner."

Im Bayerischen Viertel wurden zahlreiche Straßen nach bayerischen Städten benannt und die Häuser im süddeutschen Renaissancestil für ein großbürgerliches Publikum erbaut. Der Ortsteil war ein Anziehungspunkt für jüdische Bürger. 80 Tafeln mit Gesetzestexten aus der NS-Zeit erinnern an die systematische Ausgrenzung der jüdischen Bevölkerung ab 1933. Im U-Bahnhof Bayerischer Platz ist eine Fotoausstellung über die historische Entwicklung des Viertels und seine prominenten Bewohner zu besichtigen. Ein weiterer Schauplatz ist der Kleistpark, der verborgen hinter den Königskolonnaden liegt, die 1780 im Neobarockstil erbaut und 1910 von der Königsbrücke am Alexanderplatz hierher versetzt wurden. Die Kolonnaden führen zum ehemaligen Botanischen Garten, an dessen Stirnseite sich das Kammergericht befindet. 1944 bis 1945 tagte dort der Volksgerichtshof mit seinem gefürchteten Präsidenten Roland Freisler, der Beteiligte des Attentats „20. Juli" zum Tode verurteilte. Ab 1945 diente das Gebäude als Sitz des Alliierten Kontrollrats.

SCHÖNEBERG

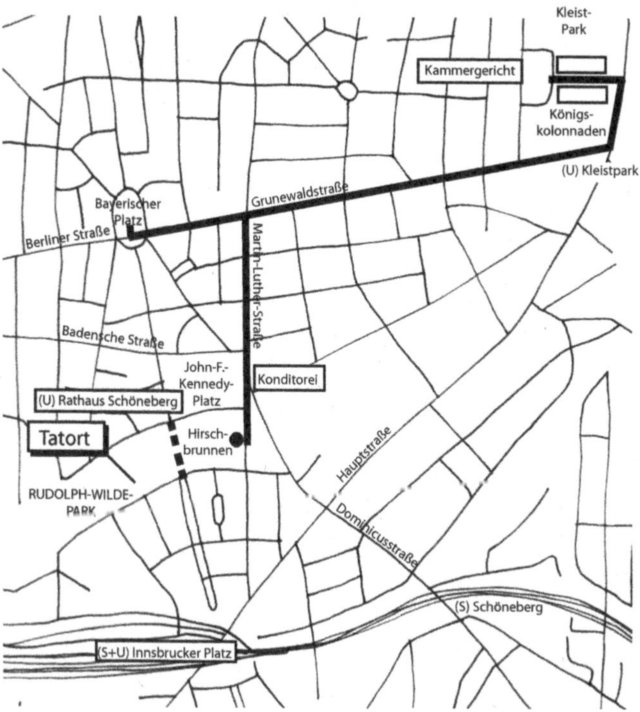

Kleist-
Park
Kammergericht
Königs-
kolonnaden
(U) Kleistpark
Grunewaldstraße
Bayerischer
Platz
Berliner Straße
Martin-Luther-Straße
Badensche Straße
John-F.-
Kennedy-
Platz
Konditorei
(U) Rathaus Schöneberg
Tatort
Hirsch-
brunnen
Hauptstraße
RUDOLPH-WILDE-
PARK
Dominicusstraße
(S) Schöneberg
(S+U) Innsbrucker Platz

Schöneberg

Jacky

Gisela Witte

„Jetzt brauchen wir unbedingt eine Pause. Was, Jacky?" Der Hund sah sie mit seinen Knopfaugen an und wedelte mit dem Schwanz.

Sie waren am Ende des Rudolph-Wilde-Parks angelangt und der goldene Hirsch auf der Säule leuchtete ihnen entgegen. Schwer atmend setzte Friederike sich auf eine der Bänke zu Füßen des Hirsches. Was würde sie für einen Verdauungsschnaps geben! Claras Käsesahnetorte lag ihr im Magen wie die Wackersteine im Wolf.

Sie blickte auf die verglaste Fassade des U-Bahnhofs Schöneberg, die wie eine Orangerie wirkte. Dann fielen ihr die Augen zu und sie hörte nur noch gedämpft das ferne Tosen des Verkehrs. Doch im nächsten Moment fuhr sie hoch.

„Entfernen Sie gefälligst die Hinterlassenschaft von Ihrem Köter! Überall tritt man in die Kacke", sagte eine scharfe Stimme.

Sie riss die Augen auf und sah dem Jogger, der sie so schroff zurechtgewiesen hatte, hinterher. Auf federnden Sohlen entfernte sich seine große, muskulöse Gestalt, den Kopf mit einer Kapuze bedeckt.

„Hab doch nur einen Moment nicht aufgepasst", rief sie ihm schuldbewusst hinterher und griff nach der Plastiktüte in ihrer Handtasche. So etwas war ihr noch nie passiert.

Mit der Beschaulichkeit des Nachmittags war es schlagartig vorbei. Sie erhob sich ächzend von der Bank und leinte Jacky an. Der Hund zog sie so zielstrebig die Treppe zur Straße hoch, dass sie beinahe auf dem feuchten Laub ausgerutscht wäre.

Sie liefen am Rathaus vorbei über den John-F.-Kennedy-Platz. Auf den Stufen des Rathauses nahm sie vor der Gedenktafel für den amerikanischen Präsidenten aus den Augenwinkeln einen alltäglichen Anblick wahr: ein frisch getrautes Brautpaar, umgeben von Gästen.

Hochzeiten hatten Friederike noch nie interessiert, weder eigene noch fremde. Ihr Interesse galt eher der Konditorei gleich gegenüber. Das Völlegefühl nach der Käsesahnetorte hatte nachgelassen und so beschloss sie, für sich ein Stück Pflaumenkuchen und für Jacky ein Croissant zu kaufen.

Noch Tage danach dachte Friederike an den unerfreulichen Vorfall im Park. Sie wagte es kaum, Jacky von der Leine zu lassen, und nur allmählich kam sie zur Ruhe und konnte erneut die tägliche Routine ihres Alltags als Pensionärin genießen: die Spaziergänge, das Kaffeetrinken mit ihren Freundinnen, die Opern- und Konzertabende.

An einem Spätnachmittag waren sie am Ende ihres Spaziergangs angelangt und Friederike konnte vom Park aus bereits den Turm des Rathauses sehen. Jacky kläffte schrill. Er hatte seinen Freund, einen ebenso braun gefleckten Jack Russell Terrier, auf der Wiese entdeckt. Kaum war Jacky von der Leine befreit, sauste er los. Es war die reine Freude, den Hunden zuzusehen, wie sie umhertollten. Für einen Moment blieb Jacky am Rande der Wiese stehen, um in der typischen gekrümmten Haltung sein Geschäft zu machen. So schnell es ihre Körperfülle erlaubte, eilte Friederike zum Tatort. Da tauchte wie auf Knopfdruck der Jogger auf. Für den Bruchteil einer Sekunde blickte sie in ein empörtes Gesicht mit funkelnden Brillengläsern. Noch im Laufen griff der

Jogger den aufjaulenden Jacky in den Nacken und hob ihn hoch.

„Halt", schrie sie mit sich überschlagender Stimme, „lassen Sie sofort meinen Hund los!"

Ohne die geringste Aussicht auf Erfolg versuchte sie den Jogger einzuholen. Schließlich blieb sie schwer atmend stehen und musste zusehen, wie er mit dem Tier unter dem Arm in der Ferne verschwand. Nein, das war nicht wirklich passiert, das war nur ein Traum gewesen, ein Albtraum. Gleich würde sie aufwachen. Friederike war unfähig, sich auch nur einen Schritt von der Stelle zu rühren. Erst nach einer Ewigkeit gelang es ihr, sich nach Hause zu schleppen. In ihrer Wohnung war sie am Ende ihrer Selbstbeherrschung und erst gegen Mitternacht hatte sich ihr Heulkrampf zu einem dauerhaften Seufzen abgeschwächt. Es war allein ihre Schuld, dass Jacky jetzt leiden musste. Er hatte sich nur nicht gewehrt, weil sie ihn zu einem freundlichen Hund erzogen hatte. Sie wankte zur Anrichte und schenkte sich ein Glas Cognac ein. Aus therapeutischen Gründen.

In den folgenden Tagen irrte Friederike von morgens bis abends durch den Park in der Hoffnung, Jacky sei ausgesetzt worden. Vielleicht hatte der Entführer ihn inzwischen satt. Ein Hund hatte schließlich auch seine Bedürfnisse. Jede quälende Minute musste sie an Jacky denken. Sie vermisste die gemeinsamen Spaziergänge und nachts fehlten ihr das Schnaufen und das leise Schnarchen im Hundekorb neben dem Bett.

Zwei Tage später fand sie im Briefkasten einen braunen Umschlag ohne Absender vor. Ihre Hände flatterten, als sie ihn aufriss. Sie zog ein Blatt, ausgeschnitten in der Form eines Hundes, aus dem Umschlag und las: „Morgen Punkt zweiundzwanzig Uhr wartet ein Terrier auf dem blauen U-Bahnhof bei dem Bayerischen Löwen. Nicht früher – nicht später!"

Der letzte Satz war rot unterstrichen.

Woher kannte der Entführer ihre Adresse? Es gab nur eine Erklärung: Er musste ihr gefolgt sein und sie überwacht haben.

Am nächsten Abend eilte Friederike pünktlich zur angegebenen Zeit die Stufen zu der U-Bahnstation „Bayerischer Platz“ hinunter. Sie lief an den historischen Fotos in der Zwischenetage vorbei und nahm die Rolltreppe zum Bahnsteig. Dort wanderte sie auf dem grauen Steinfußboden auf und ab und sah in jeden Winkel, hinter jede Säule. Nur noch wenige Minuten und sie würde ihren Liebling zurückbekommen. Bei dem Gedanken durchströmte sie ein warmes Gefühl.

Außer einem verwahrlosten Obdachlosen war kein Lebewesen zu sehen. Züge rauschten herein – nur wenige Leute stiegen aus – und fuhren wieder ab. Mit einem Mal sah Friederike auf einer Bank ein beschriebenes Blatt Papier liegen. Es hatte die Form eines Hundes und war somit unverkennbar für sie dort abgelegt worden. Hastig wühlte sie in der Handtasche nach ihrer Lesebrille.

Plötzlich wurde sie von einem beißenden Geruch eingehüllt. Der Obdachlose stand neben ihr und griff mit einer schmutzigen Hand nach dem Blatt.

„Weg da, das ist mein Hund!“, schrie Friederike.

„Is doch nur Papier“, nuschelte der Mann erschrocken und trottete zu seiner Bank zurück.

„Noch etwas Geduld! Habe Ihren fetten Hund erst mal auf Diät gesetzt“, las Friederike.

Sie zerriss den Zettel in viele kleine Teile. Er hatte sein Versprechen nicht gehalten. Und jetzt ließ dieser Unmensch ihren armen Jacky auch noch hungern! Sie hätte vor Wut und Enttäuschung heulen können und fuhr sich verzweifelt durch die grauen Locken.

Auf der Straße schaute sie sich nach allen Seiten um. Ob

sie beobachtet wurde? Es waren kaum noch Fußgänger unterwegs. Rasch trat sie in einen Häusereingang und wartete.

Nach einer Weile wagte sie sich aus ihrem Versteck und stellte beruhigt fest, dass ihr niemand gefolgt war. In ihrer Wohnung goss sie sich einen Cognac ein. Wenn es so weiterging, würde sie wegen der ganzen Aufregung noch ein ernsthaftes Alkoholproblem bekommen.

Am nächsten Morgen fand sie wieder einen Zettel in der inzwischen bekannten Hundeform in ihrem Briefkasten. Die Vorstellung, dass sich der Hundeentführer erneut im Hausflur aufgehalten hatte, löste Panik in ihr aus. Friederike hastete in ihre Wohnung, fand nach längerer Suche ihre Brille und las: „Eine Straße, nach einem Wald benannt (ganz in der Nähe), vorbei an einem gelbroten Haus, das Kunst beherbergt, dann folgt eine Straße, benannt nach einem Ort bei Berlin, Säulengänge führen zu einem Park mit dem Namen eines deutschen Dichters. An der Stirnseite steht ein Haus mit Vergangenheit. Dort wird am Namenstag des Heiligen Nikolaus, wenn sich die Dämmerung senkt, ein weiß-brauner Vierbeiner zu Füßen eines bronzenen Vierbeiners warten."

Friederike hielt die Botschaft mit zitternden Händen umfasst. Für diesen Sadisten war alles nur Spaß, eine Art Schnitzeljagd. Energisch rief sie sich zur Ordnung. Jetzt war ein klarer Kopf gefragt. Hatten sie nicht früher ihre Schüler und selbst Kollegen wegen ihres scharfen Verstandes bewundert? Sie holte den Stadtplan aus der Schublade und dazu eine Lupe. Was für eine aufgeblähte Sprache dieser Verbrecher benutzte! Wäre er ein Schüler, hätte sie ihm allenfalls eine Vier gegeben. Der Namenstag des Heiligen Nikolaus war natürlich der sechste Dezember. Zwei Tage musste sie noch warten. Mit dem Zeigefinger auf der Karte fuhr sie die Grunewaldstraße entlang. Das genannte gelbrote Haus, ein Backsteinbau, war das Kunstamt. Danach musste sie in die Potsdamer Straße einbiegen, völlig klar. Durch die Königskolonnaden gelangte sie dann in den Kleistpark. Das „Haus mit Vergangenheit" war das heutige Kammergericht, früher Reichskammergericht, mit den beiden Skulpturen der Rossebändiger davor. Kinderleicht das Ganze.

Bevor sich die Dunkelheit über den Park senkte, suchte sich Friederike einen Platz, von dem sie die Pferdeskulpturen, die das Gerichtsgebäude flankierten, im Blick hatte. Sie hielt sich hinter einem immergrünen Gebüsch verborgen und observierte die Skulpturen. Es war nicht einfach, beide gleichzeitig zu beobachten, denn sie waren etwa fünfzig Meter voneinander entfernt. Die letzten Jogger liefen ihre Runden. Von Jacky keine Spur. Es begann zu dämmern und die Laternen hüllten den Vorplatz des Gerichtsgebäudes in ein gelblich-trübes Licht. Hatte nicht einst der als Choleriker verschriene Strafrichter Freisler in diesem Gebäude den Volksgerichtshof abgehalten? Die Schauprozesse gegen die Attentäter vom 20. Juli 1944? Dafür hatte ihn die gerechte Strafe ereilt, soweit sie sich erinnerte. Während eines alliierten Bombenangriffs war das Gerichtsgebäude, in dem der Strafrichter gerade Angeklagte terrorisierte, von einer Bombe getroffen worden. Dabei war Freisler von einem herabfallenden Balken getötet worden. Genau das sollte diesem Hundeentführer jetzt auch zustoßen, dachte sie grimmig.

Sie zuckte zusammen, als es hinter ihr raschelte. Aber es war nur der Wind im Laub oder vielleicht eine Maus auf Nahrungssuche.

Friederikes Stimmung sank so rapide wie die Außentemperatur und sie rieb die behandschuhten Hände aneinander. Ob es sinnvoll war, noch weiter zu warten?

Da sah sie an der Birke neben einer der Pferdeskulpturen etwas Weißes leuchten. Sie trat näher heran. Es war ein Foto von Jacky, beschriftet mit den Worten: „Warte noch ein Weilchen." Wie hatte es der Entführer nur unbemerkt dort befestigen können? Und warum machte er ihr immer wieder falsche Hoffnungen?

Später konnte sie nicht sagen, wie sie nach Hause gekommen war. Alles in ihr schien abgestorben, farblos, ohne Freude, ohne Zukunft.

Am nächsten Morgen fühlte sie sich außerstande, das Bett zu verlassen. Welchen Grund gab es überhaupt noch aufzustehen?

Es klingelte an der Tür. Unwillig erhob sie sich und stieg über die Zeitungen, Cognacgläser und Tassen hinweg, die den Fußboden bedeckten.

„Paketdienst", sagte eine Stimme, die fern und verzerrt über die Sprechanlage klang.

Sie drückte auf den Türöffner und vernahm unmittelbar danach an der Wohnungstür ein kratzendes Geräusch. Jacky stand vor ihr und wedelte so heftig mit dem Schwanz, dass sein ganzer kleiner Körper in Bewegung geriet. Er raste in einem wahnwitzigen Tempo durch sämtliche Räume, kehrte zu ihr zurück, drehte sich im Kreis und sprang in einem wilden Freudentanz an ihr hoch. Schließlich nahm sie ihn auf den Arm und drückte ihn minutenlang an sich. Nachdem sie sich vergewissert hatte, dass Jacky keine Verletzungen erlitten hatte, trug sie ihn ins Badezimmer, um ihn von den Spuren seiner Gefangenschaft zu reinigen.

Da entdeckte sie den Zettel an Jackys Halsband. Sie rollte ihn hastig auf und las: „Der Hund ist nur auf Bewährung entlassen. Bei weiteren Vorkommnissen droht Todesstrafe."

Blitzartig wurde ihr bewusst, dass der Entführer sie nie

in Ruhe lassen würde. Es ging ihm keineswegs darum, Hundebesitzer zu erziehen. Mehr Spaß machte es ihm offenbar, sie zu terrorisieren. Von jetzt an würde sie mit der Angst leben müssen, eines Tages Jacky endgültig zu verlieren.

Eines Nachmittags, als Friederike ihr tägliches Tortenstück besorgen wollte, blieb sie abrupt vor der Bäckerei stehen und ihr Herz tat einen Sprung: Durch das Schaufenster erblickte sie den Hundeentführer. Er stand vor dem Verkaufstresen und zeigte wie ein ganz gewöhnlicher Kunde auf verschiedene Tortenstücke. Mit dem Gesichtsausdruck eines Kuchenliebhabers, der in Vorfreude schwelgt.

Sollte sie die Polizei rufen? Aber was konnte sie schon beweisen? Kurz bevor er den Laden verlassen wollte, zog sie sich ihren Schal über den Kopf. Nur gut, dass sie Jacky zu Hause gelassen hatte. Der Entführer trat auf die Straße, zerrte ein Pfefferkuchenherz aus der Tüte und biss hinein. Wie gierig dieser Mensch war! Ohne einen Plan folgte sie dem Mann. Allein der Gedanke, dass sie diesmal die Jägerin war und er der Gejagte, erfüllte sie mit Genugtuung. Plötzlich blieb der Mann stehen, zog einen Schlüsselbund aus der Tasche und öffnete die Haustür vor ihm. Kurze Zeit später ging im zweiten Stock das Licht an. Sie trat näher und schaute auf das Klingelbrett. Den Namen „Meinhardt“ würde sie in hundert Jahren nicht vergessen. Am liebsten hätte sie auf der Stelle geklingelt und den Mann zur Rechenschaft gezogen. Der Wunsch nach Rache hielt sie davon ab.

Sie lief nach Hause, die Fäuste in den Manteltaschen. Ihr kam ein tröstlicher Gedanke: Jacky und sie waren dem Entführer nicht länger ausgeliefert. Er dachte wohl, er könnte mit einer alten Frau machen, was er wollte. Aber da hatte er sich gründlich getäuscht. Sie würde ihn ausspionieren. Dabei würde sie seine Schwachpunkte herausfinden und genüsslich in seinem Leben herumpfuschen, so wie er es bei ihr getan hatte.

Über Nacht hatte es heftig geschneit. Nachmittags war Friederike bei Clara zum Kaffeetrinken eingeladen. Am Gartentor blieb sie stehen. Über den ganzen Vorgarten verteilt drängten sich Pflanzen mit grünen Blättern und weißen Blüten durch die Schneedecke.

„Die Christrosen in deinem Garten sind einmalig schön", sagte Friederike, während sie sich im Flur den Schnee von den Stiefeln klopfte. Clara begrüßte sie mit einem breiten Lächeln. Aus ihren Worten sprach die ehemalige Biologielehrerin: „Helleborus niger, schön und gefährlich. In diesem Jahr blühen sie wegen der Kälte sehr früh. Bereits drei Samenkapseln können zum Tod durch Atemlähmung führen. Aber das ist wahrscheinlich nicht so interessant für dich, du kannst ja nicht Witwe werden", sagte sie und zwinkerte ihr zu.

Am nächsten Vormittag eilte Friederike entschlossen zum Haus des Entführers. Sie klingelte bei Meinhardt, aber niemand meldete sich. Neben ihr erschien eine rundliche Frau mit einer Einkaufstasche und einem Schlüsselbund.

„Wollen se rin?" Anstandslos hielt die Frau ihr die Tür auf und lief ohne ein weiteres Wort die Treppe hinauf.

Friederike wartete eine Minute. Im Hausflur war kein Laut zu hören. Der Briefträger war schon da gewesen. Aus den Schlitzen der Briefkästen schauten die Ecken verschiedener größerer Kuverts hervor. Friederike zog ihr Werkzeug, einen stabilen Metalldraht mit einem Haken, aus der Tasche und fischte die gesamte Post aus dem Briefkasten, der mit „Meinhardt" beschriftet war. Zwei Umschläge, die offensichtlich Werbung beinhalteten, stopfte sie wieder in den Schlitz zurück, damit ihr Raub nicht auffiel.

An ihrem Küchentisch öffnete sie ihre Beute: ein Weihnachtsgruß von einem gewissen Sven, ein Strafzettel wegen Falschparkens und ein Brief mit dem Absender A. Meinhardt.

Hastig riss sie den Brief auf. Mit leicht zittriger Handschrift stand geschrieben: „Mein lieber Junge, bald ist Weihnachten. Aber in diesem Jahr kann ich dich nicht besuchen, weil mir die Gicht wieder zu schaffen macht. Am ersten Weihnachtsfeiertag will mich Lothar mit seiner Familie besuchen. Darauf freue ich mich, als Witwe hat man ja nicht mehr so viele Kontakte. Aber ich werde dir wieder einen großen Karton mit meinen selbst gebackenen Keksen schicken, die du so magst. Du musst mich nicht anrufen, das ist immer so teuer. Es ist sehr kalt geworden. Vergiss nicht den Schal umzubinden, den ich dir gestrickt habe, wenn du rausgehst. Bleib schön gesund. Alles Liebe von deiner Mutter."

Was für eine glückliche Fügung! Etwa eine Stunde brauchte Friederike, bis sie mit ihrem Ergebnis zufrieden war. Mithilfe ihres alten Füllhalters war es ihr gelungen, Absender und Anschrift auf dem Brief perfekt zu imitieren. Erst dann beschrieb sie einen Adressaufkleber.

In ihrer Küche blätterte sie in Backanleitungen und traf eine Auswahl. Sie rührte verschiedene Teigsorten an und fügte jeweils eine kräftige Prise des fein gemahlenen Samens hinzu. Christrosen im Weihnachtsgebäck waren doch geradezu der Inbegriff von Festlichkeit.

Die mit Zuckerguss verzierten Kekse konnten sich sehen lassen und ihr Duft zog durch die ganze Wohnung. Sie schichtete die Kekse in einen Karton, den sie sorgfältig in Seidenpapier wickelte, und schmückte ihn mit einer roten Schleife. Eine Weihnachtsgabe, die von Herzen kam. Vor dem Paketschalter in der Post hatte sich eine lange Schlange gebildet. Um ihr Geschenk aufzugeben, wartete sie gern, und wenn es sein musste, auch stundenlang.

Befreit von ihrem Päckchen verließ Friederike das Postgebäude. Noch nie hatte der Schnee so wunderbar geglänzt, noch nie war der Himmel von einem so strahlenden Blau, die Luft so glasklar und rein gewesen.

Jetzt würde alles wieder seinen gewohnten Gang gehen.

Britz

Als im Jahr 1920 Groß-Berlin gebildet wurde, kam die Landgemeinde Britz zum Bezirk Neukölln dazu. Die Gegend hat sich ihren Charme bewahrt, und wenn negative Schlagzeilen in den Medien auftauchen und der Bezirksbürgermeister wettert, dann meint er nicht diese beschauliche Ecke.

Markenzeichen ist der Britzer Garten, der 1985 als Bundesgartenschaugelände entstand. Dafür verschwanden zahlreiche Kleingärten, die verbliebenen grenzen direkt an den Britzer Garten. Auf dem 90 Hektar großen Areal befindet sich ein See, dessen Aushub für eine Hügellandschaft diente. Bachläufe und Wasserfälle gehören dazu. Stauden-, Rosen- und Hexengarten laden ein, ebenso die Sonderschauen „Tulipan“, „Zauberblüten“ im Rhododendrenhain, „Dahlienfeuer“ im Herbst oder „Klassik Open Air“. Geöffnet ist täglich ab neun Uhr. 2002 wurde der Park zu einem der zehn schönsten Gärten Deutschlands gewählt.

Anlässlich der Buga setzte auch die umfassende Restaurierung der Britzer Mühle ein, eine der beiden voll funktionsfähigen Windmühlen im Stadtgebiet, die von April bis Oktober aktiv ist.

Schloss Britz, ein prächtiges Gutshaus mit schöner Gartenanlage, wurde von 1985 bis 1988 umfassend rekonstruiert. Seit 1989 gewährleistet eine Kulturstiftung das kulturelle Angebot. In den Museumsräumen zeigt eine repräsentative Dauerausstellung die Wohnkultur der Gründerzeit. Im Haus gibt es Konzerte, Lesungen und Gastronomie. Gleich daneben liegt der Gutshof Britz mit dem ehemaligen Pferde- und Ochsenstall. Die Feldsteinkirche aus dem Jahr 1250 ergänzt das Ensemble am Schlossteich.

BRITZ

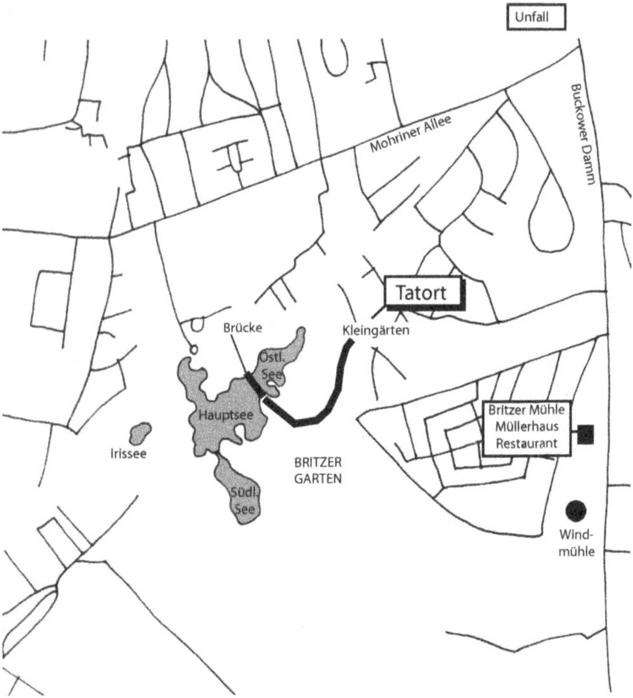

Unfall
Mohriner Allee
Buckower Damm
Tatort
Brücke
Kleingärten
Östl. See
Hauptsee
Irissee
Südl. See
BRITZER GARTEN
Britzer Mühle
Müllerhaus
Restaurant
Wind-
mühle

Britz

Ordnung ist das halbe Leben

Andrea Gerecke

Willi blinzelte in die Sonne. Dann schwenkte sein Blick wohlwollend über Gerda, die im Frühlingsbeet kniete und mit zupfenden Handbewegungen Unkraut entfernte. Ihr Hintern streckte sich ihm entgegen und dem Mann kamen kurzfristig ein paar schöne Erinnerungen, die aber in dem Moment wieder verblassten, als er zu seinem Bierglas griff. Es war elf Uhr, Frühschoppenzeit.

„Prost, mein Bester", schallte es aus dem Nachbargarten. Und: „Wotan, willst du wohl herkommen!" Der Terrier, der bis eben noch neben dem Holzstuhl von Willi gedöst hatte, kniff den Schwanz ein und trippelte durch eine Lücke in der Hecke zu seinem Herrchen.

Willi schaute hinüber und erwiderte den Gruß, indem er seine Tulpe in die Höhe hob. Zum Plaudern war er eigentlich gar nicht aufgelegt. Er wollte nur hier sitzen und den Moment mit den wärmenden Strahlen genießen. Doch da stand Elmar schon am Zaun, mit einem strafenden Fingerzeig auf seinen Hund, der sich mit hängendem Kopf ins Haus zurückzog. „Na, Willi, kann es deine bessere Hälfte nicht lassen? Selbst am heiligen Sonntag noch fleißig zugange!"

Willi erhob sich widerwillig: „Du kennst ja die Frauen. Sie sind nie zu bremsen. Und was sie sich in den Kopf gesetzt haben, das müssen sie unbedingt durchziehen."

Elmar nickte: „Meine steht aber wenigstens schon am Herd und zaubert was Schmackhaftes. Das stört auch nicht die vorgeschriebene Ruhe ..."

Willi antwortete ungehalten: „Ich wüsste nicht, dass

meine Gerda hier irgendwelchen Krach verursacht haben könnte."

In dem Moment trat seine Frau neben ihn, tat so, als hätte sie nichts gehört, zog sich die geblümten Handschuhe aus und reichte die Rechte über den Gartenzaun. „Hallo Elmar, ist das nicht ein wunderbarer Tag? Wie geht's denn so und was macht Annemie?"

„Steht in der Küche", nuschelte Elmar vor sich hin.

„Oh, wo du das gerade sagst", Gerda blickte auf ihre Armbanduhr, „dahin sollte ich mich jetzt auch mal begeben. Zum Glück habe ich das Essen gestern schon vorbereitet. Es muss lediglich aufgewärmt werden. Aber ich wollte ja noch einen Pudding kochen." Und schon hatte sie auf dem Absatz kehrtgemacht und war in ihrem Häuschen verschwunden.

Willi blickte auf den Rest in seinem Bierglas. Der Inhalt war schal geworden und würde nicht mehr schmecken. Eine Fliege war hineingefallen und strampelte mit den Beinen. Er drehte die Tulpe um und schüttete die Flüssigkeit ins Beet.

„Schon die erste Kampfansage gegen die Schnecken?", erkundigte sich Elmar und fügte noch an: „Du denkst sicher daran, die Hecke zu schneiden? Deine ist deutlich zu hoch. Wir haben gerade im Vorstand darüber geredet. Demnächst steht ja wieder die Begehung an."

„Hast du etwa nachgemessen?", erkundigte sich Willi spitz.

„Ja, was denkst du denn! Muss schließlich alles seine Ordnung haben", kam das Echo von Elmar. „Hier kann doch nicht jeder machen, was er will. Es gilt nach wie vor das deutsche Kleingartengesetz. Auch für euch!"

Ehe Willi etwas entgegnen konnte, erklang der Ruf seiner Frau aus dem Haus: „Liebling, könntest du mir mal bitte zur Hand gehen?" So räusperte er sich nur vielsagend und ließ Elmar stehen.

„Könnt ihr beiden nicht einmal wie erwachsene Menschen miteinander umgehen?“, empfing Gerda ihren Mann und rührte dabei das Puddingpulver in die aufgekochte Milch.

„Wieso?“, erkundigte sich Willi.

„Ach, vergiss es“, fügte Gerda an, während sie sich ihrer Küchenarbeit widmete, den Topf wieder auf die Herdplatte zog und die Masse um ihren Schneebesen cremig wurde.

„Hm, lecker!“, entrang sich Willi ein Lob. „Was freue ich mich auf das Essen mit dir.“ Er schlang seinen linken Arm um die Schulter seiner Frau, die kichernd abwehrte. „Lass das, sonst brennt mir noch der Pudding an. Du kannst schon mal den Tisch decken.“

Nach dem Essen legten sich beide mit ihren Kuscheldecken auf die Campingliegen im Garten. Willi war sofort entschlummert, während in Gerda die Gedanken rumorten. Warum nur konnten die beiden Männer keinen Frieden miteinander finden? Im vorigen Jahr erst dieser heftige Streit beim gemeinsamen herbstlichen Arbeitseinsatz in der Kolonie. Da hatte man sie als Team eingesetzt. Ein paar Büsche waren einzukürzen, doch ehe man es sich versah, hatte einer der beiden das Elektrokabel durchgesägt und sie schoben sich gegenseitig die Schuld in die Schuhe. Gerda und Annemarie waren hinzugeeilt, als sie die lauten Stimmen ihrer Männer vernahmen. Fast geprügelt hätten sich die beiden Streithähne! Gerda seufzte und blickte in den strahlend blauen Himmel, an den sich nur ganz winzige Wolkenfetzen verirrt hatten. Sie drehte sich auf die Seite und blickte auf ihren Mann, der selig schnarchte.

Jetzt nickte Gerda doch ein und träumte davon, wie der Zeiger der Wanduhr drohend auf dreizehn Uhr zueilte – der Deadline für laute Arbeiten –, während

Willi den Rasen mähte. Sie wollte ihren Mann bremsen, wollte zu ihm gehen, um ihm zu sagen, wie spät es sei. Aber er mähte und mähte und der Zeiger rückte auf die volle Stunde und dann Minute um Minute weiter. Gerda konnte ihre Füße nicht vom Boden lösen und es kam kein Wort aus ihrem Mund. Dafür sah sie, wie Elmar an der Eingangspforte stand, wütend mit dem Zeigefinger auf seine Armbanduhr tippte, Willi dann einen Vogel zeigte und auf ihn zueilte. Der Nachbar zog einfach den Verbindungsstecker der Anschlusskabel und schlagartig verstummte das surrende Mähgeräusch. Schließlich landeten beide Männer in einem Gerangel auf dem Boden ...

Schweißgebadet erwachte Gerda. Und Willi schnarchte immer noch.

Um für Frieden in der Nachbarschaft zu sorgen, bemühten sich die Frauen hin und wieder um gemeinsame Erlebnisse. Aber auch die gestalteten sich schwierig. Gelegentlich spazierten alle vier über das angrenzende Gelände vom Britzer Garten – allerdings ohne Wotan, denn dorthin durften Hunde nicht mitgebracht werden. Die beiden Paare wählten immer mal einen anderen Ein- oder Ausgang für eine größere Runde und erfreuten sich an der Tulpen- oder Dahlienschau. Sie nutzten die Zeiten, in denen auch Konzerte im Angebot waren oder die Modellbootbauer ihre Mini-Kostbarkeiten vorführten. Hin und wieder schauten sie auch bei den Eseln und den Ziegen vorbei oder fuhren mit der kleinen Eisenbahn. Die Harmonie war jedoch stets nur von kurzer Dauer. Immer fand einer der Männer einen Grund zum Nörgeln und der andere stieg sofort darauf ein. Nicht einmal in der Britzer Mühle, in der sie das Mahlwerk besichtigten, und beim anschließenden gemeinsamen Mittagessen direkt nebenan im Restaurant ließ die knisternde Spannung nach. Selbst das gemeinsame Abo im Fitness-Center an den Gropius-Passagen erwies sich als Gratwanderung. Meist forderten sich die Männer gegenseitig heraus und versuchten sich zu übertreffen, bis sie atemlos die Geräte wieder verließen.

Ein spezieller Streitpunkt war Hund Wotan, der sich bei Gerda und Willi deutlich wohler fühlte als bei seinen Besitzern Annemarie und Elmar.

Irgendwann ergab sich die Idee, gemeinsam die Gemäldeausstellung im Schloss Britz zu besuchen. Man könne ja anschließend gemütlich im Gartenrestaurant zusammensitzen und Kaffee trinken.

Der Sommer neigte sich seinem Ende zu. Untergehakt liefen die beiden Frauen voran, angeregt ins Gespräch vertieft und sich über die Unvernunft des starken Geschlechts austauschend. Die Männer folgten auf dem schmalen und holperigen Gehweg der kleinen Straße Alt-Britz – hintereinander, in lockerem Abstand, wortlos. An der Kreuzung von Buckower und Britzer Damm sowie Mohriner Allee blieben Gerda und Annemarie einen Augenblick stehen, blickten in Richtung Rostiger Esel, der markanten Skulptur auf der gegenüberliegenden Seite, und wollten die Grünphase an der Ampel nutzen. Sie waren kaum zur Hälfte auf der Straße, als ein Pkw angeschossen kam, die beiden anfuhr, sie zu Fall brachte und im selben Moment auch schon wieder davongerauscht war.

Willi und Elmar waren wie zu Salzsäulen erstarrt. Dann tauschten sie kurz den Blick und rannten zu ihren Frauen. Ein nachfolgendes Auto war schon blockierend stehen geblieben und der Fahrer hatte die Warnblinkanlage eingeschaltet. Er war ausgestiegen und sprach etwas in sein Handy. Willi und Elmar knieten vor ihren Frauen und sprachen sie an. Sie streichelten ihnen übers Haar, während Willi Tränen über die Wangen rannen. Kurze

Zeit später ertönte das Signal eines Krankenwagens, dem ein zweiter folgte, und auch ein Polizeiauto stoppte. Die Polizisten sperrten die Kreuzung. Ein Notarzt kümmerte sich um Gerda, ein weiterer um Annemarie, die leise vor sich hin wimmerte. Die Frauen wurden in je einen Krankenwagen verfrachtet und der jeweilige Mann stieg dazu.

Noch auf dem Weg ins Krankenhaus verstarb Annemarie, während Elmar ihr die Hand streichelte. Gerda fiel ins Koma und überlebte den Unfall einen knappen Monat. Die Beisetzungen fanden im engsten Familienkreis statt. Beide Männer hielten sich den Trauerfeiern für die jeweils andere Frau fern. Jeder im inneren Vorwurf, der andere sei schuldig an den tragischen Geschehnissen.

Willi und Elmar gingen sich künftig möglichst aus dem Weg. Aber nach wie vor grenzten ihre Kleingartengrundstücke aneinander und Begegnungen ließen sich einfach nicht vermeiden. Doch die beiden grüßten sich nicht, ihre Mienen blieben versteinert.

Willi kümmerte sich nur um die nötigsten Arbeiten und freute sich, wenn Wotan zu ihm durch die Hecke schlüpfte. Er flüchtete sich in ausgedehnte Spaziergänge im Britzer Garten und hing seinen Erinnerungen nach. „Du fehlst mir so, mein Sonnenschein“, murmelte er eines Tages und ließ sich auf die Bank fallen, die die beiden Familien vor vielen Jahren in einem Anfall von zeitweiliger trauter Gemeinsamkeit gespendet hatten.

Willi fuhr sich durch das dünne, graue Haar, setzte die Ellbogen auf die Knie und stützte seinen Kopf auf die Hände. Erst folgte sein Blick ein paar Ameisen, deren Weg er gestört hatte, dann schaute er in die Ferne. Jetzt sah er sich Hand in Hand mit Gerda durch den Britzer Garten schlendern. Bei Wind und Wetter, mit und ohne Nachbarn.

Es war ja nicht alles schlecht gewesen mit Elmar, oder?

Willi rieb sich die Stirn. Da war wieder dieser unsägliche Kopfschmerz, der ihn seit jenem Unfall nicht mehr verlassen hatte. Er erhob sich von der Bank und verzog das Gesicht. Gicht oder Rheuma, egal, es tat jedenfalls höllisch weh und niemand war mehr da, dem er sein Leid klagen konnte. Er stand auf, um weiterzugehen. Die ersten Schritte kam er nur schleppend voran, dann ging es etwas zügiger, während der Herbstwind ein paar Blätter vor sich hertrieb. Der Weg schlängelte sich den Abhang hinunter. Am See blieb Willi auf der hölzernen Brücke stehen, lehnte die Unterarme auf die Brüstung und seufzte tief. Unter ihm zogen wie immer ein paar dicke Karpfen ihre Runden.

„Ihr seid wenigstens nicht allein", murmelte Willi. Ob die wohl noch aus der Zeit der Bundesgartenschau stammten? Das war ewig her. Damals war das Areal noch übersichtlich gewesen, heute bildete das Grün undurchdringliche, ja fast paradiesische Ecken.

Willi hatte den See umrundet und machte sich auf den Heimweg. Er fühlte sich irgendwie beschwingt. So ein Spaziergang tat doch wirklich gut. In der Küche brannte sich ihm das Datum, das auf dem obersten Blatt des Abreißkalenders stand, in seine Gedanken. Gerda und er hätten morgen ihren Hochzeitstag gefeiert. Den fünfzigsten! Sie hatten ihn groß feiern wollen, sogar mit den Nachbarn Elmar und Annemarie.

Am nächsten Morgen stand Willi schon sehr früh auf und machte sich zurecht. Er wollte nach einem Arztbesuch etwas einkaufen, später Elmar abfangen und ihn auf ein gemeinsames Abendessen einladen. Vielleicht ließen sich die Wogen glätten, vielleicht würden sie sich um ihrer beider toten Frauen willen endlich vertragen. Nachdem er zurückgekehrt war, drehte er noch seine kleine Runde im Garten. Er kniete sich vor ein Beet, um mit der frisch geschärften Rasenkantenschere ein paar Auswüchse zu begradigen. In diesem Augenblick flog etwas über die Hecke, das Willi nicht sofort erkannte. Kurz darauf traf etwas sein Gesicht und er wischte sich spontan mit dem Handrücken über die Wange. Dabei fuhr ihm ein stechender Geruch in die Nase und er erkannte sofort, worum es sich bei der bräunlich-breiigen Masse handelte: Hundekot.

Willi schoss in die Höhe und stand jetzt seinem Kontrahenten Auge um Auge, nur durch die Hecke getrennt, gegenüber. „Bist du noch ganz dicht?“, schleuderte er Elmar entgegen.

Elmars Gesichtsfarbe hatte in ein deutliches Dunkelrot gewechselt. Er räusperte sich, aber es schien ihm keine Ausrede einzufallen. Die Hände hielt er auf dem Rücken verschränkt, in seiner Rechten befand sich eine kleine Schaufel.

„Du selten dämliches Arschloch. Was fällt dir ein?“, erboste sich Willi weiter. „Wozu hat denn der Verein die speziellen Mülltonnen für den Hundekot aufstellen lassen?“

„Nun mach mal halblang“, entgegnete Elmar, der seine Sprache wiedergefunden hatte. „Ist doch gar nichts passiert!“

In der Zwischenzeit waren beide Männer an der Hecke entlang Richtung Eingangspforte gelaufen. Als sie diese erreicht hatten, packte Willi seinen Nachbarn am Halsausschnitt und riss ihn zu sich heran. Dabei öffnete sich das Tor. Schwanzwedelnd beobachtete Wotan das Geschehen. Im Gerangel bewegten sich beide Männer immer weiter in den Garten hinein. Ein Wort gab das andere, schließlich stieß Elmar Willi mit der Faust kräftig gegen die Brust. Willi taumelte, krallte sich mit der Linken an Elmars Jacke fest, versetzte nun seinerseits diesem einen Stoß und beide stürzten auf die Gehwegplatten.

Willis rechte Hand – und mit ihr die geöffnete Rasenkantenschere – kam unter Elmar zu liegen. Die scharfen Schneiden bohrten sich in Elmars Rücken. Mit schmerzverzerrtem Gesicht und einem Aufstöhnen wollte sich Elmar aus der Umklammerung seines Nachbarn befreien. Er kam kurz hoch, strauchelte, schlug mit dem Hinterkopf auf einen Begrenzungsstein und blieb dann reglos liegen.

Plötzlich herrschte absolute Stille im Kleingarten. Selbst die Vögel waren für einen Augenblick verstummt und Wotan hatte das zeitweilige Knurren eingestellt.

Willi rollte zur Seite und massierte sich die Schläfe. Wieder dieser unsägliche Kopfschmerz. Er atmete tief durch, dann erhob er sich und schaute in die Runde. Die anderen Parzellen ringsum lagen verlassen da und offensichtlich hatte niemand die Auseinandersetzung mitbekommen. Jetzt beugte sich Willi über Elmar. Der rührte sich nicht. Dann legte Willi seinem Nachbarn widerwillig Zeige- und Mittelfinger an die Halsschlagader. Nichts. Willis Herzschlag hingegen raste.

„Was mache ich nur mit ihm? Was mache ich nur mit ihm?", flüsterte er vor sich hin.

Ihm fiel seine Fäkaliengrube ein. Sie war erst im Sommer geleert worden. Darin war sicherlich noch reichlich Platz für einen Toten. Willi verwarf diesen Gedanken rasch, obwohl er den Ort für einen Moment passend gefunden hatte. Aber irgendwann würde er die Entsorgungsfirma bestellen müssen, schon um das beim Vorstand nachzuweisen. Und dann machte sich eine Leiche in der Grube sicher nicht gut.

Willi schleifte Elmar über den Gehweg, zurück in den Garten und dann hinter den Holzzaun der Terrasse, der die Blicke neugieriger Passanten abwehren sollte. Dort ließ er den Toten liegen und ging ins Haus, Wotan dicht an seiner Seite. Willi würde sich erst einmal einen starken Kaffee kochen und dabei überlegen, was zu tun sei. Nein, die Polizei wollte er nicht rufen. Er erinnerte sich noch an die quälenden Befragungen, nachdem die beiden Frauen angefahren worden waren. Wie ein Verbrecher war er sich da vorgekommen. Willi befüllte die Kaffeemaschine und drückte auf die Starttaste. Kurz darauf setzte das beruhigende Geräusch ein, das ihn an gemeinsame Momente mit Gerda erinnerte. Seine geliebte Gerda. Und überhaupt war Elmar die Ursache allen Elends. Für den wollte er nun wahrhaftig nicht hinter Gitter kommen!

Nachdem sich Willi den großen Pott randvoll mit Kaffee gefüllt hatte, balancierte er die Tasse durch den Raum. Die Dämmerung ließ draußen die Konturen verschwinden. Vorhin hatten ihm kurz die Hände gezittert. Das war jetzt vorüber. Sein Gehirn schien auch wieder zu funktionieren. Ihm fiel der Karpfenteich im Britzer Garten ein. Dort sollte es wohl ein Eckchen geben. Aus einer Laune heraus hatte er mal vor langer Zeit mit einem Ast die Tiefe getestet und eine Stelle direkt an einer Brücke gefunden, an der der Teich fast bodenlos schien. Im morastigen Untergrund würde sowieso über kurz oder lang alles versinken.

Ein Blick auf die Wanduhr zeigte ihm, dass es kurz nach sechs war. Er musste sich noch ein Weilchen gedulden, aber die Idee, die in ihm reifte, wollte umgesetzt sein. Noch an diesem Tag. Wotan lag zu seinen Füßen und hatte den Kopf auf die Vorderpfoten gepackt.

„Du bleibst heute mal drinnen, mein Lieber“, sagte Willi mit liebevollem Ton und tätschelte Wotan den Rücken.

Eilig ging Willi in den Garten und lief zum Gewächshaus. Er öffnete die Tür, trat hinein und packte die Schubkarre mit beiden Händen. Dann bewegte er sich rückwärts wieder heraus und stellte die Schubkarre neben Elmar ab. Dabei stieß er vorsichtig mit dem Fuß in die Seite des Mannes. Nichts. Gut, dann würde er seinen Plan realisieren. Er schaute sich um und dachte nach. Was im

Wasser lag, trieb irgendwann an die Oberfläche, hatte er mal bei „Aktenzeichen XY ungelöst“ erfahren, als es um eine Wasserleiche gegangen war. Die Information kam ihm gelegen. Er wollte nicht die gleichen Fehler begehen wie in dem damaligen Fall die Täter. Also brauchte er unbedingt etwas Beschwerendes, das sich nicht auflöste. Willi ließ seine Blicke durch den Garten schweifen. Natürlich: ein oder zwei Gehwegplatten. Die hatte er übrig.

Mühsam hob er zwei von den extra großen Exemplaren in die Schubkarre und legte schließlich noch Klebeband, Seil und blaue Säcke dazu. Dann schob er die Karre bis an das Ende der Kolonie, die direkt an den Britzer Garten grenzte. An einer Stelle war der Zaun relativ niedrig. Dort legte er alles ab. Die Möglichkeit, dass um diese Tageszeit noch jemand mit seinem Hund Gassi ging oder Restaurantbesucher heimkamen, war eher auszuschließen. Es war zwei Uhr nachts, und das mitten in der Woche.

Erneut schob Willi die Schubkarre zum Grundstück und belud sie dort mit Elmar. Die Laternen an den einzelnen Grundstücken waren längst verloschen. Schon vor einiger Zeit hatte der Vorstand mit einstimmigem Votum der Mitglieder beschlossen, nicht mehr die gesamte Nacht hindurch die Wege zu erhellen. Davon hatten schließlich alle einen finanziellen Vorteil. Nur für kurze Augenblicke stahl sich der Mond durch kleine Wolkenlücken und sandte ein fahles Licht auf die Erde.

Wieder am Zaun angekommen, hob er Stück um Stück alles auf die andere Seite. Der erste Versuch mit der Leiche missglückte, sie rutschte ihm aus den Händen. Nur nicht schlappmachen, rief sich Willi innerlich zur Räson. Das musst du jetzt durchziehen, hämmerte ein Gedanke in seinem Kopf. Und die Kräfte waren wieder da. Beim nächsten Ansatz hievte er den toten Elmar über den Zaun und ließ ihn auf der anderen Seite auf den Boden plumpsen. Willi sah sich vorsichtig um. Nichts rührte sich.

Schließlich hob er noch die Schubkarre über den Zaun.

In zwei Etappen schob er die Karre durch den Britzer Garten direkt zu der Stelle, an der er einst die Tiefe des Sees ausgelotet hatte. Er hoffte inständig, sie noch so vorzufinden wie damals. Die Holzbohlen der Brücke knarrten, als er mit der schweren Last des Toten darüber fuhr. In der Mitte stoppte Willi bei den Gehwegplatten, die er mit der ersten Fuhre dort hingebracht hatte. Jetzt stand ihm der schwerste Akt bevor. Er zog einen blauen Sack über den Kopf und die Arme des Toten und einen zweiten über dessen Beine. In der Körpermitte, wo sich die Säcke trafen, versiegelte er die Übergänge mit braunem Klebeband und verschnürte das Paket mit dem Seil. Daran band Willi die Gehwegplatten. Dann schob er den verpackten Elmar über die Holzbalken in Richtung Abgrund. Es platschte und nach einigen Sekunden war die Wasseroberfläche wieder glatt und unberührt.

Am nächsten Morgen inspizierte Willi die Umgebung. Auf seinem Grundstück war alles in Ordnung. Am Zaun zum Britzer Garten fand er nichts Auffälliges. Nur auf der Brücke entdeckte er ein Stück Paketklebeband. Er bückte sich danach und steckte es in seine Hosentasche. Dann machte er sich auf den Weg zum Restaurant an der Britzer Windmühle. Er gönnte sich ein gutes Mahl und lief gestärkt zum Schloss Britz, um dort durch die Parkanlagen zu schlendern. Auf dem Heimweg überquerte er ohne zermürbende Gedanken die Kreuzung am Rostigen Esel. Zu Hause empfing ihn Wotan, der freudig an seinem neuen Herrchen hochsprang.

Alt-Treptow

ist ein Berliner Ortsteil im Bezirk Treptow-Köpenick. Er grenzt an Neukölln, Kreuzberg, Friedrichshain und im Südosten an Plänterwald. Zu Mauerzeiten lagen Alt-Treptow, Friedrichshain und Plänterwald in der DDR, Kreuzberg und Neukölln gehörten zu Westberlin.

Der Spaziergang in der folgenden Geschichte verläuft weitgehend entlang der ehemaligen Mauer, die Nachbarn, Freunde und Familien achtundzwanzig Jahre lang trennte. Ein anderer Teil der Zonengrenze verlief in der Spree, auf der Oberbaumbrücke gab es einen Grenzübergang für Westberliner. Vor dem Mauerbau lagerten hier die Frachtkähne im Wasser, die die gegenüberliegenden Speicher belieferten. Heute steht dort das Denkmal „Molecule Men" von Jonathan Borofsky, Symbol für das Zusammentreffen der drei Bezirke Kreuzberg, Treptow und Friedrichshain, die Jahrzehnte getrennt waren.

An der Ecke Bouchéstraße/Harzer Straße steht eine Informationstafel, auf der Fotografien ausgestellt sind, die die Veränderungen der Straße durch den Mauerbau dokumentieren. Rechts von hier endet die Harzer Straße an der Lohmühlenbrücke. Die Straße war eine Westgrenzstraße von Neukölln, die Lohmühlenstraße eine Ostgrenzstraße von Treptow und die Lohmühlenbrücke gesperrt. Damit die Neuköllner ihre im Grenzdreieck gebauten Wohnungen erreichen konnten, hatte man kurz nach dem Mauerbau einen Fußgängersteg etwas unterhalb der Lohmühlenbrücke gebaut.

ALT-TREPTOW

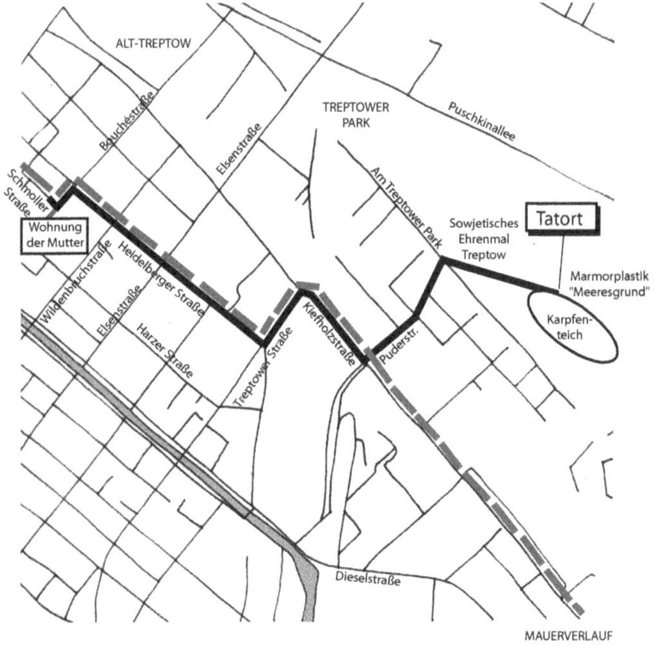
ALT-TREPTOW
TREPTOWER PARK
Puschkinallee
Bouchéstraße
Elsenstraße
Am Treptower Park
Schmoller Straße
Wohnung der Mutter
Tatort
Sowjetisches Ehrenmal Treptow
Marmorplastik "Meeresgrund"
Karpfenteich
Wildenbruchstraße
Heidelberger Straße
Elsenstraße
Harzer Straße
Treptower Straße
Kiefholzstraße
Puderstr.
Dieselstraße
MAUERVERLAUF

Treptower Steine

Connie Roters

Sie sieht, wie er fällt, und wundert sich. Im Sturz dreht er den Kopf zu ihr hin und seine Lippen formen etwas, was sie nicht versteht. Dann ein knirschend krachendes Geräusch von Knochen auf Stein. Und plötzlich ist es ganz still im Park.

Ihr Blick wandert hoch zum Himmel, will sich jetzt nicht ihm zuwenden. Ein weißer Kondensstreifen malt eine Kurve, haarscharf an einer dick gepolsterten grauen Wolke vorbei. Das Krächzen einer heranhüpfenden Krähe reißt ihren Blick zurück. Vorsichtig schaut sie zu ihm hinunter und sieht, dass sich um seinen Kopf herum ein wenig Blut gesammelt hat. Seine Augen sind geschlossen, aber seine Lippen formen noch immer Worte und sein Brustkorb hebt und senkt sich regelmäßig.

Noch bevor sie weiß, was sie tut, hat sie den schweren grauen Stein in der Hand und lässt ihn hinuntersausen. Es kracht, ein leises Stöhnen, dann Ruhe. Sie weiß, dass sie getroffen hat, und sie weiß, dass er tot ist, aber sie weiß nicht, was sie jetzt machen soll.

Sie hebt wieder den Kopf hinauf zum Himmelblau, der weiße Kondensstreifen ist verschwunden und hat keine Mitteilung hinterlassen. Die graue Wolke schiebt sich gerade genüsslich vor die Sonne und taucht den Park in ein schmutziges Graugrün.

Aus den Augenwinkeln sieht sie ein mittelaltes Paar auf sich zukommen, hört die Frage, ob man ihr helfen könne, hat aber keine Antwort darauf. Der Mann stellt sich direkt vor sie, so dass sie gezwungen ist, ihn anzusehen, und erklärt ihr kindgerecht, dass er Arzt sei.

Die Frau schreit kurz auf, als sie das Blut sieht, und greift dann ihre Hand. Weitere Passanten gesellen sich zu ihnen, schreckgeöffnete Münder, geweitete Augen, ein Raunen und Tuscheln. Vorsichtig dreht sie den Kopf zu dem Arzt hin und zwingt den Blick auf ihren Sohn. Sein Gesicht ist von dem grauen Stein fast verdeckt. Sie unterdrückt den Impuls, zu ihm hinzugehen und ihm zum Abschied die Hand zu schütteln, ahnt, dass das jetzt nicht angemessen ist.

Der Arzt wirft ihr einen fragenden Blick zu und fischt ein Mobiltelefon aus seiner engen Jeanstasche. Seine Frau lässt erschrocken ihre Hand los und tritt neben ihn. Neptun sieht ihnen aus dem Karpfenteich heraus zu und hält liebevoll seine Beute im Arm. Und die Gaffermenge hat sich verdreifacht. Sie fühlt sich wie auf einer Theaterbühne, der große Auftritt ihres Lebens?

Ein stampfendes Geräusch, das zielstrebig näher kommt, zerreißt diesen besonderen Moment. Die Gaffer bilden eine Schneise und lassen die vier Halbwüchsigen durch, die sie vorhin am gegenüberliegenden Ufer gesehen hat. Das Hämmern ist jetzt neben ihr und verletzt ihre Ohren. Der Arzt wirft den Jugendlichen einen wütenden Blick zu und geht ein Stück näher zum See heran. Durch den Krach hindurch hört sie eine piepsige Stimme.

„Eh, echt geil, eh, ein richtiger Toter! Oh Mann! Und die Alte hat ihn kaltgemacht. Hätte ich dir gar nicht zugetraut, Oma. Echt geil, Mann!“ Er klopft ihr anerkennend auf die Schulter und geht näher an den Tatort heran. Die anderen folgen ihm zögernd. Einer kaut nervös an seinem Kaugummi.

Sie beschließt zu gehen, will weg von diesem Affenzirkus und dreht sich den Gaffern zu. Automatisch öffnet sich auch für sie die Schneise, sie schwebt fast hindurch, so leicht fühlt sie sich auf einmal, so frei und so nah. Sohn und Mann sind wieder vereint und sie wird ihnen bald folgen. Hinter ihr vernimmt sie noch die empörte Stimme des Arztes, kurz danach ein Klatschen im See und eine Minute später rasen die Jugendlichen an ihr vorbei. Der Anführer hält ihr den hochgestreckten Daumen hin. Sie lächelt automatisch.

Ihr Sohn war auch mal so jung, aber nicht so frech. Er wurde im Sommer geboren. Ein ordentlicher Wonneproppen mit roten Wangen und viel Babyspeck. Der Junge hat Reserven, hatte ihr Mann stolz gesagt und ihn Andreas genannt. Sie mochte den Namen nicht, aber ihr Mann bestand darauf, weil es dem Kind Glück bringen würde, am Anfang des Alphabets zu stehen. Und weil ihr kein anderer Name mit A eingefallen war, blieb es dabei. Andreas war ein liebes Kind, sanft und ruhig. Und er spielte am liebsten mit Puppen.

Hinter ihr ist es ruhig geworden. Unbeirrt folgt sie dem Weg, der sie zu der breiten Straße am Treptower Park führt, wirft noch einen kurzen Blick zurück, drückt dann gehorsam auf den Knopf der Fußgängerampel und wartet auf das grüne Männchen. Als sie die Straße überquert, hört sie in der Ferne eine Sirene. Vor ihr liegt die Puderstraße, eine kleine Nebenstraße, die den winzigen Kiez zwischen dem Park und der S-Bahn-Trasse durchzieht. Kunstvoll verschnörkelte Altbauten, ab und zu mal ein Vorgarten, ab und zu mal ein Mensch.

Wie jedes Mal stellt sie sich vor, wie im vorigen Jahrhundert die Damen in langen Röcken hier entlangflanierten, begleitet von Männern mit Hüten und dem Ziel, eines der Ausflugslokale an der nahe gelegenen Spree zu besuchen. Sie bedauert, dass es diese Lokale heute nicht mehr gibt oder sie vor sich hin rotten, wie das Eierhäuschen, oder Fast-Food-Ketten wie Burger King beherbergen. Und sie denkt, dass die jungen Frauen heute alles tragen, nur keine schönen Kleider mehr, und die Männer keine Hüte.

Oft war sie hier entlanggegangen, zuerst mit dem Kinderwagen, dann mit einem DDR-Buggyverschnitt, später mit dem Rädchen. Ihr Sohn und sie liebten den Treptower Park mit dem Karpfenteich und ein Ausflug hierher gehörte zu den Höhepunkten an den Wochenenden. Ihr Mann war meistens zu Hause geblieben. Seit dem Betriebsunfall war er nicht mehr gut zu Fuß. Er war ein treuer Mann und fleißig, und es störte ihn nicht, als man im August 1961, kurz nach der Geburt ihres ersten und einzigen Kindes, einen Zaun zog und später eine Mauer baute, die seine Frau von ihren Eltern trennte, und seinen Sohn von den Großeltern. Neukölln von Treptow, Treptow von Neukölln.

Sie durchschreitet den schmucklosen S-Bahn-Tunnel und findet sich in einer völlig anderen Gegend wieder. Auf der linken Seite Kleingartenkolonien, auf der anderen ein hässlicher blauer Neubau, der einen Sportclub, einen Festsaal und eine Motorradwerkstatt beherbergt. Kurz danach folgt Lidl mit großem Parkplatz. Sie bleibt stehen und überlegt, ob sie noch etwas einkaufen will, entscheidet sich aber dagegen, biegt rechts in die Kiefholzstraße ein und folgt ihr bis zur nächsten S-Bahn-Unterführung, vorbei an Auto- und Baustoffhändlern und der alten S-Bahn-Trasse, von der noch Brückenfragmente zeugen. Links herum, dann ist sie in der Treptower Straße und überschreitet wie jedes Mal die zweireihig in den Straßenbelag eingelassenen Pflastersteine. Die ehemalige Mauer, eingerahmt von Neukölln und Treptow.

Sie war in Neukölln aufgewachsen, in einer der typischen Mietskasernen direkt am Richardplatz, und machte nach der Schule eine Lehre als Verkäuferin bei Musik Bading in der Karl-Marx-Straße. Man übernahm sie, und weil sie eine fleißige junge Frau war, immer geradeheraus, ohne Flausen im Kopf, stellte ihr der Besitzer in Aussicht, sie zur Geschäftsführerin zu machen.

Aber stattdessen traf sie im Mai 1960 ihren Mann beim Tanz im Ballhaus Rixdorf. Ein stattlicher Mann mit schwarzen Locken, der ihr den Kopf verdrehte und den sie sechs Monate später heiratete. Dann der Umzug nach Treptow und nach neun Monaten die Geburt ihres Sohnes. Es lebte sich gut in Treptow, nahe an Neukölln, und sie besuchte mit ihrem Kind oft ihre Eltern, bis der August 1961 alles zerstörte.

Ihre Mutter und ihre Tante flehten sie an, bei ihnen zu bleiben. Angeblich gab es Gerüchte, dass die Zonengrenze geschlossen werden sollte. Sie lachte sie aus und fuhr wie immer nach Hause. Am nächsten Morgen war Treptow von Neukölln durch einen streng bewachten Zaun getrennt, der keinen Weg mehr zu ihrer Familie offen ließ. Ihr Mann tröstete sie und versicherte ihr, dass die Teilung nur vorübergehend sein würde. Aber aus dem Zaun wurde eine Mauer und in ihr wuchs ein Heimweh, das nicht vergehen wollte und ihr Leben von da an überschattete.

Sie biegt rechts in die Heidelberger Straße ein, vorbei an einem Rest Mauerstreifen, vollgemüllt und zugewachsen, jetzt mit einem Zaun versehen. Auf der linken Seite Neukölln mit seinen Häusern aus dem Aufbauprogramm, auf der anderen die Industriegebäude von Treptow, die versuchen, die Wunde von damals zu verdecken. Aber der Pflastersteinstreifen, der nun nah am Fußweg entlangführt, spricht eine andere Sprache.

Sie macht einen Schritt nach links, nach Neukölln, und dann nach rechts, zurück nach Treptow, und genießt das freie Überqueren der Bezirksgrenze. Damals konnte sie nicht hierherkommen. Der Mauerstreifen reichte bis zur Kiefholzstraße, gut bewacht und abgesichert.

Sie durchquert die Elsenstraße und erreicht ein Stück unverbauten Grenzstreifens, folgt den Pflastersteinen, die den kleinen Park durchziehen, mit den Augen und setzt sich auf eine der Bänke. Spielende Kinder lachen am hinteren Ende der Grünfläche.

Früher war es hier still, patrouillierende Grenzsoldaten, bereit, auf jeden zu schießen, der versuchte, in den Westen zu fliehen. Sie stellte keinen Ausreiseantrag und versuchte auch nicht zu fliehen, gewöhnte sich lieber an das Leben hinter der Mauer. Ihren Mann störte die Grenze nie, er war zufrieden mit seiner Arbeit und seiner Familie. Nur am Ende, als der Krebs ihn von innen auffraß, bedauerte er die Teilung, weil sein Sohn ohne die Großeltern hatte aufwachsen müssen. An ihr Heimweh dachte er nicht.

Nach seinem Tod blieb Andreas bei ihr, wollte sie nicht allein lassen. Ab und zu fragte sie ihn nach einer Freundin. Dann lachte er, schüttelte den Kopf und antwortete, dass er sich Zeit lassen wolle. Sie wäre gerne Oma geworden, vor allem nach 1989, aber ihr Sohn schenkte ihr keine Enkelkinder.

Er blieb auch nach dem Mauerfall, und als es wieder Wohnungen gab, die man frei mieten konnte, zog er trotzdem nicht bei ihr aus. Sie freute sich über seine Gesellschaft und hörte auf zu fragen.

Ein Regentropfen streift ihr Gesicht und sie sieht zum Himmel. Die graue Wolke hat Gesellschaft bekommen und ist zu einem bedrohlichen Wolkenhaufen angewachsen. In der Ferne hört sie ein tiefes Donnergrollen. Als ein weiterer Tropfen sie trifft, erhebt sie sich und geht weiter.

Beim Überqueren der Wildenbruchstraße, links Neukölln, rechts Treptow, überlegt sie, ob sie bei Penny oder Edeka, die den Mauerstreifen zugebaut haben, noch etwas einkaufen soll, entscheidet sich wieder dagegen und beschließt, stattdessen das Geburtstagsfleisch und die Soße von gestern aufzuwärmen.

Sie bleibt kurz stehen und folgt mit den Augen dem Mauerstreifen, der fast malerisch eingebettet im regenglänzenden Straßenbelag liegt, eine gerade Linie im Asphalt, die an der nächsten Ecke abrupt nach links abknickt.

Es war ein besonderer Geburtstag gestern, der Zweiundvierzigste ihres Sohnes, und er hatte ihr bereits Wochen vorher eine Überraschung versprochen. Sie stand den ganzen Vormittag in der Küche, putzte das Gemüse, legte das Fleisch ein und stellte den Pudding zum Erkalten auf den Balkon. Es war kühl und grau, aber trocken.

Jetzt ist es kühl und nass, denkt sie und beschleunigt ihre Schritte. Sie schimpft mit sich, weil sie ohne Regenschirm aus dem Haus gegangen ist, obwohl der Wetterbericht Gewitter angekündigt hatte. Aber bis dahin wollten sie wieder zurück sein, sie und ihr Sohn.

Sie wendet sich nach links, folgt der Bouchéstraße, damals absolutes Sperrgebiet, Sicherheitszone mit Altbauten, die bis fast an die Mauer reichten, und denkt, dass damals nur Hundertprozentige darin gewohnt haben können.

Wenn sie jetzt weiter geradeaus gehen würde, könnte sie an der Ecke Harzer Straße die Gedenkaufnahmen aus der Mauerzeit anschauen. Aber das will sie nicht. Will auch nicht, wie sonst immer, rechts in die Harzer Straße einbiegen und bis zum Dreieck Neukölln, Kreuzberg, Treptow an der Lohmühlenbrücke mit seinem wunderbaren Wasserbecken laufen, in dem sich der Landwehrkanal mit dem Neuköllner Schifffahrtskanal vereinigt, kurz dort verweilen und den Schwänen zusehen, um dann eine Weile am Wasser spazieren zu gehen.

Nein, heute biegt sie zügig rechts in die Schmollerstraße ein, hastet noch drei Aufgänge weiter und erreicht in dem Moment ihre Haustür, als der Himmel seine Schleusen öffnet. Sie schließt die schwere Altbautür auf, steigt langsam die Treppen empor und denkt an ihren Sohn.

Andreas hatte sich für seinen Geburtstag in Schale geworfen, trug einen graumelierten Sommeranzug, die rote Krawatte, die sie ihm am Morgen geschenkt hatte, und schwarze Schuhe in der Wohnung. Das schätzt sie normalerweise nicht, aber an diesem besonderen Tag ließ sie ihn gewähren. Sie spazierten wie immer in den Treptower Park zum Karpfenteich und er war den ganzen Weg über freudig erregt. Er hakte sie unter, scherzte viel und deutete an, dass sich sein und ihr Leben bald verändern würde. Das gefiel ihr nicht. Sie mochte ihr Leben so, wie es war.

Für das Abendessen deckten sie den Tisch im Esszimmer feierlich mit der Damasttischdecke von ihren Schwiegereltern, legten Stoffservietten dazu und stellten Kerzen in die Mitte. Dann kam der Besuch. Ein hochgewachsener blonder Mann mit breiten Schultern und tiefer Stimme. Freundlich war er, brachte ihr Blumen und küsste ihren Sohn auf den Mund, was sie etwas irritierte. Sie aßen und hörten Mozart dabei, machten sich langsam miteinander bekannt und waren sich irgendwie fast sympathisch.

Dann endete ihr Leben.

Ihr Sohn setzte sich neben den anderen Mann, legte liebevoll den Arm um ihn, küsste ihn auf die Wange und teilte ihr strahlend mit, dass sie heiraten würden. Sie verstand erst nicht, was er damit meinte und erkundigte sich, wo denn die Frauen zu der Ehe blieben. Andreas lachte nur, verwuschelte seinem Freund noch einmal die Haare – und dann begriff sie.

Der Rest des Abends zog stumm an ihr vorbei. Müdigkeit vortäuschend ging sie früh ins Bett, und als sie kurz danach zwei fröhlich verliebte Stimmen die Wohnung verlassen hörte, stand sie wieder auf und spülte das Geschirr.

Sie öffnet die Wohnungstür, zieht die nassen Schuhe aus, hängt die Jacke an die Garderobe, geht in die Küche, stellt sich ans Fenster und fragt sich, was sie falsch gemacht hat und warum ihr Sohn so krank geworden ist. Sie blickt auf die menschenleere nasse Straße hinunter, sieht, dass es in Strömen gießt und immer wieder Blitze den Himmel erhellen.

Ob er bei diesem scheußlichen Wetter immer noch dort am Karpfenteich liegt? Fast tut er ihr leid, aber dann kommt die Wut.

In meinem Leben verlässt mich ein Mann nur einmal, denkt sie, geht ins Wohnzimmer und lässt sich in den Sessel fallen.

Und kein Mann verlässt mich wegen eines anderen!

Bald würden sie kommen und sie abholen. Aber das stört sie nicht, sie hat keine Angst vor dem Gefängnis. Dort würde sie wenigstens nicht allein sein.

Als es klingelt, drückt sie sich aus dem Sessel hoch, geht langsam zur Tür, fragt die Gegensprechanlage, wer unten sei und betätigt den Türöffner. Kurz danach steht ein hagerer, hochaufgeschossener Mann in ihrem Flur und versucht zu lächeln. Sein Gesicht ist verknittert wie ein altes Hemd in der Wäsche und er riecht nach Kaugummi und Alkohol, aber seine grünen Augen blicken sie klar und intensiv an. Er gibt sich als Hauptkommissar Breschnow zu erkennen und tritt ohne zu fragen an ihr vorbei ins Wohnzimmer. Verwundert folgt sie ihm und lässt sich wieder in den Sessel fallen. Er lehnt sich an das Fensterbrett und sie schweigen eine Weile. Sein fragender Blick mustert sie, sieht durch sie hindurch und in sie hinein und erfasst alles.

Es tut gut, erkannt zu werden.

Sie lächelt. Er lächelt zurück, freundlich und unverkrampft, und nickt.

„Gut, dann können wir ja gehen."

Wannsee, Nikolassee

Bereits vor einem halben Jahrhundert war der AVUS-Treff an der Spinnerbrücke im Südwesten von Berlin einer der beliebtesten Geheimtipps für Trucker und Biker, Latenighters und Earlybirds. Für Spinner eben, wie heute gern gesagt wird. Dabei bezog sich der Name „Spinnerbrücke" an der Autobahnabfahrt zur Spanischen Allee auf einen viel früheren Kommentar der Berliner aus der sonst eher bürgerlichen Umgebung von Nikolassee. Sie hatten in den Zwanzigern des vorigen Jahrhunderts auf der Brücke gestanden, um auf die weltweit erste Automobil-Verkehrs- und Übungs-Straße zu sehen. Und auf die Spinner auf vier oder auch zwei Rädern.

AVUS-Treff und Spinnerbrücke, das ist inzwischen nicht mehr auseinanderzuhalten, wenn im Sommer Hunderte von BMWs und Suzukis, Harleys und Red Indians vom harten Sprint auf der AVUS kommen, in erhabenem Bogen einkurven, um dann in Zeitlupe einen noch freien Stellplatz am Straßenrand oder auf Parkplätzen unter Akazien zu suchen.

Rast für die Motorisierten. Und dabei prüfende Blicke auf die anderen Maschinen im Wettbewerb um Neid und Anerkennung.

Wenn dann auch noch Schwärme von Badegästen vom S-Bahnhof Nikolassee über die Spinnerbrücke und am AVUS-Treff vorbeipilgern, könnte man meinen, dass gerade hier ein Nabel der Welt oder zumindest von Berlin ist.

Doch genau das denken auch die Gäste beim Sommerfest des Literarischen Colloquiums schräg gegenüber vom S-Bahnhof Wannsee einmal im Jahr. Dazwischen liegen Welten oder für die Biker eine weite, zwei Kilometer lange Kurve des Kronprinzessinnenwegs.

WANNSEE

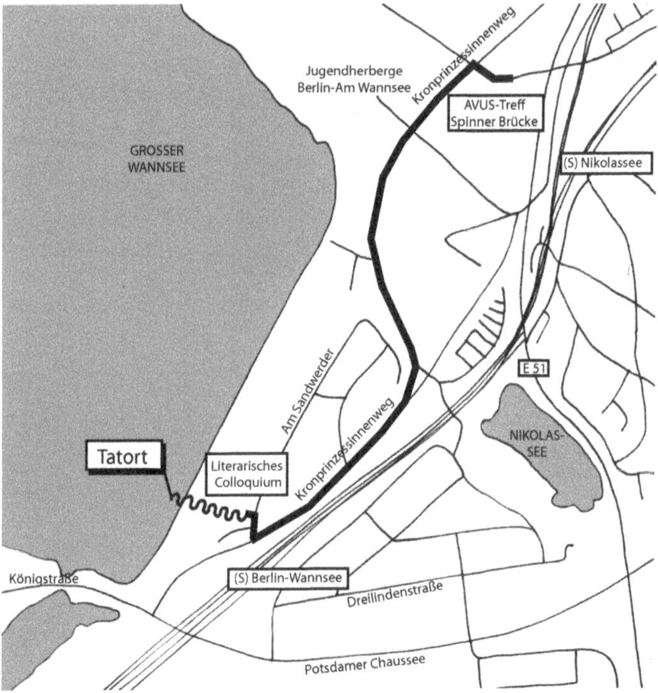

GROSSER
WANNSEE
Jugendherberge
Berlin-Am Wannsee
Kronprinzessinnenweg
AVUS-Treff
Spinner Brücke
(S) Nikolassee
E 51
Am Sandwerder
Kronprinzessinnenweg
NIKOLAS-
SEE
Tatort
Literarisches
Colloquium
Königstraße
(S) Berlin-Wannsee
Dreilindenstraße
Potsdamer Chaussee

Wannsee

Ausgebremst

Thomas R.P. Mielke

Ich sah durch die verkratzten Scheiben der S-Bahn. Anders als in der City von Berlin zog sie Minute um Minute schnurgerade und ohne Halt zwischen dem Grunewald und der AVUS nach Südwesten. Jetzt, fünfundzwanzig Jahre nach dem Fall der Mauer, fuhr die Berliner S-Bahn nicht mehr unter dem Reichsbahn-Adler. Die alten Züge aus den dreißiger Jahren waren längst ausgemustert und durch moderne Technik abgelöst, bei der die Türen sich während der Fahrt nicht mehr durch Griffe öffnen ließen.

Wie lange war es her, dass ich zuletzt mit einer alten Berliner S-Bahn gefahren war?

Ich kam mir plötzlich sehr verloren vor bei meinem zornigen und letzten Versuch, Roland Donatus Freydank doch noch zu schlagen. Er hatte immer gewonnen. Egal wozu er mich herausgefordert hatte – ich war stets besser und bisher doch nur der Steigbügel gewesen, mit dem er sich immer höher geschwungen und viel mehr Presseecho bekommen hatte als jeder andere.

Diesmal ging es nicht nur um pubertäre Ehre, Karriere oder Ruhm, sondern um handfeste fünfzigtausend Euro für einen Verlagsvertrag. Garantiehonorar für die beste Romanidee zum fünfzigjährigen Bestehen des Literarischen Colloquiums Berlin zwischen dem Bahnhof und dem Großen Wannsee.

Genau genommen hatte alles auf dieser S-Bahn-Strecke begonnen. Ende der Achtziger im vorigen Jahrhundert hatte es nur zwei Wege gegeben, die ummauerte Stadt nach Südwesten zu verlassen – oder in sie hineinzukommen. Das war zum einen die AVUS, die größtenteils schnurgerade und nachts voll beleuchtete Rennstrecke zwischen dem strahlenden Funkturm im Westen Berlins und dem Checkpoint Alpha in Dreilinden, die gleich dahinter ins düster schweigende DDR-Gebiet führte.

Zum anderen verliefen neben der AVUS die alten Reichsbahn-Schienen der früheren Kanonenbahn in Richtung Frankreich. Die gehörten selbst in der Mauerzeit nicht zum westlichen Nahverkehrsnetz, sondern samt Bahnhöfen, dem Personal und den alten S-Bahn-Zügen unseren lieben Brüdern und Schwestern im Osten.

Ich hatte immer noch den Geruch von Vorkriegs-Bakelit und Lysoform-Desinfektion in der Nase. Auch der Kitt an den Fensterrahmen und die abgenutzten Kurbeln vorn im oft geöffneten Führerstand hatten nie einen Zweifel daran gelassen, dass diese S-Bahn-Triebwagen bereits im Tausendjährigen Reich kreuz und quer durch Berlin gerumpelt waren. Mit Sandkästen vor den Eisenrädern zum Bremsen. Ebenso wie mit leichter Gewalt zu öffnende Schiebetüren zur besseren Lüftung in den Sommermonaten.

Eigentlich wollte ich nie wieder daran denken, wie bösartig mein bester Freund mich immer wieder besiegt hatte. Wir waren siebzehn, Schüler, dumme Jungen.

Wir hatten schon zweimal gewettet, wer sich draußen schneller über die handbreite Seitenkante eines S-Bahn-Triebwagens von der ersten bis zur zweiten Eingangstür hangeln konnte. Einmal mit geöffneten Oberfenstern zum Festhalten und einmal ohne diese Hilfestellung. S-Bahn-Surfen. Damals war dieser Begriff gerade aufgekommen.

Ich hatte zweimal gewonnen. In beiden Disziplinen. Und doch war Roland Donatus nach dem dritten Versuch der Sieger geblieben, während ich noch immer unter den Folgen des Explosionsbruchs meiner rechten Schulter litt. Ich meine nicht die Schmerzen, sondern die stets wieder auf meinem Lebensweg wie aus dem Nichts auftauchenden Barrieren. Irgendetwas fehlte immer und es reichte nur für eine Absage mit Eierkuchen-Lächeln. Türen, die zuschlugen, wenn man die Klinke bereits in der Hand hatte.

Wie viele Nächte hatte ich davon geträumt, dass er, der erfolgsverwöhnte Roland Donatus Freydank, irgendwann abstürzen oder wie ich gegen einen vorbeihuschenden Signalmast knallen würde. Aber nein – er musste mir auch noch Marlene F. wegnehmen.

Sie war sechs Jahre älter als wir. Während meine Schulter ausheilte, hatte Roland Abitur gemacht und von seinen Eltern zur Belohnung ein Traummotorrad geschenkt bekommen. Ich selbst war schulisch auf halber Strecke hängen geblieben, hatte aber aufgrund von Marlenes Beziehungen meine ersten literarischen Erfolge gehabt. Bis Roland sie in der Motorrad-Fahrschule kennenlernte. Sie war zu der Zeit in einem namhaften Verlag für die Förderung von Nachwuchsschriftstellern zuständig.

Marlene mochte uns beide. Roland Donatus wegen seiner Moto Guzzi Le Mans IV und körperlicher Vorzüge, mich wegen meiner hart erworbenen Disziplin beim Schreiben. Auch da wollte Roland mich ausstechen. Scheinheilig bot er mir an, meine Geschichten und Romananfänge, Exposés und Plots Korrektur zu lesen. „Man wird erst gut, wenn man Kritik nicht als Bremse, sondern als Baustein für das Vollkommene erkennt."

Ich konnte diesen Spruch schon lange nicht mehr hören. Aber er hatte keinen anderen. Marlene gab ihm alle Einsendungen, von denen sie irgendetwas hielt. Und er entschied, stellte die Weichen für Karrieren oder zerstörte sie. Bis zu dem Morgen, an dem sie ihn dafür zur Rede stellte.

Sie wohnte wie viele Angehörige des Literaturbetriebes

in einem Gästezimmer des Literarischen Colloquiums – in eben jenen Räumlichkeiten, in denen schon Carl Zuckmayer seinen „Fröhlichen Weinberg“ geschrieben und später auch der Darsteller des ewig trommelnden Oskar Matzerath gelebt hatte.

Zerzaust, ungeschminkt und ohne Helm kam sie auf seiner schweren Moto Guzzi zu unserer geliebten Bretterbude an der Spinnerbrücke. Sie hatte Tränen in den Augen. Es war erst kurz vor sechs, aber sie wusste, wo sie mich zum ersten Frühstück finden würde an diesem Tag, an dem das Sommerfest im Literarischen Colloquium steigen sollte.

Es roch bereits nach frisch gekneteten und in Butter gebratenen Buletten, selbst gemachtem Kartoffelsalat, geräucherten Matjes und in Eisenpfannen wunderbar kross gebratenen Zwiebel-Bratkartoffeln mit Spiegelei.

„Ich will nicht mehr“, schluchzte sie laut, „er betrügt mich ...“

„Mit wem?“

„Idiot! So doch nicht! Er bestiehlt andere Autoren, manipuliert Ausschreibungen und Wettbewerbe, besticht Agenten und lässt sich selbst bestechen.“

„Und du? Warum lässt du das zu? Und bleibst bei ihm?“

Sie sah mich wütend an. „Du verstehst gar nichts!“, sagte sie und biss in eine noch warme Bulette. Dann drehte sie sich um, stieg auf Rolands Motorrad und verschwand in Richtung Strandbad Wannsee. Sie blickte nicht mehr zurück, als sie nach links auf den leeren Kronprinzessinnenweg einbog.

Das war das Letzte, was ich von Marlene F. sah. Bis auf ihre stets sachlichen Schreiben und kleinen Verträge, die mich in all den Jahren im Weserbergland erreichten.

Jetzt aber hatte ich ihr geschrieben, dass ich zum Sommerfest kommen würde.

Die S-Bahn hielt. Nikolassee. Ich sah nach rechts und kam

mir plötzlich vor wie ein Mac-Irgendwas oder als wäre ich in Disneyland. Wo war unsere Bretterbude an der Spinnerbrücke? Was sollte die an ihrer Stelle durch die Bäume schimmernde riesige Almhütte mit Holzbalken, Ziegeldach und bis zum Boden reichenden Fenstern?

Überall sprangen Fahrgäste auf, liefen zu den Türen. Ich wusste nicht, warum ich ebenfalls hochfuhr, mehrmals den Daumen in den Ring aus LED-Lichtern an der halbautomatischen Tür hämmerte und erleichtert war, als mich die neue S-Bahn endlich freigab. Gerade noch rechtzeitig, denn alle anderen waren bereits draußen. Es rauschte milde, als die rotgelbe Wagenreihe weiter zum Bahnhof Wannsee rollte.

Der nostalgische Bahnsteig in luftiger Höhe über der Zufahrt und der tiefer liegenden Autobahn war renoviert worden, ebenso die Dachkonstruktion aus Gusseisen und lackierten Brettern. Rechts und links drängten Familien an mir vorbei und zogen mich mit. Die meisten waren mit Badesachen und bunten Kühltaschen, Bällen und Schwimmflossen bepackt. Sie wollten zum Strandbad Wannsee.

Als ich auf die Autobahn hinunterblickte, dachte ich für einen Augenblick, dass ich mich vertan hatte. War ich eine Station zu früh ausgestiegen? Das bedeutete dann zwei Kilometer zu Fuß über den Kronprinzessinnenweg bis hin zum Bahnhof Wannsee, um zum Sommerfest im Literarischen Colloquium zu gelangen. Dann aber fiel mir wieder ein, dass ich mich ja an der Spinnerbrücke verabredet hatte.

Ich lachte leise. Das eigenartige Gebäude am Platz des alten AVUS-Treffs war wie schon die alte Bretterbude eingekesselt von unzähligen chromblitzenden Motorrädern.

Schräg gegenüber gab es vor dem Grunewald-Motel inzwischen einen Fast-Food-Imbiss. Beides interessierte mich nicht. Ich wollte wissen, was von damals geblieben war. Mich fesselte der Auftrieb von Motorrädern noch stärker als die Aussicht auf das Sommerfest am Großen Wannsee. Hier hatte ich mit dem verdammten Roland Donatus herumgehangen. Hier hatte ich Marlene F. verloren. Gab es wenigstens noch Bratkartoffeln aus großen Eisenpfannen?

Erst als ich an den großen Fenstern der neuen Edelbude entlangging, sah ich, was alles im Überfluss angeboten wurde. Ich musste mich abwenden. Mein Blick glitt an Dutzenden von Holztischen, Sonnenschirmen und Reklameschildern entlang, dann zu den Motorrädern einer ganz neuen Generation. Prächtige Harleys und BMWs aus Spandau, tiefliegende Yamahas und sogar seltene Red Indians. Mit meiner fast steifen Schulter würde ich nie eine dieser blitzenden, sündhaft teuren Kraftmaschinen lenken oder sie nur zehn Meter auf der AVUS halten können.

Ihre Besitzer bildeten eine stabile und selbstbewusste Crème de la Crème. Platzhirsche beim Thing der Stämme. Ich kam mir zwischen Bikern und Bikes, Badegästen und der Fressbude deluxe mit Biergarten plötzlich ebenso deplatziert vor wie früher bei einem Sommerfest im Literarischen Colloquium.

Zum ersten Mal fiel mir auf, wie ähnlich hier wie dort Markennamen, Kritikerurteile und Geheimtipps durcheinanderbrodelten. Überall Spinnerbrücken – am AVUS-Treff ebenso wie auf der Literatenwiese beim Sommerfest am Großen Wannsee. Alles, was ich in diesem Augenblick empfand, waren Mordlust und Hass gegen die Schatten der Vergangenheit.

Doch dann entdeckte ich Marlene. Sie war die einzige Bikerin unter all den Kerlen. Sie hockte seitlich auf Rolands legendärer Moto Guzzi. Die Kiste gab es offensichtlich immer noch. Ich suchte Roland Donatus, sah ihn aber nicht.

„Weißt du eigentlich, wie lange ich schon warte?", fragte sie vorwurfsvoll. „Wie lange braucht man denn aus der Provinz hierher?"

Ich wollte ihr antworten, aber sie winkte ab.

„Komm schon, steig auf! Roland dreht wieder durch."

Erstmals in meinem Leben fuhr ich als Sozius über den Kronprinzessinnenweg. Vorbei am Eingang zur Jugendherberge mit Strand für nächtliche Lagerfeuer, den hohen Schaufenstern des Wasserwerks, dem Wannsee-Ruderclub und der schwarzroten Feuerwache mit der riesigen Hausnummer 20. Vor uns tauchten Signale und Stellwerke auf, dann die altmodischen Bahnsteige und Ziegelgebäude des Bahnhofs Wannsee. In der halbrunden Ladenzeile erkannte ich den alten Blumenladen.

Mit einer scharfen Rechtskurve umfuhren wir das Grundstück der ehemaligen Reichsbahngärtnerei. Ich erinnerte mich an die schon damals stillgelegten gläsernen Treibhäuser unter Akazien, Buchen und Eichen. Inzwischen standen hier bereits verwittert wirkende Neubauten, die einmal Stadtvillen genannt worden waren.

Sowohl der Sandwerder als auch der kiesbedeckte Platz hinter den schmiedeeisernen Toren zur Auffahrt waren vollständig zugeparkt. Auf der kleinen Wiese vor dem Eingang zur Villa spielten Kinder mit Luftballons und Holzkegeln. Rechts vor der Reihe aus Backsteinschuppen reihten sich Marktstände der Verlage mit Lesezeichen und Kugelschreibern, neckischen Kalendern und dem ersten Verlagsprogramm für den Herbst und die Frankfurter Buchmesse.

Marlene steuerte die schwere Moto Guzzi im Schritttempo auf den schmalen Durchgang zwischen dem Wannseeschlösschen und dem nördlichen Grundstück zu. Die neu ankommenden Besucher des Sommerfestes verstopften den Durchgang. Sie hätten auch durch die Flure des Gebäudes gehen können, doch jeder wollte an diesem strahlenden Sommertag lieber Sonne, den Wiesenhang und den Blick über den Großen Wannsee bis zum Potsdamer Yachtclub am anderen Ufer genießen.

Die Moto Guzzi konnte nicht weiter, einige Gäste beschwerten sich bereits über das Gedrängel. Marlene hielt und wir stiegen ab. Im selben Augenblick sah ich Roland Donatus. Der aber hob nur kurz die Hand. Marlene stieß in der Enge beinahe eine Currywurstbude um.

Irgendwie gelang es uns, Rolands Motorrad bis zur oberen Kaffeeterrasse zu schieben.

„Ich muss hoch, ins Wettbewerbsbüro“, sagte sie, als es geschafft war.

„Noch nichts entschieden?“, fragte ich etwas enttäuscht.

„Ich wollte unbedingt, dass du dabei bist. Ich muss Roland Donatus aufhalten. Er kann's nicht lassen und will sich wieder mal mit fremden Federn schmücken. Sieh dir den mediengeilen Kerl doch nur mal an, wie siegessicher der schon wieder prahlt.“

„Habt ihr denn beide ... ich meine: Seid ihr zusammen ...?“ Ich stolperte in die Menge. Sollte wirklich ein viertel Jahrhundert vergangen sein, seit sich Marlene bei mir ausgeheult hatte? Ich blickte zum Wasser hinab und sah Hunderte von Schriftstellern, Übersetzern, Lektoren und Verlegern. Ein Fest der Fantasie im Wannsee-Schlösschen und auf der gut fünfundzwanzig Meter zum Großen Wannsee hin abfallenden Hangwiese, zweifach geteilt durch einen schmalen, in Serpentinen verlaufenden Kiesweg bis zum Leseplatz vor den hüfthohen weißen Steinsäulen der mediterran wirkenden Ufermauer.

Jedermann wandelte sichtbar stolz wie auf einer großen Freiluftbühne vom edlen Anwesen ganz oben bis hinunter zum Wannseeufer und dann wieder hinauf.

Man gab sich leger oder auffällig unauffällig angetüddelt mit Shawl und silbernen Nikes, Walle-Walle-Kleidern in Safari-Seide, Piz-Buin-Braun über Truthahnkehlen und den neuesten Kreationen von Italo-Slippern. Es war ein ständiges Kommen und Gehen allein oder in kleinen Grüppchen, bei jedem Schritt und jedem Blick darauf hoffend, ebenfalls gesehen zu werden.

Ich kannte das alles – nichts hatte sich in den Jahren, in denen ich nicht mehr in Berlin gewesen war, verändert. Wer selbst schrieb oder schon etwas Gedrucktes schwarz auf weiß nach Hause tragen konnte, suchte die ganz große, entscheidende Begegnung mit einem Lektor oder Verleger. Die aber zeigten sich zumeist genervt, umkreist von schäferhündischen Agenten, die schweißgenässt mit lahmen Wachtel-Schreiberlingen im Maul ankamen, von denen sie behaupteten, sie seien edelste Fasane oder zumindest doch brauchbare und sogar eierlegende Rebhühner. Gleichzeitig lobten sie ihre eigenen, bereits geschorenen und folgsamen Schafe so heftig, dass niemand anderes in die Aura der Herrschenden eindringen konnte.

Auf einer LED-Anzeigetafel wurden oben am Turm des Schlösschens die aktuellen Ergebnisse der Ausschreibung des Literaturwettbewerbs angezeigt. Bisher waren sechshundertneunzehn Romanentwürfe mit jeweils dreißig Probeseiten eingeschickt worden, drei davon aus Neuseeland, zwei aus Blumenau in Brasilien und eine aus Rostow am Don. China, Japan und Indien fehlten noch – angeblich aus Datenschutzgründen. Dafür waren zwei andere Einsendungen unter die fünfundzwanzig Nominierten für den Fünfzigtausend-Euro-Vertrag gekommen. Eine mit dem Kennwort „Marlene F." von Roland Donatus Freydank. Und meine eigene – mit demselben Kennwort.

„Und? Wer gewinnt?"

Von überall her war ein Raunen zu hören.

„Das gibt es doch gar nicht."

„Er hat schon wieder die meisten Jurystimmen!"

Die ersten SMS und Twitter-Tweets sausten weltweit an Feuilletons und Redaktionen.

„Diesmal nicht!", stieß ich hervor. „Nein, diesmal nicht und niemals wieder!" Ich zitterte, als ich mich an Rolands alte Moto Guzzi Le Mans IV lehnte. Er stand auf der anderen Seite und merkte nicht einmal, wie ich mich zur Bremsleitung hinunterbeugte. Oh ja, ich kannte sie, die einzige Achillesferse des ewigen Gewinners.

Etwas Bremsflüssigkeit tropfte auf den Kiesweg. Ohne mich nochmals umzusehen, drängelte ich mich quer über die Hangwiese zum Wasser hinunter. Erst vor dem Säulenmäuerchen drehte ich mich wieder um.

Ich sah ihn oben am Wannseeschloss stehen – wie Caesar, mit schon gefühltem goldenem Lorbeer auf dem Haupt. Vor sich das Siegesross, seine Moto Guzzi. Er sprang auf, gab ihr die Sporen. Das schwere Motorrad schleuderte über den ersten Kiesweg am Wiesenhang, katapultierte sich höher, fetzte Umhänge, Hüte und Seidenfummel von kreischenden Weibern. Schneller, immer schneller, ohne die geringste Bremsspur. Und dann krachte Roland Donatus Freydank mit seinem Moto-Surfer gegen die Ufermauer seines Lebens. Elegant überschlug er sich, wie später die Medien weltweit berichteten, und versank.

In nächster Nähe sammelten sich Ausflugsschiffe der Stern- und Kreisschifffahrt. Sogar vom nahen Bahnhof Wannsee kamen Touristenschübe, zu denen die Sensationsmeldung bereits durchgedrungen war. Einige brachten sogar Gestecke aus dem Blumenladen am Bahnhof mit: Lilien, Hyazinthen und weiße Seerosen. All das wurde nach einer improvisierten, recht würdigen Ansprache des Geschäftsführers des Literarischen Colloquiums dem

Großen Wannsee übergeben.

Kein Mensch interessierte sich mehr für die beiden Romanentwürfe mit dem Kennwort „Marlene F.“. Auch nicht dafür, dass die Originalgeschichte von mir stammte.

Roland Donatus Freydank hatte trotzdem gewonnen. Denn sein Name und nicht meiner war es, der über seinen Tod hinaus den Menschen in Erinnerung blieb.

Dieses Mal jedoch war ich zufrieden.

„Prenzlingen"

Seit der Wende hat sich der Prenzlauer Berg von einem Arbeiterbezirk in eines der begehrtesten Wohnviertel Berlins verwandelt. Heruntergekommene Altbauten wurden saniert, neue Bewohner zogen ein – zumeist jung, vor allem zahlungskräftig: die Schwaben genannt, auch wenn sie aus Baden oder Bayern kommen. Gemeint ist also weniger ihre geografische Herkunft, sondern vielmehr ihr Auftreten: Hipp und selbstbewusst mit einer ordentlichen Prise Spießigkeit zwischen Yoga und Bio, sagen die einen. Andere nennen sie arrogante Angeber, die dafür sorgen, dass coole Tanzclubs schließen müssen, damit die Neubewohner nachts ruhig schlafen können. Die Schwaben würden nicht begreifen, dass sie nicht mehr in ihrer Kleinstadt mit Kehrwoche leben, schimpfte einmal Ex-Bundestagspräsident Wolfgang Thierse, einer der alteingesessenen Bewohner.

Immer wieder flackert der Konflikt zwischen Exilschwaben und Schwabenhassern auf. Dann ziert ein Graffito „Schwaben raus" eine Hauswand; im Internet werden Schwaben im Nazi-Jargon aufgefordert, ihre Wohnungen zu verlassen. Aktivisten von „Free Schwabylon" reagieren darauf mit einem Mäuerle aus Maultaschen und benennen spaßeshalber Straßen in „Gässle" um. 2012 muss sich ein Mann vor Gericht verantworten, weil er mehrere Kinderwagen in Hausfluren im Prenzlauer Berg angezündet hatte. Als Motiv gibt er Hass auf Schwaben an.

Hier sind Totte und Stefo an Heiligabend unterwegs, wenn viele Zugezogene in ihre heile Heimat gefahren sind, um Weihnachten zu feiern.

PRENZLAUER BERG

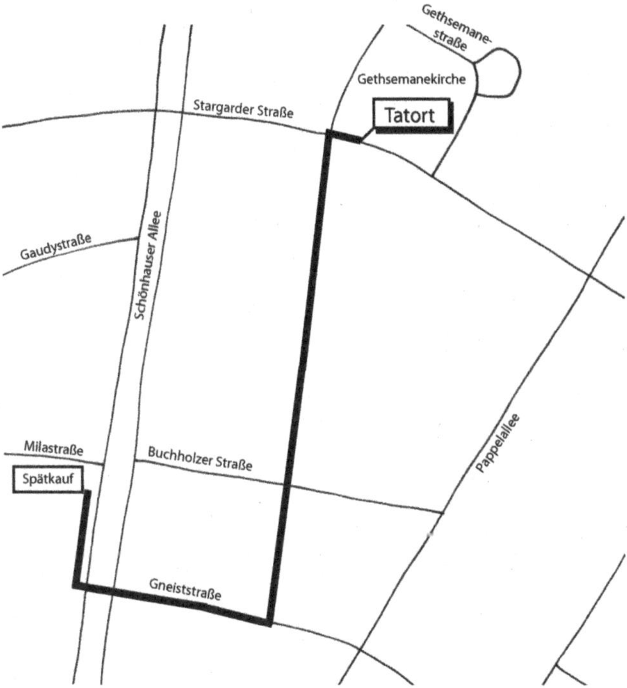

Prenzlauer Berg

Tannenbäumle, flieg!

Ute Kissling

Der Schlauch in meinem Mund schmeckt nach altem Plastik. Ich höre mich ein- und ausatmen. Durch die Maschine klingt das wie ein unentwegtes Röcheln. Ich werde intubiert. Ich weiß nicht, wie lange schon. Die Zeit hat etwas Gleichgültiges bekommen, sie dreht sich immerzu im Kreis, ohne sich fortzubewegen. Diese Gedanken strengen mich an, deswegen schließe ich die Augen. Ich dämmere davon, zurück zum Heiligabend. Es hatte geschneit, so dass der ganze Prenzlauer Berg in Weiß getaucht war.

Totte schlittert auf dem vereisten Gehweg auf der Schönhauser Allee entlang. „Ganz schön glatt, wa?“ Er kichert und fuchtelt mit seiner Bierflasche herum. „Wieso ist hier keiner, wo sind'n die alle?“

„Vielleicht weil Weihnachten ist?“, antworte ich.

„Scheiß auf Heiligabend, Stefo.“ Er schnauft und nimmt einen tiefen Schluck aus seiner Flasche.

Ich zeige auf ein flatterndes Transparent, das an einer Hauswand aufgehängt ist. „Tschüss Schwaben“ steht da in roter Schrift. Darunter ist ein rosa Engel mit Flügeln gemalt. „Die fahren alle immer nach Hause an Weihnachten.“

Totte bleibt stehen und schaut erst das Transparent, dann mich an. „Cool“, sagt er und klingt dabei schon ganz schön angeschickert, „wir haben freie Bahn, verstehste?“

„Nee, versteh ick nich“, erwidere ich.

„Mann, Stefo, sei doch nicht so hohl inner Mütze.

Keiner da, alle weg, Wohnungen massenhaft für uns. Die sind reich, die Schwaben in Prenzlauer Berg." Er wirft seine Bierflasche gegen das Haus, sie zerspringt und die Scherben fallen in den Schnee, ohne dass es klirrt.

Ich wundere mich darüber. Sie landen einfach nur dumpf im Schnee und versinken darin. Mann, ich war so bescheuert. Seit zwei Stunden laufen wir durch diese verfluchte Gegend. Wozu? Totte hat bestimmt schon vier Bier getrunken, ich zwei, und unsere Stimmung wird nicht besser. Meine Hände sind eiskalt, ich habe keine Handschuhe, und meine Zehen spüre ich auch nicht mehr – verdammte Turnschuhe! Ich sehne mich nach Hause und auch wieder nicht. Da ist niemand. Mutter ist mit ihrem Lover nach Mallorca geflogen oder Ibiza oder sonst wohin, wer weiß das schon so genau?

Totte schubst mich in die Seite, so dass ich strauchele. „Ey, Alter, was ist? Haste Muffensausen, oder was?" Er grinst mich an, aber seine Augen verraten ihn. Er hat so einen Killerblick, und wenn der kommt, ist die Kacke am Dampfen. Das war schon so, als wir noch zusammen im Sandkasten gespielt haben. Wenn er so drauf ist, ist er kurz vorm Ausflippen. Es hat immer übel geendet. Immer. Und immer hat er mich mit reingezogen, so als ob er mich dafür braucht. Und ich habe immer mitgemacht. Immer. So war es eben. So ist es an diesem Abend auch. Gesetz unserer Freundschaft.

An der Ecke zur Milastraße bleiben wir stehen.

„Ich hol mir noch'n Bier, du och?", fragt Totte und nickt zu dem Spätkauf hinüber, in dem noch Licht brennt.

Im Schaufenster winken diese stumpfsinnigen goldenen Plastikkatzen mit ihren Pfoten, für Glück oder Geld oder so. „Haste noch Kohle?", frage ich.

Totte lacht übertrieben laut.

„Wer braucht denn so was am Heiligen Abend. Höhö. Pappnase, warte hier." Er stapft zum Laden und es bimmelt, als er die Tür aufreißt. Ich drehe mich um, trappele mit den Füßen auf dem Boden, damit mir wärmer wird. Außer mir ist wirklich niemand auf der Straße. Nicht mal der Sexshop hat geöffnet. An Heiligabend vögeln die Schwaben zuhause im Warmen mit ihrer Alten. Verlassen kann man sich fühlen. Ich schaue zu den Häusern auf der anderen Straßenseite, nur hinter wenigen Fenstern brennt Licht. Die sind wirklich alle weg, die Schwaben. Heim zu ihren süddeutschen Kehrwochenfamilien, um eine heile saubere Weihnacht zu feiern.

Als es hinter mir rumpelt, drehe ich mich um. Die Ladentür ist nicht ganz zugefallen, so dass ich durch den Spalt sehen kann, wie Totte den Mann hinter der Theke am Kragen gepackt hat und ihn schüttelt. Ein Aufsteller mit Süßigkeiten ist umgekippt. Der Mund des Verkäufers geht auf und zu, auf und zu. Ich kann nicht hören, was er sagt. Schließlich langt er mit der einen Hand nach links. Ich denke, Mist, er hat da eine Waffe versteckt oder so und ballert Totte gleich damit ins Gesicht. Stattdessen hat er wohl in die Kasse gegriffen und hält Totte jetzt mit zitternder Hand ein Bündel Geldscheine hin. Totte nimmt sie und stößt den Mann von sich weg. Der Kopf des Verkäufers donnert gegen die Wand, sein Körper rutscht langsam zu Boden. Er verschwindet hinter der Theke. Ich sehe nur noch seine schwarzen Haare, die fettig glänzen. Scheiße, Mann, was macht Totte da für einen Mist?

Totte wendet sich ab und geht ganz gemächlich zur Kühltheke. Breitbeinig. Schlaksig. Als ob das ganz normal wäre: Verkäufer an die Wand klatschen, sich anschließend bedienen. Ganz cool. Er greift zwei Flaschen Bier ab und kommt zur Tür, stößt sie mit der Schulter auf. Er grinst mich an, hüpft mit einem Satz die Stufen hinunter und wedelt mit Geld und Bier vor meiner Nase herum.

„So wird das gemacht, mein lieber Stefo. Heute ist Heiligabend und wir besorgen uns unsere Geschenke selbst, wa?“ Er lacht, packt mich im Genick und zerrt mich die Straße entlang. „Los, komm schon, wir müssen weg, der Alte ruft bestimmt die Bullen.“

Wir gehen über die Straße, unter dem U-Bahn-Viadukt hindurch, und biegen in die Gneiststraße ein. Hier ist es dunkler. Die Straßenlaternen beleuchten den Schnee in verwaschenem Gelb. An den kahlen Ästen der Bäume hängen rote Beeren. Die Schwaben haben in ihren Fenstern keine leuchtende Weihnachtsdeko. Sind sich wohl zu fein dafür. Ich liebe die blinkenden Weihnachtsmänner, die zuckenden Lichter, die einem bei Nacht auf der Netzhaut hängen bleiben, sogar wenn ich die Augen zumache, kann ich sie sehen, fast spüren. Der ganze Wedding kommt einem ab November vor wie ein irrlichternder und mit blitzenden Engeln, Sternen, Kutschen überladener Weihnachtsbaum.

Ich zucke zusammen, als es kracht. Totte hat einen Autospiegel abgetreten. Er hängt an Kabeln herab und baumelt hin und her. Einen Porsche hat es erwischt, das erkenne ich, obwohl er mit Puderzuckerschnee halb bedeckt ist. Totte ist heute nicht mehr zu stoppen. Normalerweise bin ich für die Schadensbegrenzung zuständig, aber heute ist er einfach nicht in den Griff zu kriegen. Weiß der Himmel, warum er so aggro drauf ist. Zuhause bei ihm muss etwas passiert sein. An mir liegt es nicht, ich bin der stets gehorsame Stefo, der Tottes Launen erträgt.

Totte nimmt die Bierflasche zwischen die Zähne und knickt sie ab. Mit einem Ploppen löst sich der Kronkorken, den er in den Schnee spuckt. Gierig setzt Totte die Flasche an. Wenn er so weitermacht, gibt es Tote, davon bin ich überzeugt. Totte hat die Augenbrauen zusammengezogen und glotzt mich an, er hat einen besoffenen Kopf.

„Ganz schön kalt, wa? Wir gehen jetzt mal wo rein.“ Er bollert gegen eine Haustür, die verschlossen ist. Logisch, bei den Temperaturen. „Los, ihr verfluchten Schwaben, macht auf!“, brüllt Totte.

Ein Fenster wird aufgerissen und von oben schreit eine Frau: „Ruhe da unten. Es ist Weihnachten!“

„Wart nur, du Fotze, ich komm gleich hoch und besorg's dir, wie's nur der Weihnachtsmann kann.“

Das Fenster wird kommentarlos zugeschlagen. Totte torkelt zur nächsten Haustür, die angelehnt ist. Triumphierend sieht er mich an. „Na bitte, wer sagt's denn?“

Wir betreten den Flur, das Licht flammt mit einem Klacken automatisch auf. Die hellgelben Wände sind mit Graffiti beschmiert. Totte stellt sich vor einen dieser dreirädrigen Luxuskinderwagen, die mehr kosten, als ein Hartz-IV-Empfänger im Quartal bekommt. Er holt seinen Schwanz raus und pinkelt auf das Lammfell, das auf der Sitzfläche liegt. Er seufzt erleichtert auf, als er fertig ist und zieht den Hosenladen wieder hoch. Seine Pisse stinkt erbärmlich.

Ich gehe ein paar Treppenstufen hoch, um dem widerwärtigen Geruch zu entkommen. Totte poltert hinter mir her. Ich weiß nicht, warum er sein Leben lang wie eine Handgranate kurz vor der Explosion herumläuft. Ich ahne es nur. Aber ich will ihn nicht fragen, weil ich mich davor fürchte, dass er dann zündet und alles um ihn herum in Schutt und Asche liegt, samt mir. Jetzt drängelt er sich an mir vorbei. Es ist, als ob er Witterung aufgenommen hat. Vor einer blau gestrichenen Wohnungstür bleibt er stehen. Er drückt auf den Klingelknopf.

„Was soll das?“, frage ich.

„Abwarten“, sagt er und grinst. „Keiner da, war doch klar.“ Mit dem Fuß tritt er unten gegen die Tür.

Am liebsten möchte ich mir die Ohren zuhalten oder davonlaufen oder beides, aber ich schaue zu. Wie er mit gezielten Tritten das untere Viertel bearbeitet, bis es zersplittert ist. Mit einer einladenden Geste fordert er mich auf, durchzukriechen. Ich bleibe an den Holzsplittern hängen und meine Jacke zerreißt an der Seite, verdammter Mist! Totte ächzt hinter mir und schließlich sitzen wir nebeneinander auf den Dielen. Ich sehe mich um. Es ist schummerig, wir haben nur das Licht vom Hausflur.

Hier wohnt eine Frau. Auf einem Schränkchen aus hellem Holz hat sie neben das Telefon ein Adventsgesteck mit einer dunkelroten Kerze gestellt. Das Tannengrün riecht frisch. Auf der anderen Seite steht akkurat aufgereiht ein Sortiment an Stiefeln in allen Farben und modischen Varianten. Totte hat recht, die Schwaben in Prenzlauer Berg haben Geld. Wir rappeln uns auf und poltern durch die Wohnung, reißen Türen auf, machen überall Licht an, begutachten den Weihnachtsbaum im Wohnzimmer, der mit Glaskugeln und Porzellanengeln geschmückt ist. Wieso braucht man so einen Weihnachtsbaum, wenn man an Weihnachten gar nicht da ist? Totte wühlt in den Schubladen einer Landhauskommode, zieht sich einen rot glänzenden Slip auf den Kopf und posiert vor mir.

„Na, Schatzi", näselt er, „wie wär's denn mit uns zwei?" Er drückt die Hände in die Hüften und geht mit wackelndem Arsch an mir vorbei. Das Parkett quietscht bei jedem Schritt wie ein vergnügtes Mädchen. Es sieht todkomisch aus. Totte hatte schon immer so ein schauspielerisches Talent, das die Weiber reihenweise umkippen lässt. Er kann die Leute zum Lachen bringen, wenn er will. Mich auch. Wir lassen uns nebeneinander auf die helle Ledercouch fallen und kichern.

Totte legt die Füße auf den gläsernen Couchtisch. „Weißte, was wir jetzt machen, mein Freund Stefo?"

Ich lache immer noch. „Nee, weiß ich nicht", pruste ich, „Totte, du bist so komisch."

Er schmunzelt, sieht plötzlich nicht mehr so besoffen aus. Er heckt was aus, ich sehe es an seinen schimmernden dunklen Augen. „Wir spielen ‚Tannenbaum flieg‘."

Er nimmt die Füße vom Couchtisch und geht zum Fenster, macht es auf. Die kalte Luft weht die Vorhänge ins Zimmer herein. Totte packt den Weihnachtsbaum, die Glaskugeln klimpern leise, als er ihn hochreißt. Tannennadeln rauschen aufs Parkett. Totte hievt den Baum durch das Fenster, schreit noch „Fröhliche Weihnachten", dann plumpst die Tanne in die Tiefe.

„Bamm", macht Totte und beugt sich weit hinaus, „es hat den Geländewagen getroffen. Yes!" Er donnert das Fenster wieder zu und sieht sich um. „Ha, Nachschub."

Er hat die kleine Bar neben dem Flachbildfernseher entdeckt und untersucht die Flaschen. „Mensch, Cognac, geil! Komm, Stefo, wir gehen. Es gibt noch andere Wohnungen, die auf uns warten." Totte stopft die Flasche in seine Anoraktasche und stapft los.

Ich bin plötzlich ganz müde. Am liebsten würde ich mich auf der Couch zusammenrollen und eine Runde schlafen. „Totte, lass uns heimgehen, okay? Das ist nicht mehr lustig, wir haben schon genug Ärger an der Backe." Es ist mir peinlich, dass ich so abkacke, aber mir ist mulmig zumute. Ich will mich nicht noch weiter in die Scheiße reinreiten. Oder?

Totte dreht sich um und ist mit zwei großen Schritten bei mir. Er kniet nieder und macht eine theatralische Geste. „Stefo, mein Freund, mein einziger und bester, wir brauchen doch noch Geschenke. Bitte bleib bei mir auf diesem Weg durch die Heilige Nacht. Ohne dich ist die Welt einsam und kalt." Er grinst mich schief an, so dass ich wieder lachen muss.

Wir gehen. Nein, wir kriechen. Durch die kaputte Wohnungstür. Draußen ist es dunkel geworden. Der Weihnachtsbaum liegt auf dem Dach eines schwarz glänzenden Viermalvier mit Monsterreifen. Die Tanne erinnert mich an ein geprügeltes Kind. Totte zieht vorsichtig einen der Porzellanengel von einem Ast und steckt ihn in seine Jackentasche. Der Schnee liegt so hoch, dass ich bei jedem Schritt bis zum Knöchel versinke. Es ist, als wenn man am Strand läuft und gegen den Sand ankämpft, nur dass es kalt ist und nass.

Plötzlich drückt Totte mich runter. „Die Bullen", raunt er mir zu.

Wir gehen hinter einem Auto in die Hocke und sehen nur das Blaulicht, das durch die Nacht blitzt. Sie fahren mit Schritttempo, der Bullenwagen brummt und knirscht über die vereiste Fahrbahn. Schneeflocken rieseln eiskalt in meinen Nacken. Ich kriege richtig Schiss, zittere. Was, wenn sie anhalten? Ich habe keinen Bock, wegen diesem ganzen Mist verknackt zu werden. Scheiße. Eigentlich habe ich doch gar nichts gemacht, oder? Wir warten, bis das Bullenauto abgebogen ist.

„Lass uns hier endlich verschwinden, Totte", sage ich und höre selbst, dass ich wie ein bettelndes Kind klinge.

Er hält mir die Cognacflasche hin. „Du brauchst eine Stärkung", konstatiert er und ich ergebe mich in mein Schicksal. Gegen Totte komme ich nie an. Die Flüssigkeit brennt in meinem Hals, plätschert heiß in meinen Magen. Der Kick kommt direkt danach. Wums. Vernebelt mein Gehirn und meine Erinnerung. Aber allet wird jut, ist doch Heiligabend, oder wat? Schwindliger Kopf. Weiterwanken. Jawoll, Herr General.

Totte hampelt mit seinen langen Armen vor mir herum. In der Greifenhagener Straße landen wir in einem Hinterhof. Ein Vogelkäfig baumelt an einem Ast. Totte zieht einen verschneiten Plüschvogel durch die Gitter und wirft ihn in hohem Bogen in die zugeschneite Buddelkiste. Wir türmen.

In der Stargarder Straße nimmt Totte mich in den Arm. Wir stehen da und sehen den Fernsehturm, der in der

Ferne blinkt. Erhabener Moment, der beste an diesem Abend. Prost!

Wieder in einem Haus. Ich kichere und stampfe die nächste Treppe hoch. Das Geländer schwankt. Vor und zurück. Oder bin icke dit?

Auf einmal stehen wir in einem Wohnzimmer mit schwarzer Ledercouch und flauschigem Teppich davor – weiß, versteht sich. Leise dudelt „O du fröhliche"-Glöckchenmusik, unterlegt mit hellen Chorstimmen, Knabenstimmen nennt sich das. An den Wänden hängen Geweihe. Das finde ich pervers, zumal an Weihnachten, tote Tiere aufhängen, also echt, und uns steht dieser Mann gegenüber. So groß wie ich, das heißt, viel kleiner als Totte. Breitbeinig. Mit wirrem Haar und schiefer Krawatte.

„Was machet's ihr da?", quäkt er und sein Schnauzbart vibriert dabei. Der redet wirklich so. Ein waschechter Schwabe, der zuhause mit Schlips unterwegs ist. Leute gibt es. Der Schwindel in meinem Kopf weicht der Erkenntnis, dass wir dabei sind, eine Riesenscheiße zu bauen. Totte tritt einen Schritt vor. Beide Daumen locker in die Hosentaschen gesteckt. Cowboy beim Duell.

„Geld, wir brauchen Geld", erwidert er und seine Stimme klingt scheußlich, eiskalt wie ein Profi-Gauner.

Die Augen vom Schwaben flackern, aber er weicht nicht zurück. Totte reißt mit einem Ruck eins von den Geweihen von der Wand und sticht dem Schwaben damit in den Bauch. Es ist eine einzige fließende Bewegung: Arm ausstrecken, Geweih runterrupfen, zustechen. Mir das Geweih in die Hand drücken. Mir. Der Schwabe stöhnt und sein Gesicht läuft rot an, sein Hemd auch. Das Geweih ist voller Blut. Was soll ich damit? Hastig hänge ich es wieder an die Wand, da, wo der Nagel herausguckt.

Der Schwabe brüllt wie ein Verrückter. „Ihr Sauigl, verlasset's meine Wohnung, etzad ab." Er drückt und schiebt und brüllt unverständliches Zeug, bis wir auf dem kalten Hausflur stehen und die Tür hinter uns zurumst. Kalt ist es und dunkel. Ich haue auf den Lichtschalter, hinterlasse einen roten Farbtupfer.

„Was war das denn?" Er ist genauso perplex wie ich. Totte beißt sich auf die Unterlippe. Er guckt mich an, die Tür, wieder mich. Er schlängelt sich an mir vorbei und klingelt. Drinnen ertönt eine Kaskade wohlklingender Töne. Die Tür wird aufgerissen. Der Schwabe richtet eine Pistole auf uns. Sein Hemd ist rot getränkt.

„Von euch Würstle lass ich mir ned den Heiligen Abend versauen. Habt's ihr des verstanden?" Seine buschigen Augenbrauen sind fest zusammengezogen, als er mich anstarrt. Der Schnauzbart rührt sich nicht. Totte holt aus und haut dem Schwaben seitlich auf den Arm, so dass die Pistole im hohen Bogen durch den Hausflur fliegt. Es klappert, als sie auf dem Boden landet. Totte bugsiert den Schwaben zurück in seine Wohnung.

Der jault: „Euch werd ich's zeigen, ihr bleeden Seggl, ihr". Totte bleibt stumm. Killerblick. Ganz schwarz, das kann ich von der Seite erkennen. Ich sende telepathische Signale. Stefo an Totte-Großhirn. Aufhören. Schwabenklatschen einstellen. Bitte. Bitteee!

Totte öffnet den Dielenschrank und stopft den jammernden Schwaben hinein, schließt die Tür und dreht den Schlüssel herum.

„Dir dabbe glei granadamäsig en Arsch", tönt es dumpf aus dem Schrank.

Totte schüttelt den Kopf. „Das ist doch krank, wie der redet, oder?" Er gibt mir einen Wink, und wir kramen schnell die Jacken und Mäntel an der Garderobe durch.

Ich stecke ein paar knisternde Scheine ein, damit Totte zufrieden ist. „Fröhliche Weihnachten", ruft er dem krakeelenden Schrank zu, als wir die Wohnung verlassen. Wir hören noch, ohne zu verstehen: „Dir henge s'Greiz aus, daß dr Arsch en dr Schleng hoimdrägsch."

Mich nervt das Geschrei und die Glöckchenmusik und die Geweihe und all der schwäbische Weihnachtsscheiß.

„Der hört sich an wie ein Schlumpf, oder?", sage ich.

Totte zuckt mit den Achseln und hebt im Vorbeigehen die Waffe im Flur auf, sie ist auf dem Treppenabsatz gelandet, und steckt sie ein. Vor mir poltert er die Stufen hinunter. Plötzlich bleibt er stehen, so dass ich gegen seinen Rücken stolpere. Ich gucke doof hinter ihm hervor. Eine Oma mit lockigem Haar lugt aus ihrer Wohnung, die Tür nur fünf Zentimeter weit geöffnet.

„Junger Mann, ist alles in Ordnung?", fragt sie.

Totte setzt sein Ich-becirce-alles-was-bei-drei-nicht-auf-dem-Baum-ist-Lächeln auf: „Aber ja, junge Frau. Fröhliche Weihnachten wünschen wir Ihnen." Er zerrt mich an seine Seite. Mir bleibt die Luft weg.

„Jut", sagt die Oma, „ich habe mich schon gewundert, der Lärm von oben, verstehn Sie?"

„Machen Sie sich keine Sorgen", sagt Totte, „Ihr Nachbar hat wohl ein bisschen zu tief ins Glas geschaut. Die Einsamkeit, wa? Wir haben ihm geholfen. Er ist mein Onkel, hat Heimweh." Wieder sein unwiderstehliches Lächeln.

Der Türspalt wird ein bisschen breiter.

„Ach, Herr Blechle ist Ihr Onkel, ja?"

„Genau, die schwäbische Verwandtschaft ..."

„Ach ja, das ist ein seltsamer Menschenschlag, nicht wahr?" Ihre Löckchen wippen.

„Wem sagen Sie das?" Totte verdreht die Augen gen Flurdecke und grinst einnehmend frech. Die Tür ist jetzt ganz offen.

„Wollen Sie nicht auf einen Tee und Weihnachtskekse hereinkommen?" Jetzt lächelt auch die Oma. Ihr ganzes Gesicht ist mit einem feinen Faltengespinst überzogen.

„Das ist zu freundlich", sage ich, „aber wir müssen

langsam nach Hause. Unsere Familie erwartet uns. Danke für die Einladung."

Ihr Lächeln verschwindet. „Ja, dann", sagt die Oma, „frohe Weihnachten." Sie will schon die Tür schließen, als Totte seinen Fuß dazwischenklemmt.

Nicht schon wieder, denke ich. Er greift in seine Jackentasche, die Waffe, denke ich, aber er zieht den Porzellanengel heraus und reicht ihn der Oma. „Für Sie", sagt Totte, „frohes Fest". Die Oma weiß gar nicht, wo sie hingucken soll vor lauter Rührung. Ihre Augen glänzen.

Draußen hat es aufgehört zu schneien. Totte geht ein Stück, setzt sich im Schneidersitz auf den verschneiten Gehweg. Er lehnt am schmiedeeisernen Zaun vor der Gethsemanekirche. Schwere Orgelmusik, hohe Singstimmen, roter Backstein, hell angeleuchtet. Da drinnen ist es bestimmt schön warm. Totte wühlt mit den Händen im Schnee.

„Hej, Totte", sage ich, „alles klar?" Ich lasse mich neben ihm nieder.

„Ach, halt doch die Schnauze." Totte weint. Ich verstehe ihn nicht. Was ist jetzt wieder los? Bei ihm kommt man nie hinterher. Er ist so unberechenbar, dass nicht mal ich, sein bester Freund, weiß, was er im nächsten Moment tun wird. Er wischt sich mit dem Jackenärmel über das Gesicht. „Sie war so süß, die Oma, so eine hätte ich auch gern gehabt. Stattdessen ...", er wirft Schnee, „meine Mutter und dieser, dieser ... Coole Sache, das kann einem Weihnachten schon versauen, oder, Stefo, alte Knalltüte?"

Ich nicke. Ich weiß nicht genau, was da mit seinen Eltern vorgefallen ist. Ich will es auch gar nicht wissen, ich habe selbst genug Probleme an der Backe. Aber meine Mutter lässt mich wenigstens in Ruhe, wenn sie einen neuen Lover hat. Bei Totte scheint genau das Gegenteil der Fall zu sein, verdammte Kacke. Er schlingt seine Arme um meinen Hals und erdrückt mich dabei fast mit seinem ganzen Gewicht. Ich rieche seine Fahne, er atmet heiß in mein Genick.

„Wird schon wieder, Totte, alter Kasparkopp, ja?" Ich klopfe ihm kumpelmäßig auf den Rücken.

„Klar", sagt er und schnieft.

Wir haben beide nicht auf die Straße geachtet, deswegen pocht mein Herz wie verrückt, als Polizeisirenen aufheulen. Ganz dicht, quasi von allen Seiten, hinten, vorn, überall, Scheiße.

„Scheiße!", flucht Totte.

Wir springen auf. Sehen die Straße hinauf. Drei Bullenautos. Die Straße hinunter. Zwei. Keine Fluchtmöglichkeit. Die Kirche? Kommt nicht in Frage. Die Bullenautos bleiben mitten auf der Straße stehen. Totte schubst mich zur Seite. Die Blauen hüpfen heraus. Verschanzen sich hinter den geöffneten Wagentüren. Totte zieht die Waffe. Brüllt: „Ihr Lackaffen, verpisst euch, wa!"

Lichter blitzen durch die Dunkelheit.

„Polizei, lassen Sie die Waffe fallen", brüllt es zurück.

„Ihr Schweine, ich knall euch ab." Totte mit Killerblick, oh Mann.

Die Bullen legen ihre Pistolen auf uns an. Ich stehe da wie ein Schneemann ohne Möhre im Gesicht, ohne Arme, um abzuwehren, was da geschieht. Es knallt. Direkt neben mir. Totte? Knallt wieder. Mein Bauch explodiert. Meine Beine geben nach. Ich falle. Wie komisch, denke ich. Direkt vor einer fucking Kirche erwischt es uns. Herrgott! Schaue noch mal zu Totte, meinem besten Freund. Der steht. Aus seiner Pistolenmündung schießt ein Blitz. Schnee füllt meinen Mund. Kalt. Knallt. Es knallt. Es pfeift in meinen Ohren. Brummt. Kann mich nicht mehr bewegen, fresse Schnee. Kalt.

Seitdem dreht sich die Zeit im Kreis. Ob der Schwabe noch im Schrank sitzt und wie ein Schlumpf herumkrakeelt? Niemand hat mir gesagt, was mit Totte ist. Wahrscheinlich hat er es besser getroffen als ich. Ist einfach tot und tschüss. Sitzt als verdammter Engel auf einer weißen Wattewolke im Himmel und schlürft Cognac. Und becirct die rosa Engel. Während ich hier liege in der endlosen Zeitschleife und durch den Schlauch röchele.

Baumschulenweg

Man achte bei der Aussprache darauf, die Betonung auf „weg" zu legen. Baumschulenweg ist ein Ortsteil im Bezirk Treptow-Köpenick. Einheimische nennen ihren Wohnort liebevolle „Baume". Wie kaum ein anderer Flecken Berlins sind der Name und die Geschichte von Baumschulenweg mit einer Person und den Ende des 19. Jahrhunderts weltweit bekannt gewordenen Späth'schen Baumschulen verbunden.

Franz Ludwig Späth, dem fünften Spross von sechs Gärtnergenerationen, gelang es im Berliner Boden, besonders all das erfolgreich gedeihen zu lassen, was bei den Spreeathenern beliebt war. Darüber hinaus wurden Bäume, Gehölze und alles, was Gärten verschönert, gezüchtet.

Im Jahr 1902 ernannte Kaiser Wilhelm II. den Gärtner, Botaniker und Baumschulenbesitzer Franz Späth zum Königlich Preußischen Landesökonomierat. Eine Anerkennung dafür, dass Franz Späth die seinerzeit größte Baumschule der Welt errichtet hatte. Eine einfache Zufahrtsstraße, die zur Baumschule führte und eigentlich „Ablageweg" hieß, von der Bevölkerung jedoch liebevoll „Baumschulenweg" genannt wurde, gab dem Ortsteil seinen Namen. Franz Späth war es zu verdanken, dass dieser Name als offizielle Bezeichnung für den Ortsteil Verwendung fand.

In direkter Umgebung der Späth'schen Baumschulen befinden sich die Späthstraße, die Siedlung Späthsfelde sowie das vor wenigen Jahren erbaute Späthsche Viertel, deren Namen an den Initiator Franz Ludwig Späth und dessen Leistungen für den Ortsteils Baumschulenweg erinnern.

BAUMSCHULENWEG

Baumschulenweg

Wahl der Blumen

Stephan Hähnel

Björn Gruber erlebte den beglückenden Zustand der Tiefenentspannung, wenn er die Mittagspause im Späth-Arboretum zwischen den herrlichen Pflanzen und Gehölzen genießen konnte. Das botanische Kleinod und die nicht weniger beeindruckenden Späth'schen Baumschulen, die sich im neunzehnten Jahrhundert die größte Baumschule der Welt nennen durfte, befanden sich in unmittelbarer Nähe seines Arbeitsplatzes. Vom Bürofenster aus hatte Gruber einen wunderbaren Blick auf das Herrenhaus der Gärtnerdynastie, deren weltweites Ansehen für den Namen und die Entstehung des Stadtteils Baumschulenweg verantwortlich war.

Fast täglich besuchte er diesen Flecken Erde und erfreute sich an der englischen Parkgestaltung und den Blumeninseln, die liebevoll angelegt waren. Er studierte die lateinischen Benennungen und erschnupperte den Duft der Blüten, als gelte es, einer ärztlichen Anweisung zu folgen. An besonders anstrengenden Tagen verweilte er minutenlang bei den Rosen, um sich an ihnen zu erfreuen. Oft erschienen ihm seine Sorgen plötzlich unbedeutend. Die Gedanken flossen unbekümmert, fast spielerisch dahin, und manchmal setzte er sich in das Hofcafé Späth, notierte sich ein paar lyrische Verse, ein literarisches Bonbon oder eine Weisheit, die er für wichtig erachtete.

Björn Gruber schaute nachdenklich auf die Aufzeichnungen seines letzten Besuches und summte den Rhythmus der Zeilen mit.

Die Fensterflügel schlagen wie wild,
nur das Haus rührt sich nicht.
Ruhm wird ohne h geschrieben
und brennt im Hals.
Pegasus glaubt nicht an Pferdekneipen.
Mit dem Lorbeerkranz
würzt die Muse den Eintopf.

Natürlich war das kein Gedicht, aber er sah sich auf einem guten Weg. Es würde das siebte Poem des Schmunzelzyklus werden. Zumindest hatte er es so geplant. Eigentlich sollte es ein Geschenk zum Hochzeitstag werden. Eigentlich!

Vorsichtig fächerte er sich mit der flachen Hand den Duft einer englischen Rose zu. So angenehm das intensive und ausgewogene Bouquet der Gertrude Jekyll auch war, diesmal blieb er uninspiriert. Kein schöner Gedanke formte sich hinter seiner Stirn.

Seufzend schlug er eine neue Seite des Notizbuches auf, um den Wirrwarr seiner Überlegungen zu ordnen. Er musste sich dringend Klarheit über die eigene Befindlichkeit verschaffen. Noch zögerlich notierte er die ersten Sätze:

„Kein Mensch ist von Natur aus böse oder schlecht. Niemand ist aber auch von Geburt an gut und all sein künftiges Streben unterliegt ausnahmslos positiven Sichtweisen. Menschliches Verhalten ist abhängig von den genetischen Grundlagen, anerzogenen moralischen Grundsätzen und der Situation, in der das Individuum handeln muss."

Dass Björn Gruber über derart Grundlegendes philosophierte, erklärte sich aus der Erkenntnis, dass ihn seine angeblich liebende Frau mit seinem angeblich besten Freund und Partner der gemeinsamen Firma betrog.

Noch gestern hatte sie Björn liebevoll „Mauseöhrchen" genannt und ihn veranlasst, großzügig ein paar Scheine springen zu lassen. Auf die mahnenden Worte, das Geld vernünftig auszugeben, hatte sie einen Schmollmund gezogen und war dann lachend verschwunden.

Immer wenn sie etwas brauchte, nannte sie ihn „Mauseohr" und knabberte sinnlich an seinem Ohrläppchen, bis er ihrem Wunsch nachgab. Früher hatte er diese Liebkosungen geliebt, doch dienten sie ihr jetzt nur noch dazu, sich über ihn lustig zu machen. Künftig würde er Derartiges nicht mehr dulden.

Es war purer Zufall gewesen, dass er ihre Liaison entdeckt hatte. Er hatte am Morgen einige betriebliche Unterlagen in der Küche liegen lassen. Zum Glück war es von der Firma bis zu seinem Haus nicht weit. Dennoch hatte Björn sich geärgert, dass er die Mittagspause für die Fahrt nutzen musste und so der Besuch bei den geliebten Pflanzen auszufallen drohte.

Auf dem Küchentisch, direkt neben den Verträgen, hatte er eine Buchungsbestätigung für zwei Personen in der Romantik-Lounge eines renommierten Hotels auf Rügen gefunden. Während er die Fahrkarten studierte, hörte Björn Stimmen und albernes Kichern. Es kam aus dem Bad. Jemand duschte. Kurz darauf erblickte er seine Frau und den angeblich besten Freund lachend auf der Terrasse. Vorsichtig trat Gruber einen Schritt zurück. Unbekümmert ging das Pärchen davon aus, dass sie ungestört waren.

Sie stiegen in den Pool – in seinen Pool! Als ob das nicht genügte, unterhielten sie sich unverblümt darüber, wie sie ihn um sein Vermögen bringen konnten. Björns Geschäftspartner erklärte ihr ein notarielles Schreiben, das eine großzügige Auszahlung des Geschäftsanteils versprach, in Wirklichkeit jedoch verklausuliert nur ein kümmerliches Taschengeld vorsah.

„Wenn dein Mann die Trennungsvereinbarung unterschreibt, sind wir ihn los."

Seine Frau lachte hämisch und küsste dann den Verräter.

Von wegen Mauseöhrchen! Wütend nahm Björn die Vertragsunterlagen und legte die Hände darum, als wollte er sie würgen.

„Ich habe so meine Zweifel, ob der Trottel das unterzeichnen wird", hatte er noch die untreue Gattin sagen hören, bevor er fast ohnmächtig vor Empörung leise aus der Wohnung geschlichen war.

Streng betrachtet war es ihr Hab und Gut, zumindest hatte sie es in die Beziehung eingebracht. Aber das zählte nicht mehr. Nach sieben Jahren Ehe war dieser Sachverhalt quasi verjährt.

In seiner Ehre gekränkt war Björn daraufhin wütend in das Späth-Arboretum geeilt. Hier ließ sich in Ruhe nachdenken. Er musste eine Strategie wider ihre Boshaftigkeit finden.

Zwischen prachtvoll blühenden Rhododendren hatte er sich der ersten Eingebung beugen wollen: emotionale Bestrafung der Untreuen und des Kompagnons durch Suizid. Er würde sich vor jenen Zug werfen, mit dem sie am Abend in den Liebesurlaub fahren wollten.

Nach einigen Überlegungen schien ihm die Hoffnung, dass die, die ihn so schändlich betrogen hatten, nach seinem Freitod Reue empfinden würden, doch eher unwahrscheinlich. Allein der Kommentar des Geschäftspartners, er erinnere an ein falsch geparktes Auto, und das bestätigende Nicken der Noch-Ehefrau ließen keinen Zweifel daran, dass ein selbstgewähltes Finale ausgesprochen positiv aufgenommen werden würde. Selbstmord kam also nicht infrage.

Enttäuscht betrachtete Björn die bodenkriechenden Blüher und spazierte dann, noch immer ratlos, zu den Kletterpflanzen. Erneut bewunderte er die exotischen Waldreben mit den wunderschönen Namen: Clematis apiifolia, Clematis viticella und jene mit den schlichten cremefarbenen duftenden Blüten, Clematis brachiata. Allein die Namen zauberten ein Lächeln in sein Gesicht. Selbstverständlich mochte er auch die Schwarzäugige Susanne, die stolze Passionsblume und die Glockenrebe, deren Blütenkrone sich von gelb-grün zu violett wandelte. Unschlüssig blieb er vor dem Teich des Arboretums stehen, der von Schilf umsäumt war. Oft hatte seine Fantasie im undurchsichtigen Gestrüpp die zarten Körper lieblicher Musen zu entdecken geglaubt und Björn hatte ihnen ein paar lyrische Zeilen gewidmet. Selbst jetzt spürte er eine Gelassenheit aufkommen, die ihm wohltat.

Dankbar setzte er sich auf eine Gartenbank und schaute auf Rache sinnend in Richtung eines Ginkgobaumes. In diesem Moment kam er sich wie ein lebendes Fossil vor.

Er könnte so tun, als würde er den Ehebruch nicht ernst nehmen. Ein bedauerliches, trieborientiertes Versehen der beiden Menschen, die ihm am nächsten standen. Natürlich wusste Björn, dass Männchen wie auch Weibchen saisonal mit archaisch triebhaftem Verlangen zu tun hatten. Abgesehen davon waren alle Beteiligten erwachsen. Eine offene Beziehung galt heutzutage kaum noch als etwas Besonderes.

Er müsste nur unverändert dem Tagesgeschäft nachgehen und der Natur ihren Lauf lassen. Seine Frau könnte ihn weiterhin schmeichelnd „Mauseohr" nennen und er würde dafür in barer Münze zahlen. Wahrscheinlich löste sich die Liaison nach einigen Wochen in Wohlgefallen auf und niemand käme zu Schaden.

Dummerweise schien jedoch weder der Gattin noch

dem Geschäftspartner der sinnliche Spaß zu genügen. Sie wollten zudem sein Vermögen, die Firma, das Haus. Nein, der moderne Ansatz der offenen Beziehung verbot sich. Auch die Vorstellung, Patchwork-Sex zu praktizieren, war ihm zuwider. Enttäuscht schrieb Björn Gruber in sein Notizbuch: „Verzeihen ist die Schwäche der Schwachen!"

Etwas hilflos betrachtete er die Zeile, stand schweren Herzens auf und wechselte in einen Bereich des Parks, in dem Studenten der Humboldt-Universität in einer Sonderausstellung über historische Schösslinge für Kleingärten Wissenswertes zusammengetragen hatten. Er selbst gehörte nicht zu denen, die, strengen Vorgaben folgend, ihre Beete mit Gemüse und anderen Nutzpflanzen bestellten, liebäugelte aber durchaus mit den Werten „Ordnung" und „Disziplin". Radieschen, Mohrrüben und Blattsalat in Reihen anzuordnen, war nicht nur praktisch, sondern auch reizvoll.

Björn hatte beim Lesen eines Kataloges entdeckt, dass es viertausendsiebzig verschiedene Tomatensorten gab. In einer Sonderausstellung hatte er gemeinsam mit seiner Frau nicht nur verschiedene Farben, sondern sogar gestreifte, getigerte, gefleckte und marmorierte Tomaten gesehen. Seitdem besaßen ihre Salatkreationen erstaunliche Farbnuancen. Wehmütig dachte Björn daran, dass sie ihn in dieser Ausstellung zum ersten Mal „Mauseohr" genannt hatte.

Vielleicht lag es an der Erinnerung an jene Tomatenausstellung, die ihn dazu brachte, die Situation nüchtern zu analysieren. Seine tiefsinnige Erkenntnis, die er sogleich in das Notizbuch schrieb: „Wenn man nichts hat, kann man auch nichts verlieren. Glück ist immateriell!", verwarf er kopfschüttelnd. Selbstverständlich würde er weder das gemeinsame Haus noch das Vermögen oder sonst etwas freiwillig hergeben. Schon in dem Moment, als er die albernen Worte „Glück ist immateriell" aneinandergereiht hatte, empfand er den Gedanken als lächerlich. Verzichten? Niemals! Die Vorstellung, die Zukunft bestände darin, Papierkörbe nach Verwertbarem zu durchsuchen, ließ ihn frösteln. Die ehemaligen Nachbarn würden ihn wahrscheinlich „Flaschen-Björn“ nennen und mitleidig ein paar Cent in den leeren Kaffeebecher werfen, wenn überhaupt. Nein, als Gutmensch taugte er nicht. Leergut sammeln wäre sein Tod.

Björn Gruber floh vor der Aussicht, sich die Radieschen von unten anzuschauen und schenkte der Sonderausstellung keine weitere Beachtung. Antike Möhren und klassische Kohlrabi besaßen nicht das Potenzial, ihm aus der bedrohlichen Situation zu helfen.

Innerlich aufgewühlt und zunehmend verzweifelt begab sich Gruber zum Steingarten des Parks. Hier hatte er oft die ungewöhnlichsten Ideen und auch dieses Mal erhoffte er sich von den spartanischen Lebenskünstlern die Inspiration eines pragmatischen Ansatzes. Tatsächlich begann eine Auge-um-Auge-Zahn-um-Zahn-Strategie in ihm zu reifen, als er am Rande des Geländes ein martialisch wirkendes, grasähnliches Gewächs entdeckte. Interessiert las er: „Morgenstern-Segge“. Es handelte sich um ein Schattengras, dessen Fruchtstände an die gefürchtete Schlagwaffe aus dem Mittelalter erinnerten. Der alttestamentarische Gedanke, Gleiches mit Gleichem zu vergelten, war Björn ausgesprochen sympathisch und schien ihm angemessen. Zufrieden lächelte er der Quelle der Inspiration zu. Ein mit Eisendornen versehener Morgenstern würde das Problem beseitigen. Der Mord durfte nur nicht mit ihm in Verbindung gebracht werden.

Dein Mauseohr wird improvisieren müssen, flüsterte er wenig später in Gedanken der untreuen Gattin zu und schritt entschlossen durch die Reihen des Gartenmarktes. Hier wurde alles angeboten, um das Projekt umzusetzen. Ein Axtstiel mit überlangen Nägeln, die durch das Holz getrieben waren, versprach die gleiche Wirkung wie die mittelalterliche Schlagwaffe. Zufrieden legte er einen Eschenstiel und Nägel mit zehn Zentimetern Länge in den Einkaufswagen.

Genial fand er seine plötzliche Eingebung, der Tat eine erschreckend abstoßende Komponente zu geben: Er würde die beiden Leichen zerstückeln, die klein gehackten Körperteile wie einen ihrer gesundheitstriefenden Salate mischen und als unübersehbare Häufchen im Späth-Arboretum arrangieren. Das Ganze musste in der Öffentlichkeit zweifellos wie die Tat eines Verrückten anmuten und jeglichen Verdacht von ihm ablenken. Die Idee war Gruber in jenem Moment gekommen, als er sich in der Technikabteilung des Gartencenters über die Leistungsfähigkeit elektrischer und benzingetriebener Gartenhäcksler informiert hatte.

So sehr er den Plan als beglückend empfand, besaß dieser doch einen Haken. Björn Gruber konnte zwar auf seine Frau verzichten, schlecht jedoch auf den Kompagnon. Dessen technisches Wissen war der Garant für den wirtschaftlichen Erfolg. Die Firma lebte von den Patenten des Kollegen und konnte ohne seinen Geschäftspartner nicht existieren. Es war zwar ärgerlich, aber er würde den Kerl am Leben lassen müssen.

Blieb nur die weniger gerechte Variante, lediglich die untreue Frau aus der Welt zu schaffen. Alles kann man nicht haben, schlussfolgerte er nüchtern, schrieb den Satz fein säuberlich in sein Notizbuch und fand sich damit ab.

Nach dem Tod der Gattin gedachte er, mit ihrem Körper dennoch in erwähnter Weise zu verfahren. Um dem Mord eine emotionale Dimension zu geben, beschloss Gruber, Blüten des Tränenden Herzens über sie zu streuen. Selbst gestandene Gartenfreunde wussten oft nicht, dass mit dem Herabklappen der Blütenblätter ein Männchen in der Badewanne erschien. Sein Geschäftspartner war Techniker und hatte von Pflanzen keine Ahnung. Darauf, dass ihn das Gebilde quasi beim Duschen nach dem Sex zeigte, würde er niemals kommen. Gruber musste kichern bei dem Gedanken. Er war sich sicher, auch die eingeschränkte Version bot der Presse ausreichend Stoff, um über die Tat eines Psychopaten ausführlich zu spekulieren.

Der Vorteil der „kleinen Lösung" bestand eindeutig darin, dass ihm die Firma und sein geliebtes Büro in der dritten Etage erhalten bliebe. Weiterhin würde er die Aussicht auf das beeindruckende Späth'sche Herrenhaus und die wunderbare Natur genießen.

Zusammen mit seinem Freund und Geschäftspartner würde er – selbstverständlich mit unterschiedlicher Intensität – eine Zeit lang um die Ermordete trauern und sich Wochen später wieder der täglichen Arbeit zuwenden. Männerfreundschaften waren von Natur aus robust.

Natürlich erkannte Björn Gruber, dass ein solch abstoßendes Verbrechen eine gewisse Vorbereitung verlangte. Die eigene Frau einfach töten, war viel zu auffällig. Ein paar Unbeteiligte mussten dem Salatmörder – wie die Presse den Täter sicherlich betiteln würde – als Übungsobjekte – und was wichtiger war, als falsche Fährte – dienen. Berlin hat viele wunderbare Parkanlagen.

Kommissare dürften nach dem dritten Häufchen ratlos von einer Serie sprechen, eine Sonderkommission einberufen und man bäte um die Unterstützung der Bevölkerung. Niemand käme auf den Gedanken, ihn, den Buchhalter eines renommierten Unternehmens, als Salatmörder zu verdächtigen.

Da seine Frau ein zartes Wesen war, mit dünnen Knochen, brauchte er nur einen Häcksler zu kaufen, der im mittleren Preissegment angeboten und mit Astdicken von fünf, höchstens sechs Zentimetern problemlos zurechtkam.

Zufrieden ließ er sich von einem Verkäufer den Schredder seines Vertrauens in den Wagen stellen und schlenderte zur Kasse. Plötzlich blieb er wie angewurzelt stehen. Gattin und Geschäftspartner strichen mit ernster Miene von einer Einkaufsliste Punkte ab. Es dauerte einen Augenblick, bis Björn Gruber begriff, dass die Mitnahme der Betriebsunterlagen ihn verraten haben musste.

Daraufhin hatten die frisch Verliebten ihren ursprünglichen Plan verworfen. Etwas auf ihrer Liste schien noch zu fehlen.

„Hier muss es doch auch Spaten geben, oder?", hörte er seine Frau fragen.

Sobald beide in einem der Nebengänge verschwunden waren, nutzte Björn die Gelegenheit und schaute neugierig in ihren Einkaufswagen. Neben einer Familienpackung Rattengift lagen Teichfolie sowie ein paar Säcke Kalk. Dass sein Freund eine benzinbetriebene Kettensäge des Marktführers zu erstehen gedachte, war typisch für ihn. Wahrscheinlich besaß das Monstrum fünf Sterne. Zugegeben, es war ein ideales Gerät zum Portionieren.

Entsetzt war Björn Gruber nur über eine kleine, mickrige Pflanze. Während er mit einer gewissen Poesie das Tränende Herz gewählt hatte, empfand er die Wahl seiner Frau als zutiefst lächerlich. Enttäuscht betrachte er den winzigen Topf. Er hasste dieses Vorgartenkraut: Myosotis! Vergissmeinnicht oder wie es auch, wegen seiner Blattform genannt wurde: Mäuseohr.

Kreuzberg

ist längst nicht mehr Hochburg der Hausbesetzer, der alternativen Szene oder Keimzelle der Maikrawalle. Inzwischen hat sich der Ortsteil zu einem begehrten, teils auch schicken Wohnort entwickelt. Grund war der Mauerfall, der Kreuzberg von der Randlage in die Mitte Berlins rückte. Seither hat eine regelrechte Völkerwanderung stattgefunden; viele Autonome und Alternative zogen sich nach Friedrichshain zurück, Gutverdienende rückten nach, die Mieten stiegen und steigen noch.

Besonders reizvoll ist die Gegend zwischen Mehringdamm und Südstern, Gneisenaustraße und Columbiadamm, der sogenannte „Bergmannkiez" mit der Bergmannstraße als Herzstück. Hier leben die unterschiedlichsten Menschen zusammen, hier bummeln Touristen neben Einheimischen durch das Kreuzberger Szeneviertel mit seiner bunten Mischung aus Cafés und Restaurants, Shops und Trödelläden.

Eine weitere Besonderheit ist die beinahe vollständig erhaltene Gründerzeit-Architektur des Quartiers, das von den Bombenangriffen der Alliierten verschont blieb, weil diese den angrenzenden ehemaligen Flughafen Tempelhof für sich nutzen wollten. Lediglich die Marheineke-Markthalle und die Passionskirche wurden zerstört und wieder aufgebaut.

Sehenswert ist auch der Chamissoplatz, der aufgrund seiner kompakten Bebauung Zeugnis der damaligen bedrückenden Lebensbedingungen der „kleinen Leute" wie Arbeiter, Handwerker oder Lehrer ist. Heute ist der Platz eine beliebte Kulisse für das alte Berlin und wird oft für Dreharbeiten genutzt. Außerdem findet dort jeden Samstag das ganze Jahr hindurch ein Ökomarkt statt.

KREUZBERG

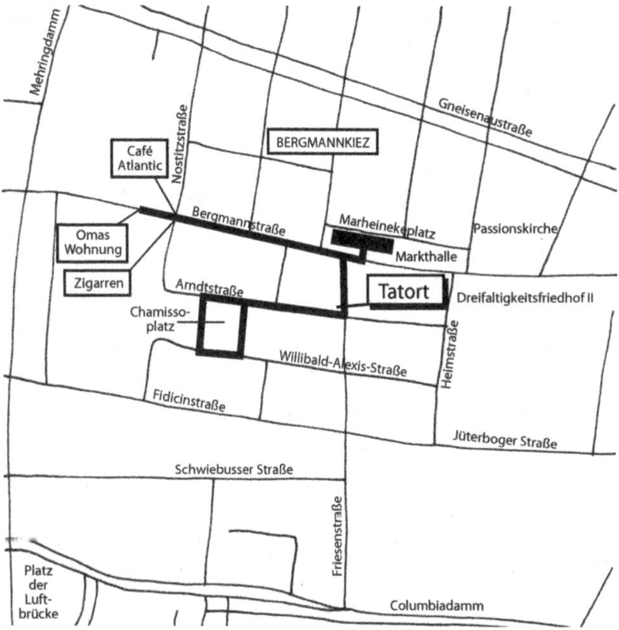

Mehringdamm
Gneisenaustraße
Nostitzstraße
BERGMANNKIEZ
Café Atlantic
Bergmannstraße
Marheinekeplatz
Passionskirche
Omas Wohnung
Markthalle
Zigarren
Tatort
Arndtstraße
Dreifaltigkeitsfriedhof II
Chamisso-platz
Heimstraße
Willibald-Alexis-Straße
Fidicinstraße
Jüterboger Straße
Schwiebusser Straße
Friesenstraße
Platz der Luft-brücke
Columbiadamm

Sechs Zimmer, Küche, Diele, Tod

Petra Tessendorf

Seit zwanzig Minuten steht Vitus am Chamissoplatz hinter dem Typen mit dem iPhone am Ohr. Seither sind sie keinen Zentimeter nach vorn gerückt. Hinter Vitus haben sich bereits vier – nein, jetzt fünf – Leute angestellt. Zwei überlegen gerade, ob sie wieder gehen sollen.

Vitus muss an seine Oma denken. Gerade heute noch hat sie wieder von den Mangelzeiten der Nachkriegsjahre erzählt, vom ewigen Schlangestehen, von den „Erzeugungslücken", die Oma Gerti bis heute geprägt haben. Und sie hat die Gesichter der Menschen von damals genauso beschrieben wie die der Leute, die gerade wartend auf dem Chamissoplatz herumstehen: ausdruckslos, genervt, hoffnungslos und doch hoffend. Und Vitus hat eines begriffen: Auch im Jahre 2014 wird wegen Mangels angestanden, nur halten die Menschen keine Reichseierkarte des Ernährungsamtes Berlin in Händen, sondern den Ausdruck eines Immobilienportals. Du hattest deine Ernährungslücke, Oma, denkt Vitus, ich werde meinen Enkeln von der Wohnraumlücke erzählen. Scheiße!

Vitus zerknüllt seinen Immoscout-Ausdruck für die „Zauberhafte Singlewohnung im begehrten Bergmannkiez mit traumhaftem Ausblick", geht über den Platz an den Ständen des Bio-Wochenmarkes vorbei, ohne sie wahrzunehmen, und trabt missmutig die Arndtstraße hinunter. Diese Wohnung hätte gepasst, ausnahmsweise mal kein „Erstbezug nach hochwertiger Sanierung, exklusiver Ausstattung bla bla." Nicht umsonst stehen dort auch gefühlte hundert Leute Schlange.

Wäre er doch bloß nicht weggezogen. Dieser Job in Hamburg hat sich als Sackgasse erwiesen, und nun sind die Mieten in Kreuzberg derart in die Höhe geschossen, dass er sich hier keine Wohnung mehr leisten kann, solange er keinen neuen Job findet. Und das hier, in seinem Quartier!

Bei seinen Eltern kann er auch nicht mehr unterschlüpfen, die haben sich im letzten Jahr quasi aus ihrer Wohnung in der Heimstraße rausgesoffen. Der Vater in eine Entziehungsanstalt, die Mutter einen Block weiter auf den Dreifaltigkeitsfriedhof II, den der Vater kurz darauf ebenfalls bezog. Und wieder war eine Wohnung frei, die luxussaniert werden konnte. Also ist er bei Oma Gerti eingezogen, die seit ihrer Geburt vor achtundachtzig Jahren in der Bergmannstraße lebt, zwischen Zigarrenladen und Spätkauf-Kaiser's. (Gerti hat viele Läden erlebt und ist mit der aktuellen Konstellation sehr zufrieden.)

Natürlich hat Oma sich anfangs quergestellt (was sie immer macht, wenn etwas Neues auf sie zukommt). „Ich rauche und ich habe Blähungen und ich spiele mit meinen Freundinnen Doppelkopf bis in die Puppen und unser Kartenmischer macht Krach und ich weiß überhaupt nicht, wie ich so einen Unkrautesser ernähren soll." (Vitus ist Vegetarier.) „Buletten, Eisbein, gebratene Leber, Kasseler, Hackepeter, Blutwurst, Rollmops, alles giftig. Und nur Teltower Rübchen, davon kann kein junger Mann leben." Aber am Ende hat doch der Familiensinn gesiegt.

„Ich brauche nur ein Bett", hat Vitus gesagt. „Tagsüber suche ich nach Job und Wohnung."

Vitus seufzt schwer, während er die Friesenstraße hinunterläuft. Er will seinen Frust betäuben und sich in der Marheinekehalle eine Flasche Spanischen Wein und einen Veggiburger am BioBuffet besorgen. Und wen trifft er vor dem Eingang der Halle? Meiers. Richard Meiers. Als hätte der liebe Gott ein Einsehen gehabt und ihm einen Immobilienmakler gesandt, wenn auch den windigsten, den die Branche zu bieten hat.

„Hast du Zahnschmerzen, oder warum ziehst du so 'ne Fresse?", ruft Richard schon von Weitem. (Er ist immer sehr direkt.)

Vitus zuckt nur mit den Schultern.

„Mann, es gibt nichts, was Richy nicht regeln kann, weeste doch." Richard klopft ihm freundschaftlich auf den Rücken. „Haste endlich 'ne Wohnung gefunden?"

Vitus seufzt. „Ne, haste was im Angebot?"

„Ou, schwierig, schwierig." Richard setzt ein wichtiges Gesicht auf und hebt den Zeigefinder. „Gentrifizierung!"

„Gen... was?"

„Alte Mieter rausschmeißen, luxussanieren, Schwarzrandbrillen-Yuppies rein, der Rest wird am Stadtrand entsorgt."

Oder bei Omas mit Blähungen, denkt Vitus.

„Warte mal ...", Richard schaut in die Baumkronen, überlegt, „vielleicht ...", er fährt sich übers Kinn, denkt immer noch schwer nach, dann beginnt er langsam zu nicken, lächelt sogar. „Sechs Zimmer, zwei Luxusbäder, großer Balkon, Beletage sozusagen, gleich hier." Richard zeigt auf die gegenüberliegende Straßenseite in die Friesenstraße. „Da hinten, das Eckhaus."

„Sechs Zimmer. Sonst geht's dir gut, ja?"

„Wenn die doch nur zweihundert Euro kosten?"

„Pro Tag." Vitus muss lachen.

„Mumpitz, im Monat."

„Okay, verstehe. Wo ist der Haken?"

„Der Haken ist, dass es nur für sechs Wochen geht, der Besitzer ist in den USA und die Wohnung steht so lange leer."

„Und ich soll da einfach so wohnen, ohne dass der

Bescheid weiß?“

„Ich soll mich ja um die Wohnung kümmern, während er weg ist. Hauptsache, sie sieht bewohnt aus. Ist doch egal, ob ich nun dort hause oder du.“

„Sechs Wochen“, überlegt Vitus, „hm ... ich weiß nicht.“

„Mensch“, wieder ein freundschaftlicher Klaps, „bist du nicht die Vertrauenswürdigkeit in Person? Und in der Zwischenzeit können wir in Ruhe nach einer Wohnung für dich suchen.“

„Hm, meine Möbel könnten so lange in Omas Keller bleiben. Wer wohnt eigentlich in der Wohnung?“

„Ein Bekannter von früher, Paul. Ich glaube nicht, dass du ihn kennst. Broker, ist ständig unterwegs.“

„Nein, kenne ich nicht. Also gut, ich mach's.“

„Schön“, freut sich Richard, „heute Abend um acht vor dem Haus, dann kriegste den Schlüssel.“

Vitus hört, wie Richards Schritte auf der Holztreppe leiser werden, wie die Haustür zufällt. Eingeschüchtert steht er da, traut sich nicht so recht, die Beletage in vorläufigen Besitz zu nehmen. „Und wenn er früher zurückkommt?“, hat Vitus noch wissen wollen.

„Dann warne ich dich vor“, hat Richard durchs Treppenhaus gerufen.

Vitus schaut nach unten und sieht, dass er auf einem Intarsienparkett steht. Schnell zieht er seine Schuhe aus und stellt sie in die Ecke, nimmt sie jedoch gleich wieder hoch. Er betrachtet den großen Flur, schaut nach oben, Stuck ist an der Decke, in einer Ecke sitzen zwei fette Putten. „Aufwändig restaurierte Stilelemente“ heißt es in den Immobilienanzeigen, er kennt alle Floskeln auswendig.

Als Erstes will er sich ein Zimmer suchen, in dem er schlafen wird, vielleicht ist er aber auch gleich wieder weg, er hat ein flaues Gefühl im Magen.

Broker, murmelt Vitus vor sich hin, während er langsam durch die hintereinanderliegenden Räume geht, die mit ihren geöffneten Flügeltüren wie eine Gemäldegalerie aussehen. Womit die ihr Geld verdienen, hat Vitus bis heute nicht kapiert. Aber sie verdienen zweifelsohne gut. Rohstoffe, Aktien, Devisen, nein, davon versteht er nichts. Aber von dem, was da vor ihm an der Wand hängt, davon versteht er was. Den großformatigen Gerhard Richter hätte er auch ohne drei Semester Kunstgeschichte erkannt. Ebenso jenes Tierchen aus lila Luftballons auf dem Sockel daneben, wie es gern in Einkaufszentren an kleine Kinder verteilt wird, aber millionenfach an Wert zulegt, wenn „Jeff Koons" draufsteht.

Vitus tritt näher, tippt es an, wenn das echt ist, denkt er, also, wenn das wirklich echt ist ... nein, ist es nicht, niemals. Er muss lachen, Quatsch.

Das sanfte Sprudeln des Whirlpools versöhnt Vitus mit dieser abstrusen Situation, in der er sich befindet. Er hat sich im Gästezimmer einquartiert, zu dem ein eigenes Bad gehört. Es ist spät, es ist längst dunkel und langsam macht sich eine zaghafte Zufriedenheit breit. Sechs Wochen Luxus zum Selbstkostenpreis, mitten in Kreuzberg, das lässt sich angehen. Er greift nach seinem Smartphone und ruft Richard an, die Mailbox meldet sich. „Cool hier, muss ich schon sagen. Sag mal, der Balloon Dog ist doch nicht echt, oder? Scheiß auf Koons, aber für den Richter könnte ich glatt einen Mord begehen, ha, ha. Hoffentlich kommt dein Paul nicht doch früher zurück. Melde mich später noch mal." Vitus lässt etwas von dem wunderbar duftenden Badeöl ins Wasser und schließt die Augen. Im Flur wird eine Tür geschlossen.

Vitus durchschießt es wie ein Stromschlag, sofort stellt er die Düsen aus und liegt reglos da. Sein Herz, das erst beinahe stehen geblieben ist, wummert jetzt bis in den Kopf. Schritte, ein Schlüsselbund wird auf Holz gelegt. Das macht nur jemand, der nach Hause in seine Wohnung kommt. Verfluchte Scheiße, ich hab's doch gewusst, ich hab's doch gewusst!

Vitus ist außer sich. Was, wenn dieser Paul jetzt die Tür öffnet und sich ein Bad einlassen will? Wie wird der wohl reagieren, wenn ein fremder Penner in seinem Pool liegt? Aber es ist ein Gästezimmer, es besteht eine Chance, dass er unentdeckt bleibt. Vitus setzt sich ganz langsam auf, damit das Wasser nicht schwappt, und steigt aus der Wanne. Die Schuhe sind hier im Bad, ist irgendetwas von ihm da draußen? Fieberhaft überlegt er. Er war in der Küche und hat sich ein Brot gemacht. Aber er hat alles weggeräumt, hoffentlich auch das Brotmesser. Bloß nicht das Wasser ablassen, das macht Geräusche. Erst jetzt fällt ihm ein, dass es doch auch im Flur nach diesem Badeöl riechen müsste, verdammt, das riecht der doch bestimmt.

Ohne sich abzutrocknen schlüpft er in seine Klamotten und schließt die Badezimmertür. In Windeseile macht er das Bett, löscht das Licht, legt das Ohr an die Tür. Schritte, etwas wird über den Boden gezogen, ein Trolley vielleicht.

Vitus setzt sich auf das Bett und wartet eine Ewigkeit, bis er sich traut, die Tür vorsichtig zu öffnen. Es ist dunkel und ruhig in der Wohnung. Die Schuhe in der Hand schleicht Vitus den Flur entlang. Die ganze Wohnung riecht nach Badeöl. Er bewegt sich langsam, hat panische Angst, dass sein Magen knurrt oder ein Fußknochen knackt. Er schleicht durch die Gemäldegalerie, und im letzten Raum, vor dem Flur, auf dem Intarsienparkett, neben einer Säule mit Stuckdekor und aufwändig restaurierten Stilelementen, liegt ein toter Mann. So tot, wie man nur sein kann, denn aus seinem Rücken guckt der hochwertige Griff aus Hartholz von einem der Messer aus Mornaus Küche hervor. Vitus schlägt die Hand vor seinen Mund, um einen Schrei zu unterdrücken, und rennt zur Wohnungstür. Er zittert wie Espenlaub, als er sie geräuschlos von außen mit dem Schlüssel schließt. Geschafft!

Vitus hetzt die Friesenstraße hinunter und biegt links in die Bergmannstraße ein. Es ist Samstagnacht und die Straße ist voller Menschen, Touristen, Leben. In Vitus' Kopf rennt alles durcheinander. Was für eine Scheißidee! Wie konnte er sich nur darauf einlassen? Er braucht einen klaren Kopf, unbedingt.

Im Atlantic bestellt er sich ein Riesenbier. Dann wählt er Richards Nummer, dieses Mal geht keine Mailbox an, Richard ist nicht erreichbar. Als er das Bier bezahlen möchte, stellt er fest, dass seine Brieftasche nicht mehr da ist. Er klopft die Taschen seiner Jeans ab, schaut im Rucksack nach, nichts. Ganz langsam zieht eine fürchterliche Ahnung in ihm auf, ein Bild gesellt sich dazu: der Whirlpool, die Schuhe in der Ecke, die schwarze Brieftasche auf dem schwarzen Marmorboden ... großer Gott im Himmel, bitte sag, dass das nicht wahr ist! Vitus kennt den Kellner gut, er schreibt ihm einen Deckel.

Die Wohnung in der Beletage liegt im Dunkeln. Es dauert eine gefühlte Ewigkeit, bis das Schloss der Wohnungstür zurückspringt, es knirscht ein wenig. Vitus hasst das, was er gerade tut. Er hasst es so sehr, dass er die Sache ganz schnell zu Ende bringen will. Also weiter, sagt er sich. Was kann schon passieren? Oh, eine Menge, sagt die andere Stimme in ihm. Schlimmer kannst du gerade nicht dran sein. Echt wahr. Richard Arschloch.

Er muss ins Bad und er muss an dem Toten vorbei. Er holt tief Luft und geht los (hält sich die linke Hand seitlich vor die Augen, damit er die grauenvolle Leiche nicht sehen muss), und als er im Bad ist, findet er seine Brieftasche nicht. Auch im Gästezimmer ist sie nicht, Küche – Fehlanzeige. Nicht in der Gemäldegalerie, nicht im Flur.

Dann hat er sie vielleicht doch auf der Straße verloren? Was ist, wenn der Tote sie gefunden hat, als er noch lebendig war? Vitus verharrt einen ewig langen Augenblick, dann geht er langsam den Flur hinunter. Dieses Mal verdeckt er die Augen nicht, sondern steigt über den Toten hinweg, eiskalt, denkt er selbst über sich. Hätte ich mir gar nicht zugetraut. Er schaltet das Licht ein und schaut sich um, in der Hoffnung, die Brieftasche hier zu finden. Aber nichts zu machen, sie ist weg.

Oma Gerti hat Besuch von Traudel und Ingrid und die ganze Wohnung liegt im scharfen gelben Dunst von Omas Zigarillos. Mehrere leere Flaschen von der süßen Huxelrebe Rheinhessen Spätlese stehen in der Küche, der Kartenmischer rattert im Wohnzimmer. Es ist zwei Uhr morgens.

Vitus schleicht in sein Zimmer, ohne sich bei den Damen zu zeigen. Oma Gerti ist nicht auf den Kopf gefallen, sie würde auch nach drei Flaschen Spätlese merken, dass er Probleme hat. Riesenprobleme. Die aber steht plötzlich in seiner Tür, mit ihren Kartentanten im Gefolge. „Wir haben Licht durch den Türschlitz gesehen und dachten, da ist ein Einbrecher."

Er bringt nur ein erschöpftes Lächeln zustande. „Schon gut Oma, ich bin's nur."

Gerti legt das Nudelholz zurück in die Hutablage und sieht ihren Enkel scharf an. „Du hast doch was, Junge."

Vitus' Blick ist wirr und zittrig.

Gertis Blick hält stand. „Raus damit. Aber dalli!"

Und so berichtet er von dem, was ihm passiert ist, lässt auch die verloren gegangene Brieftasche nicht aus und Gerti schüttelt den Kopf.

„Von mir hast du das aber nicht. Diese geistige Verknappung." Sie macht kehrt, reicht ihren Zigarillo an Traudel weiter, zieht den beigen Mantel an und nimmt den Stock, der an der Hutablage baumelt.

Vitus springt auf. „Oma, was hast du vor?“

„Gucken, ob dein Portemonnaie unter dem Toten liegt oder in seiner Jackentasche steckt. Hopp, hopp, rin in die Galoschen!“

„Bist du verrückt?“

Oma nimmt keinerlei Notiz von Vitus. Und Vitus kennt Oma Gerti. Und Gerti kennt keine Angst. Nach allem, was sie erlebt hat, heute umso weniger. 1943 war sie aktives Mitglied eines Sabotagerings gegen Zwangsarbeit bei Berliner Firmen. Als eines Tages ein Gestapomann vor ihrer Tür stand, um sie mitzunehmen, hat Wilma, Traudels Mutter, ihn abgelenkt, damit Gerti fliehen konnte. Aber Gerti wusste, dass die Gestapoleute immer zu zweit kommen und dass der andere vor dem Haus warten würde, und so ist sie aus dem Hinterausgang raus und konnte sich bei Freunden verstecken. Das hat dazu geführt, dass sie heute achtundachtzig ist. Nein, Gerti ist furchtlos.

„Wie heißt der Mann?“, fragt Gerti ihren Enkel, als sie vor dem Haus in der Friesenstraße stehen. Immer noch sind Leute unterwegs, es ist Wochenende.

„Paul“, sagt Vitus.

„Welche Etage?“

„Beletage.“ Vitus' Tonfall ist verächtlich.

Oma nimmt ihre Brille ab, kneift die Augen zusammen und blinzelt auf die Klingelschilder. „Doch nicht etwa Mornau?“

„Kann sein, ja.“

„Das ist ein bekannter Immobilienhai, wusstest du das etwa nicht?“

„Keine Ahnung, Richard sagt, er sei Broker.“

„Broker, Makler, alles Blutsauger und Wucherer.“

Vitus' Gesicht verliert plötzlich alle Farbe, das kann Gerti sogar in der Dunkelheit sehen. Er hat den

Immoscout-Ausdruck noch in seiner Jeanstasche. Er kramt ihn raus, faltet ihn mit zittrigen Fingern auseinander und liest. „Scheiße", flüstert er und reicht Gerti das Papier. „Mornau, mit dem hatte ich heute einen Termin am Chamissoplatz."

„Hast du mit ihm gesprochen?"

Vitus schüttelt den Kopf. „Es waren hundert Leute vor mir, so wie bei dir damals", verteidigt sich Vitus. „Ich habe Dutzende von Maklern angerufen und mir nicht alle Namen gemerkt."

Gertis forscher Blick ist plötzlich ganz weich geworden. „Ach Junge ... komm", sie tätschelt Vitus' Wange, „ihr behüteten Weichlinge, wie sollt ihr auch mit so etwas zurechtkommen." Dann wird ihr Blick wieder streng. „Trotzdem, wie konntest du dich auf so einen Unsinn einlassen? Es stand doch groß in der BZ: Krieg der Makler im Bergmannkiez! Und dein Freund Richy Meiers mittendrin. Er und Mornau, Erzfeinde!"

Während sie ihren Enkel zurechtwies, hat sie die Haustür aufgeschlossen. Alles sträubt sich bei Vitus, er hat nicht die geringste Lust, noch einmal in diese Wohnung zu gehen. Aber es hilft nichts. Sie stehen jetzt an der geöffneten Wohnungstür und lauschen, dann gehen sie rein.

„Hier haben damals Freunde von meinen Eltern gewohnt", flüstert Gerti. „Brauereibesitzer. Denen gehörte der halbe Kiez."

Der Tote liegt immer noch da. Alles andere hätte Vitus vollends aus der Fassung gebracht.

Oma Gerti legt ihren Stock ab und bückt sich schwerfällig. „Hilf mir mal."

„Was?" Vitus' aufgerissene Augen leuchten im Halbdunkel der Wohnung wie Scheinwerfer.

„Wir müssen ihn rumdrehen. *Du* musst ihn rumdrehen, ich schau dann in seinem Anzug nach. Vielleicht liegt deine Geldbörse auch unter ihm."

„Oma …“, jammert Vitus, „das kannst du nicht …“
„Wirst du wohl!“, zischt Gerti.
Voller Widerwillen greift Vitus mit der einen Hand die Jacke, mit der anderen den Hosenbund des kunstliebenden Immobilienhais und dreht ihn langsam, mit verzerrtem Gesicht, dem Heulen nah, zu sich, während Gerti beginnt, seine Taschen abzutasten.
„Da ist nix“, sagt sie, „kannst ihn wieder loslassen.“
„Und jetzt?“
„Nichts, wir gehen nach Hause und trinken erst mal einen.“ Gerti ist etwas außer Atem, Vitus ist schlecht, aber beide sehen durch die Flügeltüren und die Milchglasscheiben der Wohnungstür, dass Licht im Treppenhaus angegangen ist. Sie verharren wie angewurzelt, als ein dunkler Schatten vor der Tür stehen bleibt.
„Nix wie weg.“ Oma Gerti geht los.
„Das ist die falsche Richtung“, flüstert Vitus ihr panisch nach.
„Dienstboteneingang“, erwidert Gerti knapp.
„Was?“
„Hoffentlich gibt's den noch.“ Gerti zeigt mit dem Stock auf eine schmale Tür, vor der ein Tischchen mit einer Palme steht und die Vitus für eine Schranktür gehalten hat. „Von hier aus konnte man über eine Galerie von Balkonen in den Hof gelangen. Bete, mein Junge, dass das auch heute noch geht.“
Wenige Minuten später stehen die beiden im Hinterhof. Vitus schaut auf die kleine zierliche Frau, die nicht schnell, aber zielstrebig durch den Hof geht.
„Hier unten habe ich mit meinen Freundinnen in der Zinkbadewanne gesessen“, sagt sie. „Jetzt sind alle tot.“
„Aber *meine* Oma lebt“, sagt Vitus, der zum ersten Mal wieder lächeln kann und sie dann unterhakt. „Was machen wir jetzt?“
„Das wirst du gleich sehen.“ Sie steuert wieder auf

Murnaus Hauseingang zu.

„Verdammt, Oma, was machst du denn?“ Vitus ist außer sich und heult fast.

Gerti antwortet nicht, öffnet die Tür und steigt abermals die Treppe hoch. Leise schleicht sie zur Wohnungstür, schließt zweimal ab und lässt den Schlüssel stecken. „Wer immer sich jetzt in der Wohnung aufhält, ist mit großer Wahrscheinlichkeit ein Mörder. Rufe die Polizei an, mein Junge.“

„Oma! Die werden sagen, ich bin der Mörder. Meine Fingerabdrücke sind in der ganzen Wohnung verteilt.“

Gerti schüttelt den Kopf und lächelt milde. „Der da drinnen ist genauso ein geistiger Kleingärtner wie mein lieber Herr Enkel.“ Sie greift in ihre Manteltasche, holt ein zusammengelegtes kariertes Stofftaschentuch hervor und zeigt es Vitus.

„Was soll ich mit deiner Popelfahne?“

Gerti faltet es vorsichtig auseinander, bis ein flaches silbernes Etui zum Vorschein kommt. „Richard Meiers, ein etwas übereifriger Geschäftsmann, hinterlässt nicht nur eine Visitenkarte, sondern gleich seinen ganzen Vorrat.“

„Du meinst ... Richy hat Mornau ...?“

„Genau der.“ Oma Gerti packt das Etui wieder vorsichtig ein. „Sehr glatt, diese Dinger, flutschen einem schon mal aus der Hosentasche.“

Vitus glotzt Oma an, dann schlägt er sich mit der flachen Hand auf die Stirn. „Jetzt kapiere ich ... dieser gemeine Kerl.“

Oma Gerti kann förmlich in sein Gehirn gucken, wie es dort arbeitet.

Vitus schaut eine Weile ins Leere. „Und weil er das Ding da verloren hat, musste er noch einmal zurück.“ Dann richtet er sich empört auf. „Warum zeigst du mir das erst jetzt?“

„Es gibt Lektionen, mein Junge, die müssen für's ganze Leben vorhalten."

Seit zehn Minuten steht Vitus nun vor dem Haus in der Nostitzstraße. Gleich neben Omas Zigarrenladen ist eine Zwei-Zimmer-Wohnung frei und Vitus dreht sich im Kreis und wieder im Kreis und er sieht keinen anderen Mitbewerber. Der Hausbesitzer hat ihm versichert, dass er einen Exklusiv-Besichtigungstermin habe und dass er die Wohnung bekomme, wenn sie ihm zusage, ohne Makler. Immerhin habe sich die Dichte der Makler hier ja ein wenig gelichtet.

Die Leute im Bergmannkiez hatten ihren Spaß mit dem, was dann die Runde machte. War wirklich jemand so blöd zu glauben, er könne einem Enkel von Oma Gerti einen Mord anhängen? (Auch wenn der Enkel nur einen Bruchteil von Gertis Chuzpe besitzt.) Der hatte übrigens viel damit zu tun zu beweisen, dass er nicht Paul Mornaus Mörder ist. Aber wer den halben Kiez hinter sich hat und Oma Gerti als Zeugin, der hat schon mal ganz gute Karten.

Übrigens, so der Vermieter, hätten die Hauseigentümer im Kiez beschlossen, ihre Wohnungen künftig selbst zu vermieten, ohne Makler.

„Ja, ja, quatscht ihr nur." Oma Gerti hat viele gute Vorsätze in ihrem Leben kommen und auch wieder gehen sehen.

Über die Berliner Gewässer

Anno Domini 1134: Während in Westeuropa das Hochmittelalter bereits in voller Blüte steht, sieht sich Markgraf Albrecht der Bär in seiner frisch gegründeten Mark Brandenburg um: Nichts als Wälder und Sümpfe, Sümpfe und Wälder. Er tut das einzig Richtige und heuert erst mal ein paar Niederländer an, die sich darauf verstehen, Sümpfe trockenzulegen.

Knapp tausend Jahre später ist Berlin immer noch die wasserreichste Metropole Europas. Auf fast sieben Prozent der Stadtfläche durchziehen Flüsse, Seen und Kanäle die Stadt.

Berlin ist damit nicht nur ein Paradies für Wassersportler, sondern auch für Stechmücken. Die Teilnehmer der Potsdamer Konferenz von 1945 sollen sich jedenfalls bitterlich über die Plagegeister beschwert haben.

Die Berliner Seen sind keine abgeschotteten Binnengewässer, sondern über diverse Wasserwege vernetzt – samt den dazugehörigen Schleusen. Berlin verfügt damit über das größte zusammenhängende Wasserstraßensystem Europas.

Von Berlin als „Venedig an der Spree" zu sprechen liegt daher nahe. Nicht zuletzt wegen des hohen Grundwasserspiegels, der Architekten vor Herausforderungen stellt und die Feuerwehr auf Trab hält, die alle Nase lang gerufen wird, um Keller auszupumpen.

Wahrscheinlich ins Reich der urbanen Mythen gehört jedoch die weit verbreitete Geschichte vom Touristen, der blind seinem Navi vertrauend nach rechts abbog und sich in der Havel wiederfand.

DIE HAVELGEWÄSSER

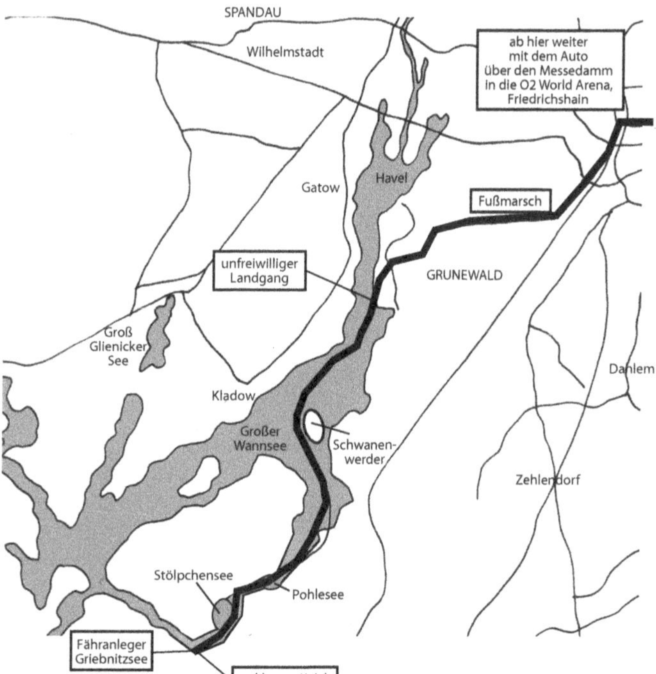

Weit kann's sein nach Friedrichshain

Swenja Karsten

„Umgekippt ist er. Einfach umgekippt. Und warum? Wegen einer scheiß Gummimaske! – Wie lange ist Lothar im Geschäft?"

Anklagend blickt Hugo von Anna zu Julia zu Mia. Lothars Mutter, Ehefrau und Tochter halten dem Blick stand.

„Wer ist so bescheuert und macht einen Banküberfall mit einer nagelneuen Maske?! Die muss man auslüften, bis das ganze Gift raus ist."

„Hat er gemacht, ehrlich", verteidigt Mia ihren Vater. „Dieser Typ ist schuld. Ich habe Papa bekniet, er soll nicht Westerwelle nehmen. Der taugt nicht mal was als Gummimaske."

„Das ist mir scheißegal", faucht Hugo.

Drohend geht er auf Mia zu. Dass Lothars schlaksige Tochter ihn um einen halben Kopf überragt, kränkt sein Ego gewaltig.

„Die Bullen werden versuchen, mich mit reinzureiten. Und mein Anwalt ist verdammt teuer. Und deshalb liegen bis Mitternacht zwanzigtausend Tacken auf meinem Tisch. Sonst könnt ihr Lothars Grabstein meißeln!" Spricht's und knallt die Wohnungstür hinter sich zu.

„Das meint er nicht ernst, oder?", fragt Mia mit dünner Stimme.

„Oh doch", knurrt Anna düster.

Mia schluchzt auf. Der Familientradition entsprechend weiß sie erst seit ihrem siebzehnten Geburtstag, dass ihr

Vater nur im übertragenen Sinn bei der Bank arbeitet. Situationen wie diese überfordern sie.

Julia nimmt ihre Tochter in den Arm.

Anna holt den Amaretto und drei kristallene Likörgläschen aus dem Büffet. „Diese Gläser hat mir Lothar zum Muttertag geschenkt", erklärt sie mit Stolz und Wehmut: „Beute aus seinem ersten Bruch. Da war er fünfzehn."

Julia erinnert sich an die Zeit, als Lothar mit Fleiß und Geschmack die Einrichtung ihrer ersten gemeinsamen Wohnung zusammengestohlen hatte.

Eine Weile sitzen die Frauen schweigend da und grübeln.

„Hilft wohl nichts", stellt Anna schließlich fest. „Wir müssen tun, was Lothar tun würde, und zur Knarre greifen."

Julia nickt. „Ein Überfall, wir haben keine andere Wahl."

„Wir können nicht zur Knarre greifen", gibt Mia zu bedenken, „weil wir nicht wissen, wo Papa die versteckt hat."

Anna bleibt gelassen.

„Wahrscheinlich am selben Ort wie schon sein Vater und sein Großvater: im Schrebergarten am Griebnitzsee."

Mia macht große Augen. Julia sieht auf ihre Armbanduhr. „17 Uhr 22. Nach Griebnitzsee und zurück, das dauert eine Stunde. Um 19 Uhr schließen die Banken, um 20 Uhr die Geschäfte. Und wir haben noch nicht mal einen Plan!"

„Am besten wäre eine Großveranstaltung, wo niemand mit einem Überfall rechnet", meint Anna.

Julia nickt. „Mia, hol dein Notebook."

Zwei Minuten später hat Mia den Veranstaltungskalender von berlin.de auf dem Schirm. „In der O2 World Arena ist heute Abend Wrestlemania."

Julia rollt mit den Augen. „Showkampf?! Da ist doch kein Geld zu holen."

„Du hast ja keine Ahnung, da ist jede Menge Geld zu holen! Im Eingangsbereich steht ein Stand neben dem anderen, die verkaufen Poster mit Autogrammen, T-Shirts, Tassen, Pulswärmer, Schlüsselanhänger – du kannst die Typen sogar als Plastikpuppen kaufen! Ich sag's euch: Die machen mehr Umsatz als eine Glühweinbude auf dem Weihnachtsmarkt."

„Klingt gut", muss Julia zugeben.

„Ich will ja niemandem Angst machen", erklärt Anna eine halbe Stunde später, „aber das klingt nicht gut."

„Wäre mir nicht aufgefallen", schnappt Julia gereizt.

Vor ein paar Minuten sind sie von der Autobahn abgefahren und es hört sich mehr und mehr so an, als würden in den Eingeweiden des Autos Batterien von Knallfröschen abgebrannt.

„Das wird immer schlimmer. Willst du nicht lieber anhalten?", fragt Mia ängstlich.

„Ich will die nächste Werkstatt erreichen", knurrt Julia zurück und gibt noch mehr Gas.

Rauch dringt aus den Seitenritzen der Motorhaube.

Erst als Mia die Tür öffnet und sich aus dem Wagen stürzen will, kommt Julia zur Besinnung und fährt rechts ran.

Mia springt aus dem Auto, bevor es richtig steht, und purzelt in den Straßengraben. Als sie sich wieder aufgerappelt hat, holt Julia bereits den Feuerlöscher aus dem Kofferraum.

Währenddessen schiebt Anna stoisch ihren Rock hoch und zieht sich die Strumpfhose hinunter.

„Oma?!", fragt Mia schockiert.

„Na, zum Autoreparieren. Dein Großvater hat das immer so gemacht."

„Das zeig mir mal", ruft Julia verzweifelt, „wie du 'nen Kolbenfresser mit 'ner Strumpfhose reparierst!"

„Keine Ahnung", meint Anna ruhig. „Hab nie zugeguckt. Das ist Männerarbeit."

Julia tritt eine Delle in den Wagen, dann hat sie sich wieder in der Gewalt. „Wir gehen die paar Meter zu Fuß und nachher nehmen wir die S-Bahn."

Entschlossen macht sie sich auf den Weg. Anna und Mia folgen ihr widerspruchslos.

„Das ist die Walter P38 von meinem Vater", erklärt Anna. „Und die Sig P220 hat meinem Mann gehört. Aber dass Lothar sich eine Browning zugelegt hat, wusste ich nicht."

Julia und Mia nehmen es stumm zur Kenntnis. Sie sind sprachlos, weil sie in all den Jahren nicht gemerkt haben, dass der Geräteschuppen eine doppelte Rückwand hat. In einem Stoffbeutel finden sie Gummimasken: einen leicht brüchigen Heinz Ehrhardt, einen abgenutzten Willi Brandt und Thomas Gottschalk, der Lothar treu gedient hat, bis dieser ihn als nicht mehr up to date empfunden und daher fatalerweise durch Westerwelle ersetzt hatte.

Julia stopft die Waffen zusammen mit den Masken und etwas Munition in die extra dafür mitgenommene Umhängetasche.

Was jedoch keine der drei Frauen mitgenommen hat, ist ein Geldbeutel. Und das merken sie erst, als sie auf dem S-Bahnhof vor dem Fahrkartenautomaten stehen.

Julia ist fassungslos über ihre eigene Dummheit.

Anna funkelt den Automaten an, als wäre es seine Schuld.

Mia bleibt gelassen und erklärt, dass auf Schwarzfahren nicht die Todesstrafe steht.

Anna sieht sich rasch um, ob auch niemand zuhört, dann legt sie den Kopf in den Nacken und macht Mia zur Schnecke. „Was meinst du wohl, was der Kontrolleur sagen wird?! ‚Ach', wird er sagen, ‚Sie haben Ihre Geldbeutel vergessen? Alle drei? Machen Sie doch mal die

Tasche auf, vielleicht ist ja doch einer drin.' Und dann, hä? Ist dir da oben das Gehirn eingefroren?"

„Nein, hier stinkt's nach Zwerg", giftet Mia zurück.

„Ruhe!", befiehlt Julia. „Sofort! Oder ich schreie!"

Als hätten sie sich abgesprochen, beginnen Anna und Mia gleichzeitig, in ihren Jackentaschen nach Kleingeld zu suchen. Julia folgt ihrem Beispiel. Was sie zusammenkratzen, reicht leider nicht ganz.

„Wir nehmen eine reguläre und zwei Kinderkarten", entscheidet Julia. „Mia, du bist eine Zwölfjährige mit Riesenwuchs. Und du", sie wendet sich an Anna, „machst einen auf senil und bestehst auf Seniorenermäßigung."

Anna verzieht das Gesicht, schweigt aber.

Der S-Bahnhof Griebnitzsee füllt sich mit Studenten der nahe gelegenen Universität.

Die Minuten schleppen sich dahin, es werden zehn, zwanzig. Keine S-Bahn. Nicht mal der Schatten einer S-Bahn.

Dann dröhnt eine Durchsage aus den Lautsprechern. „Wegen eines Personenschadens ist der S-Bahnverkehr zwischen Potsdam und Westkreuz auf unbestimmte Zeit unterbrochen. Wir bitten um Ihr Verständnis."

„Ich habe kein Verständnis", brüllt Julia und bekommt spontanen Applaus von den umstehenden Studenten.

Anna zieht Schwiegertochter und Enkelin zur Seite.

„Ich habe einen Plan. Wir gehen runter zu der Ampel vor der Unterführung, ziehen uns hinter den Bäumen die Masken über und kapern einen Pkw. Und zwar einen mit Klimaanlage, unter den Masken wird es nämlich verdammt heiß."

Julia gibt großmütig zu, dass dies ein verdammt guter Plan sei.

Die Ampel springt auf Rot. Ein schwarzer Porsche mit getönten Scheiben ist zum Anhalten gezwungen. Der Fahrer, ein bubihafter Mittdreißiger, hat nur das Verkehrslicht im genervten Blick. Die drei Gestalten, die aus dem Gehölz herausbrechen, bemerkt er nicht. Niemand wird Zeuge, als ein winziger Willi Brandt im Rock, ein korpulenter Heinz Erhardt mit wogendem Busen und ein langer, dürrer Thomas Gottschalk das Auto von hinten kommend einkreisen und die Türen aufreißen.

Julia lässt sich auf den Beifahrersitz fallen und hält dem Fahrer ohne Umschweife die Sig an die Schläfe. „Keine Panik, das ist kein Raubüberfall. Wir wollen nur zum Ostbahnhof. Wenn Sie uns da abgesetzt haben, dürfen Sie uns sofort vergessen."

Der Fahrer reagiert verblüffend gelassen. „Okay, wo ist die Kamera versteckt?"

„Das ist kein Spiel", faucht Mia von hinten. „Das ist ein Notfall, es geht um Leben und Tod und uns läuft die Zeit davon!"

„Aber sicher doch. Hallo – ich bin Drehbuchautor. Mir kann man nichts vormachen. Eure Knarren sind Attrappen."

Anna nimmt die Walter und schießt ein hübsches Loch in die Decke des Sportwagens.

Der Drehbuchautor zuckt zusammen. Ein dümmlich erstaunter Ausdruck breitet sich auf seinem Gesicht aus, dann sackt er seitlich gegen die Tür.

Julia packt ihn am Kragen und schüttelt ihn, keine Reaktion. Sie haut ihm eine runter, auch davon wacht er nicht auf. Julia muss ihrer Sippe mitteilen, dass der Fahrer nicht ohnmächtig ist, sondern mausetot.

„Halten nichts aus, diese Filmfritzen", sagt Anna vorwurfsvoll.

Julia wirft einen Blick auf die Uhr. Es ist 18 Uhr 58. Genug Zeit also, um den Toten noch vor dem Überfall in der Spree zu versenken. Aber erst mal muss er den Fahrersitz räumen. Julia will seinen Gurt lösen.

„Nicht anfassen", sagt Anna scharf.

„Wie soll ich ihn denn dann in den Kofferraum kriegen?", fragt Julia irritiert.

„Gar nicht", erklärt Anna entschieden. „Wir müssen den Wagen aufgeben."

Sie nimmt die Maske ab und macht Anstalten auszusteigen. Auch Julia reißt sich die Maske vom Kopf. „Bist du bescheuert? Den Wagen aufgeben heißt Lothar aufgeben!"

Anna bleibt gelassen. Sollten Julia die hupenden Autos entgangen sein, die an ihnen vorbeigefahren sind? Einer der Fahrer hat längst die Polizei oder den ADAC gerufen und das Kennzeichen durchgegeben. Und was sollen die Bullen finden? Einen banalen Herzinfarkt oder drei bewaffnete Frauen mit einer Leiche?

Entschlossen steigt sie aus und geht Richtung Unterführung. Julia und Mia laufen ihr nach und stellen sich ihr in den Weg.

„Was um alles in der Welt soll das werden? Willst du zu Fuß nach Friedrichshain? Viel Spaß und verlauf dich nicht."

„Ich kenne den Weg", erklärt Anna schnippisch. „Durch den Wannsee, die Havel hoch und in Spandau rechts in die Spree abbiegen. Dann immer geradeaus bis Jannowitzbrücke." Und erklärend an Mia gewandt: „Am Anleger gibt's Motorboote. Soll ich dir zeigen, wie man die kurzschließt?"

Mit funkelnden Augen nimmt Mia die Hand ihrer Großmutter und geht in solchem Tempo los, dass Anna Mühe hat, Schritt zu halten.

Fluchend folgt Julia ihrer eigensinnigen Sippe.

Wenige Minuten später stehen sie auf dem Anleger am Griebnitzsee. Kein Motorboot weit und breit. Nicht mal ein Tretboot. Nichts.

„Und was jetzt?", fragt Julia sarkastisch. „Was schlägst

du vor: Sollen wir schwimmen?"

Sie wartet keine Antwort ab. „Wir müssen trampen. Das ist unsere letzte Chance."

Umgehend will sie den Anleger verlassen. Sich um die eigene, breite Achse drehend, rempelt sie ihre Tochter so schwungvoll an, dass Mia taumelt und ins Wasser fällt. Doch sie taucht gleich wieder auf.

„Ihr werdet nicht glauben, was hier versteckt ist", ruft sie hinauf und zieht ein Zweierkajak unter dem Steg hervor. „Da sind sogar Paddel im Stauraum", erklärt sie mit Finderstolz.

„Ist auch ein dritter Sitz im Stauraum?", fragt Julia trocken.

Doch Anna konstatiert, dass Julia ohnehin nicht in die Sitzlöcher passt. „Du setzt dich zwischen uns aufs Boot und lässt die Beine rechts und links ins Wasser hängen."

„Ha, ha, ha", macht Julia.

Doch ehe sie sich's versieht, sitzen Anna und Mia auch schon drin und fordern sie auf, den einen Schritt ins flache und, wie sie versichern, gar nicht kalte Wasser zu machen.

„Ich muss wahnsinnig sein", murmelt Julia, „für einen Albtraum ist das hier zu bescheuert."

Sie schwingt ein Bein über das Kajak und setzt sich. Das Kajak sinkt bedenklich tief, aber oh Wunder, es trägt die drei Frauen. Und obwohl es so tief liegt, entwickelt es ein Tempo, mit dem Julia nicht gerechnet hätte. Anna und Mia paddeln via Stölpchensee und Pohlesee erst in den kleinen und schließlich in den großen Wannsee.

Hier herrscht wie immer reger Betrieb und das Zweierkajak mit den drei Damen erregt die Aufmerksamkeit von Seglern und Surfern. Bald fühlen sie sich umkreist wie von einem Rudel Haie. Das Wasser der Bugwellen schwappt in das allzu tief liegende Kajak. Jetzt gesellt sich auch noch ein Motorboot dazu, ein wendiger, kleiner

Sportflitzer. Es kommt ihnen so nahe, dass sie die blendend weißen Zähne des Fahrers erkennen können.

Der Mann stellt den Motor ab und ruft herüber, ob sie möglicherweise ein Problem hätten.

Wenige Minuten und mehrere Halbwahrheiten später erklärt sich der Mann, der sich als Rainer vorgestellt hat, spontan dazu bereit, die Damen bis zur Jannowitzbrücke in Schlepp zu nehmen. Er wirft ihnen ein Drahtseil zu, das sich an einem Haken vorne am Kajak befestigen lässt.

Julia könnte wetten, dass der Haken nach zehn Metern bricht, aber sie schluckt die Bemerkung runter.

Fünf Minuten später wünscht Julia sich von ganzem Herzen, der Haken möge endlich abbrechen und der aberwitzige Rodeoritt damit ein Ende haben. Das Kajak hüpft im Kielwasser des Motorboots, es steigt und fällt und sie hat keinen Halt, kann nur die Beine noch fester gegen den Bootskörper pressen. Hinter ihr schreit Mia, Rainer solle langsamer fahren, weil immer mehr Wasser ins Kajak eindringt. Anna und Julia fallen ein, mit vereinten Kräften brüllen sie: „Langsamer!“ Aber gegen den dröhnenden Bootsmotor haben sie keine Chance.

Das Kajak steigt und fällt, das Wasser schlägt über Julias Beinen zusammen.

„Der Stauraum läuft voll“, brüllt Mia von hinten, „wir sinken!“

Julia sieht, wie Anna sich aus ihrem Sitz schält, sich mit den Beinen vom Boot abstößt und ins Wasser springt. Einen Wimpernschlag später erfüllt sich Julias Prophezeiung: Der Haken bricht ab. Das Kajak gleitet noch ein Stück, dann geht es unter. Und mit ihm Julia, die ihre verkrampften Beine kaum vom Rumpf lösen kann.

Das Motorboot verschwindet am Horizont, Rainer hat von dem Drama hinter sich nichts mitbekommen.

Julia wird von Anna und Mia an Land gezogen und fühlt sich dabei wie ein gestrandeter Wal. Sie sieht auf ihre glücklicherweise wasserdichte Armbanduhr. Es ist 20 Uhr 45. Keine vier Stunden mehr, bis Hugos Ultimatum abläuft. Es ist aussichtslos.

Julia starrt aufs Wasser und sehnt sich nach Lothar. Sie erinnert sich an ihre erste Begegnung. Er trug ihr den Geldbeutel nach, den sie verloren hatte. Den er ihr vielmehr gestohlen hatte, um sie ansprechen zu können. Lothar ist die Liebe ihres Lebens. Niemand wird ihn ihr wegnehmen!

Entschlossen kippt Julia den Inhalt der Umhängetasche aus, wringt die Masken aus und schüttelt das Wasser aus den Läufen der Pistolen.

„Gib's doch auf", meint Mia trübe, „bis wir zu Fuß aus dem Grunewald raus sind, ist tiefe Nacht."

Aber Julia erklärt, dass sie dann eben etwas schneller gehen müssen. Irgendwen oder irgendwas müssen sie bis Mitternacht überfallen haben.

Entschlossen stiefelt sie los. Anna und Mia folgen ihr lustlos.

„Guckt mal, was da steht."

Anna weist auf einen Bauwagen mit der Aufschrift „Waldkindergarten". Oder vielmehr zeigt sie auf das Tandem mit Kleinkindanhänger, das vor dem Bauwagen steht.

Julia bemerkt sofort das dicke Kettenschloss. Wortlos will sie weitergehen, doch Anna geht entschlossen auf das Tandem zu. Julia glaubt zu wissen, was sie vorhat. „Untersteh dich, auf diese Kette zu schießen. Du hetzt uns nur den Revierförster auf den Hals!"

„Ph", macht Anna und zieht eine Haarnadel aus ihrer Frisur.

Julia stöhnt auf. „Das ist doch Zeitverschwendung!“

Anna geht nicht darauf ein. Mit geschlossenen Augen, die Zunge vor Konzentration ein Stück herausgestreckt, stochert sie im Kettenschloss herum. Nach etwas weniger als einer Minute springt die Kette auf.

Julia und Mia sind schwer beeindruckt.

Beflügelt vom eigenen Erfolg erklärt Anna sich freiwillig bereit, im Anhänger Platz zu nehmen. Und stellt fest, dass sie zum ersten Mal in ihrem Leben für etwas zu groß ist: So sehr sie auch quetscht und drückt, ihr Hinterteil passt nicht in die Sitzkuhle, sie muss sich auf die Lehnen setzen.

Julia und Mia treten in die Pedale und mit dem Tempo steigt auch die Stimmung.

„Nach Friedrichshain schaffen wir es nicht rechtzeitig“, ruft Mia ihrer Mutter zu. „Aber in Wilmersdorf gibt’s einen Reichelt, der rund um die Uhr geöffnet hat.“

Julia, die vorne sitzt, nickt zur Bestätigung. Hinter sich hört sie Anna, die im Anhänger durchgeschüttelt wird und dafür lauthals die Steine, die Baumwurzeln, Gauner Hugo und den Erbauer ihres ungefederten Gefährts verflucht.

Als sie den Grunewald endlich hinter sich gelassen haben, ist es vorbei mit Annas Flüchen. Denn eine wohlerzogene Dame flucht nicht, wenn sie angestarrt wird. Die Blicke aller Passanten sind auf sie gerichtet, die einen mitleidig, die anderen empört. Nur die Kleinen finden die Oma im Anhänger lustig. So viel Aufmerksamkeit hat Anna seit ihrer Jugend nicht mehr bekommen. Sie grüßt nach rechts und links wie die Queen in ihrer Kutsche.

Julia lenkt das Tandem auf einen Parkplatz und erklärt ihren Komplizinnen, dass sie ihr Gefährt aufgeben müssen. Denn wenn sie weiter so auffallen, könnten sie auch gleich ihren Steckbrief verteilen.

Anna und Mia sehen das ein, sind von der Aussicht

auf einen weiteren Fußmarsch allerdings nicht gerade erbaut.

„Schönes Tandem habt ihr da."

Verblüfft sehen die drei den Taxifahrer an, der neben ihnen angehalten und das Fenster heruntergelassen hat.

„Ich will meiner Süßen so eins zum Geburtstag schenken. Was muss man denn dafür hinblättern?"

Julias Herz stolpert im Sieben-Achtel-Takt, doch sie wahrt eine coole Fassade. „Eine Freifahrt zur O2 World Arena und das Tandem gehört dir. Mit Anhänger."

Der Taxifahrer springt aus dem Wagen und reißt sämtliche Türen auf. „Bitte einzusteigen. Ich heiße Paul."

Das Taxi biegt auf den Parkplatz der O2 World Arena ein. Es ist ein gigantisch großer Parkplatz. Ein gigantisch leerer Parkplatz. Julia starrt hinaus. Ist die Veranstaltung schon zu Ende?! Das muss ein Albtraum sein!

„Was wollt ihr eigentlich hier?", fragt Paul. Und als er keine Antwort bekommt: „Gestern hättet ihr hier sein sollen, da war Wrestlemania. Da war was los, sag ich euch! Ausverkauft bis auf den letzten Platz. Und das, obwohl auf berlin.de angeblich ein falsches Datum stand. Aber jetzt im Ernst, was wollt ihr hier?"

„Nur mal gucken", murmelt Julia. „Und jetzt darfst du uns wieder zurückfahren."

Als Julia, Anna und Mia am S-Bahnhof Schöneberg aussteigen, ist es 23 Uhr 11. Paul hatte angeboten, sie bis vor die Haustür zu fahren, doch sie hatten ihm nicht sagen wollen, dass ihr Ziel das Bordell „Wilde Rose" ist, Hugos Residenz. Sie haben keine andere Wahl, als sich vor Hugo zu demütigen und um Zeitaufschub zu bitten.

Mit hängenden Schultern schlurfen sie los. Nach wenigen Metern bleibt Anna plötzlich stehen. „Mensch, da vorn ist doch diese Sportbar. Da wetten sie auf alles

Mögliche. Da ist jede Menge Geld im Umlauf."

Julia ist sich diesbezüglich nicht so sicher, ist aber bereit, auch die kleinste Chance zu ergreifen, um Lothar zu retten.

An der dunkelsten Stelle zwischen zwei Straßenlaternen ziehen sich die drei ihre Gummimasken über.

Vor der hell erleuchteten Sportbar sitzen Männer, rauchen, trinken Bier und spielen Karten. Sie achten nicht auf den kleinen Fernseher auf dem Nebentisch, denn dort laufen nur die Regionalnachrichten. Hugo, den Gangsterboss, kennen sie nicht. Sein Bild flimmert links oben auf dem Bildschirm.

Julia sieht es als Erste. Sie zieht Anna und Mia zurück in die Dunkelheit, wo sie der Nachrichtensprecherin lauschen.

„Der als Kiezgröße zu zweifelhaftem Ruhm gelangte Gangster Hugo D. wurde heute von bisher unbekannten Tätern vor eine einfahrende S-Bahn geworfen. Er erlag seinen schweren Verletzungen noch am Unfallort. Der Fahrer der S-Bahn erlitt einen Schock, der Fahrbetrieb der Linie 7 musste für mehrere Stunden unterbrochen werden."

Rückwärts gehend schleichen die drei Frauen zurück, bis sie außer Hörweite der Bargäste sind. Dann reißen sie sich die Masken ab, fallen sich in die Arme, lachen und weinen zugleich: Lothar ist gerettet! Alles ist gut!

„Wenn dafür jemand verurteilt wird, dann trete ich aus der Kirche aus", erklärt Anna. Sie reckt die Faust in den Himmel. „Hast du mich gehört da oben?!"

„Amen", sagen Julia und Mia wie aus einem Mund.

Julia legt ihrer Tochter den Arm um die Hüfte, hakt sich bei ihrer Schwiegermutter unter und so gehen sie nach Hause.

Die Autoren stellen sich vor:

Martina Arnold
lebt in Berlin. Sie studierte Journalismus (Lic.rer.publ.), war Redakteurin für TV-Magazine und Drehbuchautorin für Telenovela (ZDF). Jetzt arbeitet sie als Dozentin für Neue Medien und im Bereich Text und Redaktion für Industrieevents. Ihre Erfahrungen aus dem prallen Leben verarbeitet sie als freie Autorin und „Mörderische Schwester" zu Kriminal-Kurzgeschichten. Zahlreiche Veröffentlichungen in Anthologien.
www.wortanwort.de

-ky (Dr. Horst Bosetzky)
wurde 1938 in Berlin geboren und ist emeritierter Professor für Soziologie und Begründer des deutschen „Sozio-Krimis". Er hat an die fünfzig teils verfilmte Kriminalromane und eine zwölf Bände umfassende Familiensaga verfasst. Horst Bosetzky wurde mit mehreren Preisen ausgezeichnet, u. a. für den besten deutschsprachigen Kriminalroman, mit dem Prix Mystère de la Critique für den besten ausländischen Kriminalroman in französicher Sprache und mit dem Ehren-Glauser des SYNDIKATS. 2005 erhielt er den Verdienstorden der Bundesrepublik Deutschland. Horst Bosetzky war bis 2001 Sprecher des SYNDIKATS, seit Mai 2000 ist er Vorsitzender des Verbands deutscher Schriftsteller Berlin.

D. C. Chill
studierte Film und lebt als Autor und Filmemacher in Berlin. Als Kameramann drehte er diverse Fernsehkrimis und Serienfolgen (Tatort, Polizeiruf 110, Im Namen des Gesetzes, Die Cleveren, Edel und Starck, Kommissar Rex). Seit mehreren Jahren entwickelt D. C. Chill fiktionale

Stoffe und schreibt Essays sowie Kurzprosa.

Andrea Gerecke
Gebürtige Berlinerin mit stetem Koffer in der Stadt. Studierte Diplom-Journalistin und Fachreferentin für Presse- und Öffentlichkeitsarbeit. Nach dem Kurzgeschichtenbuch „Gelegentlich tödlich" folgten „Warum nicht Mord?!" und „Ruhe unsanft". Es folgen die Krimis „Mörderischer Feldzug", „Der Tote im Mittellandkanal" und „Die Mühlen des Todes". Veröffentlichungen in diversen Anthologien. Andrea Gerecke ist Mitglied bei den Mörderischen Schwestern und im SYNDIKAT.
www.autorin-andrea-gerecke.de

Stephan Hähnel
am 24.12.1961 in Berlin geboren, Schule, Ausbildung zum Schlosser, Wehrdienst, Produktionsarbeiter, Kneipenbetreuer, Studium in Eisleben, Wirtschaftsingenieur, Finanzbuchhalter, Systemadministrator EDV, Unternehmer, Callcenter Agent, Personalberater ... Er schreibt Bücher und Geschichten für Anthologien und ist Mitglied im SYNDIKAT und im VS – Verband deutscher Schriftsteller.
www.stephan-haehnel.de

Kristina Herzog
studierte nach einem Freiwilligen Sozialen Jahr Jura und Mediation. Sie veröffentlichte bereits mehrere Kurzkrimis, von denen einige für Preise nominiert wurden. Ihr erster Thriller „Führers Vermächtnis" erschien 2013, der zweite Krimi ist fast fertig. Sie lebt mit ihrer Familie in Berlin und ist eine „Mörderische Schwester" und Mitglied im SYNDIKAT.
www.kristinaherzog.de

Astrid Ann Jabusch
wird vor mehreren Jahrzehnten in Hagen/Westfalen geboren. Die Menschwerdung erfolgt im nahen verregneten Sauerland, wo sie mehrere Berufe (Uhrmacherin und Elektrotechnikerin) erlernt und auch lange ausübt. Ende des letzten Jahrtausends kehrt sie nach Berlin zurück, der Stadt ihrer Vorfahren, und erwirbt seitdem unweit des Zusammenflusses von Spree und Havel ihre Brötchen als Lektorin, Texterin und Autorin – oft und gern im Team mit ihrem Partner Thomas R. P. Mielke. Seit sie Aufnahme bei den Mörderischen Schwestern Berlin fand, begeht sie grauenhafte Morde und abscheuliche Verbrechen. Allerdings bisher nur schriftlich.
www.annjabusch.de

Swenja Karsten
geboren in Niedersachsen, aufgewachsen in Mittelfranken, studierte Theaterwissenschaft in Hessen, danach Drehbuch in Hamburg, seit 2005 zu Hause angekommen in Berlin. Mitglied bei den Mörderischen Schwestern.

Ute Kissling
lebt mit ihrer Familie im Berliner Prenzlauer Berg und am Stettiner Haff in Mecklenburg-Vorpommern. Nach ihrem Geschichtsstudium volontierte sie an einer Journalistenschule, arbeitete anschließend als Hörfunkjournalistin, recherchierte in Westafrika. Seit mehreren Jahren ist sie als Nachrichtenredakteurin tätig. In ihren Geschichten spürt sie der Psychologie des Verbrechens nach. Sie hat Kurzgeschichten in verschiedenen Anthologien sowie zwei Kriminalromane veröffentlicht. 2011 wurde sie für den schleswig-holsteinischen Krimipreis NordMord Award nominiert, 2014 erhielt sie das Krimi-Stipendium Tatort Töwerland.

Siegfried Langer
wurde 1966 in Memmingen (Allgäu) geboren; seit 1996 lebt er in Berlin, zurzeit in einer WG im Bezirk Schöneberg. Wie die Geschichte „Im Bunker" im Kriminellen Reiseführer Berlin spielen auch seine drei bislang erschienenen Kriminalromane „Leide!", „Sterbenswort" und „Vater, Mutter, Tod" in Berlin, sie wurden u. a. bei Ullstein veröffentlicht. Auch in seinem Debütroman „Alles bleibt anders" (2008), ein Alternativweltroman, widmete er sich bereits dem Thema Nationalsozialismus. Er spielt in der fiktiven Reichshauptstadt Germania. Der Roman wurde sowohl für den Kurd-Laßwitz-Preis als auch für den Deutschen Phantastik Preis nominiert.

Thomas R.P. Mielke
wurde 1940 als Sohn eines Brasilienpastors in Detmold geboren, lebt inzwischen seit 38 Jahren in Berlin. Nach einer Ausbildung zum Fluglotsen und dem Besuch der Werbeakademie Hamburg arbeitete er drei Jahrzehnte als Kreativdirektor in internationalen Werbeagenturen, dabei auch für das Presse- und Informationsamt des Landes Berlin sowie in der zentralen Produktplanungsgruppe von Ferrero in Italien (Ü-Eier). Neben Science Fiction und Krimis schrieb er historische Bestseller wie „Gilgamesch", „Colonia", „Attila" oder „Karl der Große". Seine Bücher wurden in mehrere Sprachen übersetzt, darunter auch Spanisch, Russisch, Türkisch und Arabisch.
www.trpm.de

Heidi Ramlow
arbeitete drei Jahrzehnte als Drehbuchautorin und Regisseurin für Erfolgsserien in ARD und ZDF („Ehen vor Gericht", „Streit um Drei", „Verkehrsgericht"). Seit 2007 bringt sie im eigenen Verlag kleine Kostbarkeiten wie

das letzte Buch von Oswalt Kolle, Gedichte des Lindenstraßen-Griechen Kostas Papanastasiou oder literarische Adventskalender heraus. Seit 2009 schreibt und veröffentlicht sie Kurz-Krimis. 2011 die Kriminalkomödie „Blutroter Waschgang". 2013 Gedichte, Fotos, Kurz-Geschichten. Sie ist Mitglied im Schriftstellerverband, im SYNDIKAT und bei den Mörderischen Schwestern.

Regine Röder-Ensikat
wurde in Aschersleben/Harz geboren. Nach Abitur und Abschluss des Studiums an der Fachhochschule für Angewandte Kunst in Berlin als Werbedesignerin, folgten freiberufliche Tätigkeiten als Malerin, Kinderbuchillustratorin, Leiterin eines Literarischen Kinder- und Jugendkabaretts und Autorin. Ihr erster Roman „Vor Witwen wird gewarnt" erschien 1999. Seither veröffentlichte sie mehrere Kurzgeschichten. Regine Röder-Ensikat ist Mitglied der Mörderischen Schwestern Berlin.

Connie Roters
lebt und arbeitet in Neukölln, wo sie auch Kreatives und Autobiografisches Schreiben unterrichtet. Ihr Debütkrimi „Tod in der Hasenheide" mit Hauptkommissar Breschnow erschien im April 2014.

Andreas M. Sturm
wurde 1962 in Dresden geboren. Der Diplom Betriebswirt war nach seiner Berufsausbildung zum Werkzeugmacher viele Jahre in der Informatik tätig. Sein Faible für Kriminalromane brachte ihn dazu, ab 2009 wieder selbst zur Tastatur zu greifen. Neben seinen Dresdenkrimis „Vollstreckung", „Albträume" und „Leichentuch" um das weibliche Kommissarinnen-Duo Wolf und König schreibt

er auch Kurzgeschichten und ist Herausgeber von Anthologien. Er lebt gemeinsam mit seiner Frau in Dresden. Andreas M. Sturm ist Mitglied im SYNDIKAT, dem Verein deutschsprachiger Krimiautoren.

Angela Temming
kam 2001 nach Berlin. Sie hat zwei Kurzgeschichten veröffentlicht und arbeitet an einem schnoddrigen Kriminalroman. Statt „Whodunit" reizt sie das „Whatthe?!"
Sie bloggt unter http://www.angelatemming.de, ist Mitglied der Mörderischen Schwestern und liebt die Texte von Max Goldt, Håkan Nesser, Andreas Föhr, Kate Atkinson – und Richard Brautigan.

Petra Tessendorf
stammt aus dem Bergischen Land und arbeitet seit 1995 als Reporterin für eine Tageszeitung und verschiedene lokale Medien. 2010 wird ihr Roman „Der Wald steht schwarz und schweiget" im dtv-Verlag veröffentlicht. Ihre Kurzprosa erscheint ebenfalls bei dtv und verschiedenen anderen Verlagen. Nach acht Jahren in Ostholstein lebt sie mit ihrer Familie als freie Autorin und Herausgeberin in Berlin.
www.petratessendorf.de

Gisela Witte
Ist gelernte Buchhändlerin, Galeristin, hat zahlreiche längere Auslandsaufenthalte, ein Studium der Geschichte und Erziehungswissenschaft absolviert und eine Ausbildung in Integrativer Kinderpsychotherapie und Lerntherapie. Veröffentlichung des Erzählerbandes „Die silberne Kugel" und von Erzählungen und Kurzkrimis in Anthologien; Mitglied bei den Mörderischen Schwestern.

Platz für Ihre Notizen

Bücher aus der Reihe „Kriminelle Reiseführer"

„Mörderische Ostsee"
Band 1: Lübecker Bucht
Hrsg. Dietlind Kreber

ISBN: 978-3-9813966-0-7
11,– Euro, 192 Seiten
Kurzkrimis von Eva Almstädt, Michael Mehrgardt, Petra Tessendorf, Ute Haese u. a.

„Mörderische Ostsee"
Band 2: Fehmarn – Kiel
Hrsg. Petra Tessendorf

ISBN: 978-3-9813966-4-5
11,90 Euro, 224 Seiten
Kurzkrimis von Andrea Tillmanns, Walter M. Dobrow, Petra Tessendorf u. a.

„Krimineller Reiseführer"
Band 3: HAMBURG
Hrsg. Dietlind Kreber

ISBN: 978-3-9813966-5-2
12,90 Euro, 240 Seiten
Kurzkrimis von Jürgen Ehlers, Regula Venske, Gunter Gerlach, Eva Almstädt u. a.

„Krimineller Reiseführer“
Band 4: Sylt
Hrsg. Dietlind Kreber

ISBN: 978-3-944399-01-0
12,90 Euro, 240 Seiten
Kurzkrimis von Sina Beerwald, Bettina Dethloff, Regine Kölpin, Andrea Tillmanns u. a.

Ostsee-Romane

„Im Schatten der Passat“
Dieter Symma

ISBN: 978-3-944399-14-0
11,90 Euro, 250 Seiten
Ein Mordfall aus der Vergangenheit lässt der ehrgeizigen Reporterin Tina Menges keine Ruhe: Die Edelnutte Maja, ein ehemaliger Lockvogel der Stasi, wurde vor einigen Jahren tot aus der Trave gefischt – und ihr Mörder nie gefasst. Sie beginnt zu recherchieren und gerät in einen Strudel aus Geheimnissen, aus dem es kein Entrinnen gibt.

„Schöne Schwester Tod“
Walter Dobrow

ISBN: 978-3-944399-07-2
11,90 Euro, 220 Seiten
Ellens Karriereleiter bei der Lübecker Polizei weist steil nach oben. Doch dann verändert der Bruchteil einer Sekunde ihr Leben und stürzt sie in einen Abgrund. Ehe sie sich’s versieht, ist sie in ein Netz aus Leidenschaft, Verrat und ein eiskaltes Mordkomplott verstrickt. Das bringt sie auf eine riskante Idee ...

Die Romane sind auch als eBook erhältlich.

Jugendbücher

„Nicki und der Zauberschimmel“
Regina Schnorrenberg

ISBN: 978-3-944399-10-2
13,90 Euro, 300 Seiten

Als Nicki unweit vom Gut Immenhof einen alten Armreif im Moor findet und in Gefahr gerät, rettet ihr der aus dem Nichts auftauchende Schimmel Ona das Leben und wird zu ihrem ständigen Begleiter. Dann erfährt sie von dem verfluchten Ort im Sumpfgebiet und beschließt, der geheimnisvollen Sage um den im Moor versunkenen Reiter auf den Grund zu gehen ...

„Die Mumien von Timmendorf“
Norbert Klugmann

ISBN: 978-3-9813966-6-9
12,50 Euro, 288 Seiten

Die vierzehnjährige Lili ist vor kurzem mit ihrer Mutter nach Timmendorfer Strand gezogen und hat schnell neue Freunde gefunden: den toughen Deutschrussen Dosto, die Ausreißerin Fantoma, den musikbesessenen Hendrix und den hochbegabten Jupiter. Durch Zufall findet Lili heraus, was die kranken Kinder in der Herzklinik – auch „Mumien“ genannt – und eine Gruppe von skrupellosen Tablettendealern verbindet. Da wird es für Dosto richtig gefährlich! Lili ruft die Timmendorfer Jugendbande „Baltische Blitze“ zu Hilfe – ein Wettlauf mit der Zeit beginnt ...

Die Romane sind auch als eBook erhältlich.